JOHN PIPER

The Future of JUSTIFICATION

A response to N. T. Wright

義認の未来

――N・T・ライトに対する応答

Justification is the Gospel
We are not justified by believing in Justification

ジョン・パイパー［著］
中台孝雄［訳］
内田和彦［監訳］

いのちのことば社

The Future of Justification

Published by Crossway
a publishing ministry of Good News Publishers,
Wheaton, Illinois 60187, USA.

This edition published by arrangement with Crossway.

イエス・キリストの福音を七十年にわたり説教した
父、ウィリアム・S・H・パイパーを記念して

目次

謝　辞

　今年（二〇〇七年）、私の父は召されました。私たちが父にどれだけ多くのものを負っているか、測ることなどとてもできません。父ウィリアム・パイパーは、高齢者介護施設での賛美や証しを含めれば、七十年余り恵みの福音を語り続けました。父は伝道者でした。強烈な個性を持っていたわけではありませんが、いわゆる古い南部の、独立心の強い、保守的な人でした。父は、私が知っている人々の中で一番幸せな人として、私の記憶にとどまっています。

　父の働きの最終章で、好んで語り、最も実り豊かであった説教は「罪ある者が受ける恵み」という題のものでした。今でもそれを読むと、本書の冒頭で、神の次にではありますが、父が謝辞の筆頭に挙げられるべき理由が理解できます。父のその偉大な説教は、次のような簡潔な言葉で結ばれるのです。「あなたが信じるとき、神はあなたにご自身の義の衣を着せてくださいます。その衣によって、あなたは天国に入るのにふさわしい者となるのです。」　私たちはみな、父が言おうとしていることが分かりました。父は、偉大で深遠で、力に満ちた、古くからの真理を愛していたのです。父は聖霊の力に助けられつつその真理を語ることにより、何千人もの人々が、いや何万人もの人々がと言ってよいでしょう、深い回心を経験するのを見てきました。父にとって、キリストの福音とは、義――イエス・キリストの完全な従順――が存在し、それがただ信じるだけで、すべての人に無代価で提供されるという知らせを含むものでした。しかもその義は、信仰が与えられるときに、信じる者にただの一度で決定的に転嫁されるのです。罪を赦すイエスの血とともに、これが私たちにとっての希望です。私たちが信じた瞬間から永遠につながる終わりの日に至るまで、この土台――キリストが私たちの罪を負って刑罰を受けてくださったことと、私たちに義を提供してくださるキリストの従順という土台のみによって、神は一〇〇パーセント私たちに味方してくださるのです。これが、父が説教し、賛美していたことであり、私が喜びをもって信じたことでした。

死せる者たちに、今、御声を聞かせよ、
追われし者たちに、今、喜びを与えよ、
イエスよ、汝の血と義こそ、
彼らの美、輝ける衣。*1

本書は、この偉大な福音を放棄しつつある人々との無数の対話やEメールのやりとりから生まれたものです。この十年以上の間に、それは私のたましいに、とてつもない重荷となってきていました。けれども、私はそれを神に感謝しています。この書を生み出す努力から、なにがしかの明瞭さと信仰と礼拝と従順が流れ出てきたことで、私は神に感謝の念を表したいのです。

本書が最初に形をとるようになったのは、二〇〇六年の春から夏にかけて英国ケンブリッジのティンデル・ハウスで研究休暇を過ごした時です。そこは、学びと執筆と学識豊かな研究者たちとの意見の交換から、大変豊かな実りが得られる場所です。最終的な形をとったのは、二〇〇七年五月にほぼひと月に及ぶ執筆休暇を得た時でした。ベツレヘム・バプテスト教会の長老会の支えなくして本書を仕上げることはできなかったでしょう。私はこの謝辞をベツレヘム教会での牧会二十八年目の初日に記しています。偉大な福音の真理を愛し、この真理を研究し、執筆し、説教することを私に託してくださった教会の方々に、心から感謝しています。

また、私の助手であるデイヴィッド・マティスとネイサン・ミラーも欠くことのできない存在でした。原稿を幾度も読み返し、必要な提案をし、資料を探り、文献を突きとめ、引用を確認し、私の肩にかかる実際的な重荷の数々を引き受けてくれました。この二人の助けがあって、本書の完成が可能になったのです。

これまで私が執筆したどの本よりも、本書は執筆の過程で非常に優れた学者たちから批評をいただきました。初稿に目を通して詳細な批評を下さったのは、マイケル・バード、アーデル・カナディ、アンドリュー・コーワン、ジェームズ・ハミルトン、バーク・パーソンズ、マット・パーマン、ジョセフ・リグニー、トーマス・シュライナー、ジャスティン・テイラー、ブライアン・ヴィッカーズ、そしてダグ・ウィルソンです。しかし、こうした中で最も意義深いのはN・T・ライトから寄せられた意見でした。初稿に対して一万一千語もの応答があり、それは論点を明確にし、曲解を防ぐうえで（と私は願っていますが）きわめて有益でした。そうした批評のすべてを受けて、本書は初稿よりも二倍のサイズのものになりました。しかし、より良いものに仕上がっていないとしたら、それは批評してくださった方々のせいではなく、私の責任です。

詳細な索引を作成してくれたキャロル・スタインバックとそのチームにも感謝を申し上げます。キャロル以上に私の諸著作に密接に関わってくれた者は、私の妻ノエルだけです。その妻の支えなしには、この種のことは何もなし得なかったでしょう。

いつもそうですが、クロスウェイ書店のジャスティン・テイラー、テッド・グリフィン、レイン・デニスをはじめとする編集部の皆さんとのパートナーシップに、私は深い満足を覚えています。

私の父だけでなく、義認の教理に関する私の理解を形成してくださった「父たち」にも言及しないわけにはいかないでしょう。マルティン・ルター、ジャン・カルヴァン、ジョン・オーウェン、ジョナサン・エドワーズ、ダニエル・フラー、ジョージ・ラッド、ジョン・マーレー、レオン・モリス――この人々の主張のすべての点に私が同意しているわけではありませんが、彼らから実に多くのことを学びました。ソロモン・ストッダードの著作『キリストの義によってさばきの日を安らかに迎える』について、ジョン・アースカインが一七九二年に語った言葉が、拙著についても語られるとしたら、幸せです。「本書が全体として意図していることは、次の真理を示すことである。罪が赦され、神に受け入れられたと私たちが主張できるのは、私たちのうちでなされる何か、私たちが行った何かによらず、ただキリストの義によるものである。*2」

注

1 John Wesley, "Jesu, Thy Blood and Righteousness."
2 Solomon Stoddard, *The Safety of Appearing at the Day of Judgment, in the Righteousness of Christ* (Morgan, PA: Soli Deo Gloria Publications, 1995, orig. 1687), p. vii.

序章

私には最後の審判の時がとても近く感じられます。ですから、論争でポイントを獲得することには関心がありません。私は七十代に入ります。人生の終わりを意識するようになり、残りの人生を駆け引きや自分を優位に見せようとするやりとりで浪費しようとは、ますます思わなくなっています。自分の正しさを主張しようという私欲は薄れ、真理の恵みに忠実に仕えたいという静かな思いが募ってきています。私よりも三歳ほど若いN・T・ライトも同じ思いであるに違いありません。

復活なさった主イエスは、私たちの小賢しい言い回しなどすべてお見通しです。私は自分にそう言い聞かせています。いつ私たちが、物事を明らかにするためではなく、議論に勝つために言葉を選んだか、主はすべてご存じです。主は、すべての説教者の講壇と、すべての学者の机に、「だれも、自分自身は賢く、しかもキリストに救う力があるという印象を与えることはできない」[*1]という垂れ幕を、こっそりと掛けておられます。まさに数年のうちに、いや数日のうちかもしれません。私たちは、すべてを知り、すべてを治めておられる宇宙の主に対して、申し開きをすることになります。そしてその時に問われるのは、神のことばを売り物にせず、「誠実な者として、また神から遣わされた者として、神の御前でキリストにあって語」ったかどうかなのです（Ⅱコリント二・一七）。

死から出て死に至らせる香りと、いのちから出ていのちに至らせる香り

教会によって任職されキリスト教の教職者として仕えている私たちには、群れを養う特別な責任が与えられています（ヨハネ二一・一七）。私たちは「神がご自分の血をもって買い取られた神の教会を牧させるために、……群れの監督」として立てられたのです（使徒二〇・二八）。「より厳しいさばきを受け」る教師として、責任を負わされているだけではなく（ヤコブ三・一）、神の民が「（私たちの）生き方から生まれたものをよく見て、その信仰に倣」うように（ヘブル一三・七）、自らの生き方を模範として示す責任も負っているのです。使徒パウロはこう命じています。「自分自身にも、教えることにも、よく気をつけなさい」（Ⅰテモテ四・一六）。私たちは「キリストのしもべ、神の奥義の管理者と考えるべき」であり、「その場合、管理者に要求されることは、忠実だと認められること」（Ⅰコリント四・一～二）です。「福音の真理に向かってまっすぐに歩」む生活における忠実さ（ガラテヤ二・一四）、そして、「真理のみことばをまっすぐに説き明かす」教えにおける忠実さです（Ⅱテモテ二・一五）。

私たちに与えられた召しの重要性は、私たちにかかっていることの重大さから来ています。「神のご計画のすべて」を伝えて、私たちに託された羊を養わないとすれば、その血の責任は私たちにあります。「私は、だれの血に対しても責任がありません。私は神のご計画のすべてを、余すところなくあなたがたに知らせたからです」（使徒二〇・二六～二七）。私たちが、キリストが崇められるような生き方をし、福音と一致する教えを提供することによって聖徒たちを整えることをしないならば、そして、私たちに委ねられた彼らが「人の悪巧みや人を欺く悪賢い策略から出た……教えの風に」吹き回されたりもてあそばれたりする「子ども」（エペソ

四・一二、一四）のようであるならば、私たちは責任を問われることになります。

さらに重要なことは、永遠のいのちがかかっていることです。「私たちは、救われる人々の中でも、滅びる人々の中でも、神に献げられた芳しいキリストの香りなのです。滅びる人々にとっては、死から出て死に至らせる香りであり、救われる人々にとっては、いのちから出ていのちに至らせる香りです。このような務めにふさわしい人は、いったいだれでしょうか」（Ⅱコリント二・一五～一六）。私たちがどう生きるか、何を教えるかで、人々が福音に従うか、さばきの炎の中でイエスに会うことになるか、大きな違いが生じることになります。「このことは、主イエスが、燃える炎の中に、力ある御使いたちとともに天から現れるときに起こります。主は、神を知らない人々や、私たちの主イエスの福音に従わない人々に罰を与えられます」（Ⅱテサロニケ一・七～八）。

パウロがガラテヤにおける誤った教えに対して激しい憤りを覚えたのは、このためでした。それは別の福音であり、それを受け入れた人々に永遠の滅びをもたらすことになるものでした。それでパウロは、他に類を見ないような言葉で語っているのです。「私たちであれ天の御使いであれ、もし私たちがあなたがたに宣べ伝えた福音に反することを、福音として宣べ伝えるなら、そのような者はのろわれるべきです」（ガラテヤ一・八）。イエスについての良き音信を正しく受け取るかどうかで、人の生死が決まります。福音は「（それ）によって救われ」るメッセージなのです（Ⅰコリント一五・二）。

義が律法によって得られるならば、キリストの死は無意味になる

そのようなわけで、本書の主題——律法を行うことによらず、信仰によって得られる義——は深刻です。聖

書のいかなる真理にも劣らず、この真理に多くのものが支えられています。「もし義が律法によって得られるとしたら、それこそ、キリストの死は無意味になってしまいます」（ガラテヤ二・二一）。そしてキリストの死が無意味であるとすれば、私たちは依然として罪の中にいることになり、キリストにあって死んだ人々は滅んでしまったことになります。「律法の行いによる人々はみな、のろいのもとに」（同三・一〇）あるので、パウロは、私たちがそののろいにあわないようにと、異なる福音をもたらす者たちはのろわれるべきだと言うのです。「律法によって義と認められようとしているなら、あなたがたはキリストから離れ、恵みから落ちてしまったのです」（同五・四）。「キリストは、ご自分が私たちのためにのろわれた者となることで、私たちを律法ののろいから贖い出して」（同三・一三）くださったのですから、私たちがキリストから離れてしまうなら、そののろいを肩代わりしてくれる者はだれもいません。私は、本書が存在するというだけで、多くの人々の関心が高まり、律法の行いによらない信仰による義認という良き音信（ローマ三・二八、ガラテヤ二・一六）を含む福音の、真摯な学びと忠実な宣教が進むよう、願っています。

N・T・ライト

私は、N・T・ライトがガラテヤ人への手紙一章八～九節ののろいのもとにあると思っているわけではありません。ただ、福音を描く彼の描き方、また特に義認の教理の描き方にあまりにも損傷があり、聖書に忠実であるとは認め難いと考えているのです。ライト自身の考えや思いの中には、キリストの福音や義認の聖書的意味について明確で確固とした理解があるのでしょう。しかし私の判断するところでは、ライトがこれまで書いてきていることからは、キリストが主であることがなぜ罪ある者たちに良き音信となるのかをはっきり伝えない説教、あるいは罪に打ちのめされている人々にどうしたら神の前に義なる者として立つことができるのかを示さない説教が、生まれることになります。

ニコラス・トマス・ライトは、英国の新約学者であり、イングランドのダラムの国教会の主教です〔訳注＝二〇一〇年以降、セント・アンドリューズ大学教授〕。学問の分野での重厚な学識、教会におけるリーダーシップ、エキュメニカルな働きとの関わり、預言者的な社会活動、広く知られたキリスト教の擁護、優れた音楽的才能、家族に対する献身が見事にブレンドした存在です。*2 福音と義認に関するライトの理解に本書は批判的ですが、それと同じくらい、本書が示す真剣さと視野は、ライトの学問の重要性やその影響の広さを証しするものです。ライトが自らの最終的な権威として聖書に強く傾倒していること、神の御子の復活を擁護したたえていること、キリストの神性を立証していること、イエスの処女降誕を信じていること、同性愛行為を聖書に基づき退けていること、アブラハムとの契約を通してすべての人に及ぶ神の全世界的な計画という、壮大な光景を私たちが見るよう熱心に求める際の一貫した態度などについて、私はライトに感謝しています。本書を記す私の小さな願いは、ライトが本書の影響で、義認と福音についての理解を幾分かでも修正することです。もう少し期待することは、私がつまずいた幾つかの事柄について、ライトが将来の著作で説明してくれることです。しかし、私が最も楽観的に期待していることは、本書を考慮しつつライトを読む方々が、より注意深く読み、より深い理解に進むことで、ライトのしている義認の見直しは否定し難いという思いが弱まることです。

「このすべてがうまくいく」

この三十年間、ライトは新約聖書神学を再考し、語り直すことをしてきました。七〇年代半ばに、ローマ人への手紙一〇章三節[3]がパウロ神学を根底から見直す支点となったときの経験を、ライトは回想しています。彼は、宗教改革以来受け継がれている見方に基づいてパウロを理解しようとしましたが、できなかったのです。

私は、C・E・B・クランフィールドの『ローマ人への手紙注解』を読みながら、これがガラテヤ人への手紙とどのように調和するのか知ろうとしたが、まったくうまくいきませんでした。興味深いことに、クランフィールドはガラテヤ人への手紙注解を書いていません。書くのは非常に困難です。しかし、それから私は気がつきました。彼の注解は、E・P・サンダースの著作が出版される前の七〇年代中期のもの、「新しい視点」ということが起こる前のものでした。そして私は、「彼らは神の義を知らずに、自分自身の義を立てようとして、神の義に従わなかったのです」というローマ人への手紙一〇章三節が、それを中心にすべてが動いている支点のような箇所であるということに、突然思い至ったのです。

言い換えれば、ここにあるのは、ユダヤ人の、ユダヤ人だけの、神との契約のステータスなのです。今でも活き活きと思い出します。その夜、帰宅し、ベッドの上にきちんと座り、ガラテヤ人への手紙をギリシャ語で読み通して考えました。「分かる。実によく分かる。このすべてがうまくいく。」そうして、あらゆることがそこから動き出したのです。[4]

ライトが「このすべて」と言うとき、それはこの千五百年、ほとんどの人たちが新約聖書を読んできた仕方とは大幅に異なるカテゴリーで、パウロの神学を上から下まで見直すことです（第1章注6を参照）。だれかがこのように新約聖書神学の徹底的な再構築に取り組むなら、批評家たちはきわめて注意深くなければなりません。批評する仕事はほとんど不可能です。義認や福音についての主張を聞いて、それがあまりにもひどい誤りに思えるため、直ちに「誤った」主張と伝統的な見解を比較対照する批判的論文を発表し、それで十分な対応をしたと思ってしまう誘惑があります。ライトがそうした応答にうんざりしていても、当然です。

グローバルなパラダイムが衝突するとき

しかしながら、ライトはその再構築において、古くからの定義やつながりを構成し直します。それで古くからの真実が失われるかもしれないし、失われないかもしれません。物事を新しい仕方で語ることで、使徒たちの意図により忠実になるかもしれないし、ならないかもしれません。この新しい構築が教会の助けになるかもしれないし、ならないかもしれません。しかし明らかに、こうしたグローバルな再構築を批評するためには、その世界に分け入り、その内部から物事を見る大変な努力が要求されます。成功したかどうかはともかく、私はそれを試みました。

私たちはみな、色眼鏡をかけています。たいていの人がかけているのは、伝統という色のついた眼鏡です。反・伝統という色眼鏡をかけている者もいます。私たちの間に生じてきている、真実の新しい再構成という色眼鏡をかけている者もいます。これらのうちのどれによって世界を見ることがより魅力的なのか、私には分かりません。影響力の違いはありますが、次から次へと登場するので、中には、ある時点で抗しがたい力を持つものもあります。私は、この四十年間、自らの研究と説教において見てきた福音と義認を大切に思っています。N・T・ライトもまた、同じ期間、自分が見てきた福音と義認を大切に思っているでしょう。私が直面する誘惑は、世紀を超えて信じられてきたという理由で、一つの見解を守ろうとすること。ライトが直面する誘惑は、世界を見る自分の新しい見方によく合致するということで、一つの見解を守ろうとすることです。広く認められてきた伝統と個人が生み出した体系、どちらにも力があります。しかしながら、古い伝統に従うことも、新しい体系に従うことも、それ自体が真理を決める最終的権威ではないとする点で私たちは一致しています。聖書が最終的権威なのです。そして、どのような人間のレンズを通したとしても、聖書には自らの色を示す力があるという事実に、私たちは共に励ましを受けています。

本書の背後に何があるのか？

ライトが書いたことの何が、本書のような長くて重い応答を招いたのか不思議に思う人たちには、本書で私が扱おうとしている問題点の幾つかに触れておくことが、助けになるでしょう。それらは、批評家ライトが思わず振り向いて「まさか、冗談でしょう！」と言いたくなるようなものです。しかし覚えておいてください。その衝撃は、ライトに言わせれば、単に私たちが物事を古い見方で考えていて、彼が再定義した見方で見ていないからかもしれません。他方、そこに事実、問題があるのかもしれません。

1　福音は、人がどのようにして救われるかを伝えるものではないのか？

第一に、顕著なことは、福音が何であるかをライトが述べているのではなく、福音が何でないかを述べていることです。ライトはこう書いています。「『福音』それ自体は、十字架にかかり、復活されたメシアであるイエスが世界でただ一人の真実な主である、という宣言に関わっています。」[*5] パウロにとってこの荘厳な告知は、「十字架にかけられたナザレのイエスが死人の中からよみがえられたこと、それによってイスラエルのメシアであることが証明されたこと、それによって全世界の主として立てられたこと」[*6] でした。まさにそのとおりです。これは福音の本質に関わる告知です。ところが、ライトはこうも言うのです。『福音』は、人々がどのように救われるのかという説明ではありません。[*7]」「異教徒に対するパウロの福音は人生哲学ではありませんでした。それは、どのようにして救われるのかという教理ですらなかったのです。[*8]」「私が述べたことは、パウロにとって『福音』とは『どのように人が救われるのか』というメッセージではないということです。[*9]」『福音』は……人々をキリスト者にするひとそろいの技術でもありません。[*10]」『福音』は、人々がどのように救われるのかの説明ではありません。福音は……イエス・キリストが主であるという宣言なのです。[*11]」

これらの言葉は、「兄弟たち。私があなたがたに宣べ伝えた福音を、改めて知らせましょう。……この福音によって救われます」というコリント人への手紙第一、一五章一～二節の明らかな否定です。しかし、注意深くあってください。この箇所の意味は、福音を信じた結果救われるということだけで、福音のメッセージが救われる方法を伝えているということではないのかもしれません。そういうことかもしれません。しかし、もしある人が人生において、復活した王に背き続けてきたとしたら、いったいどうやってイエスの死と復活を良い音信として聞くことができるでしょうか。もし罪人がキリストの死と復活を死刑宣告ではなく良い音信として聞くことになるなら、その死と復活が現実に罪人をどのようにして救うのか、教えられなければならないでしょう。この点に関して語るべきことは実に多くあります（特に第5章を参照してください）が、ここでは「引火点」を説明するだけにしておきます。

2　義認は、人がどのようにしてクリスチャンになるか、ではないのか?

第二に、ライトは言います。「義認は、人がどのようにキリスト者になるのか、ということではありません。その人がキリスト者になっているという宣言なのです。[*12]」あるいは、こうも言っています。「一世紀における

『義認』は、人が神との関係をどう確立するかということではありません。義認は、未来と現在の両方において、実際、だれが神の民なのかを、神が終末的に定義することなのです。[*13]」「（義認は）神との関係に『入ること』について、あるいは『とどまること』についてというより、『だれが入っているかを告げる方法』についてなのです。標準的なキリスト教神学の用語で言うなら、救済論についてというより、教会論についてであり、救いについてというより、教会についてなのです。[*14]」このように、義認という神のわざは、私たちをクリスチャンにさせたり、神との関係を建て上げたりするものではありません。それは伝達し告知するものなのです。「『ディカイオオー』（義とする）という語は、結局のところ、何かを起こしたり、何かが存在するあり方を変えたりすることを意味する語であるより、何かが事実であると宣言する用語です。[*15]」

私たちは、義認が実際、私たちの神との関係を変えたかのようにローマ人への手紙五章一節を読むことに慣れているので、驚くはずです。「こうして、私たちは信仰によって義と認められたので、私たちの主イエス・キリストによって、神との平和を持っています。」私たちは、義認がこうした根本的に新しい神と和解させられた関係をもたらした、と考えていました。（さらなる議論は、特に第6章をご覧ください。）

3　義認は福音ではないのか？

第三に、ライトは、このように言うことによって、義認のメッセージは福音ではないと語っていることになります。「私は再度強調しなければなりません。信仰義認の教理は、パウロが『福音』によって言おうとしていることではありません。[*16]」「人間はどのようにして、生ける救いの神と生きた救いの関係を持つことができるのか。もしこれらの問いを持って私たちがパウロのもとに来るなら、パウロの口や筆から出てくるものは義認ではありません。イエス、そしてイエスの死と復活のメッセージ――『福音』……が人々に告げ知らされます。それを通して神が御霊によって人々の心に働かれるのです。[*17]」

パウロが、ピシディアのアンティオキアにおける説教で、福音のクライマックスを次のように語っている事実を考えると、ライトの言葉は衝撃的です。「ですから、兄弟たち、あなたがたに知っていただきたい。このイエスを通して罪の赦しが宣べ伝えられているのです。また、モーセの律法を通しては義と認められる（δικαιωθῆναι）ことができなかったすべてのことについて、この方によって、信じる者はみな義と認められる（δικαιοῦται）のです」（使徒一三・三八～三九）。ここでも、十字架と復活の告知が信仰によって人に罪の赦しと神の御前での義を与えるものであるという説明なしに、罪人はどうやって、それを良い知らせとして聞くことができるのか、分かりません。（この点については、第6章をご覧ください。）

4　義認を信じることによって義とされるのではないのか？

第四に、ライトがこれまで述べてきたことからすると、人が義とされるのは信仰義認を信じることによってではなく、イエスを信じることによってであると言おうとしていることになります。「私たちは信仰義認を信じる信仰によって義とされるのではありません。福音そのもの、言い換えれば、イエスが主であり、神がイエスを死者の中から復活させてくださったと信じる信仰によって義とされるのです。[*18]」この指摘は正しいように思われます。私たちはもちろん、教理によって救われるわけではありません。キリストによって救われるのです。しかし、「福音を信じる」ということの意味を定義しないので、ライトの言葉は誤解を招きます。福音を信じるのは何のためなのか？　繁栄のためか、癒しのためか、新しい仕事を得るためか。（もし私たちが、悪霊どもが信じたのとは違い、魔術師シモンが信じたのとも違い（ヤコブ二・一九、使徒八・一三、二一～二三）、人々が真に救われるように福音を信じる助けをするとすれば、キリストが彼らのために死んでくださったという良き音信を伝える必要が生じます。つまり、キリストの死と復活がどうして彼らにとって良い知らせなのかを告知する必要が生じるのです。

説明の仕方は一つではなく多くあります。多くの人は義認という用語を聞くことなしに救われています。「再生」「宥め(なだめ)」「贖い」「和解」「赦し」といった用語やその現実についても同様です。信じたばかりの人が、救われるために自分のうちで起きた輝かしいことを、すべて理解しなければならないわけではありません。しかしこうしたことのすべてが、その人に起こっているはずです。また、こうしたことを聞いて、自分はどれを聞いてもイエスを信頼することにはならないという確信が変わらなければ、その人の救いは実に疑わしいのです。そのようなわけで、私たちは信仰による義認を信じることによって救われるのではないと言うことは、人を惑わせることになります。もし私たちが福音のある部分を聞いて、その神からの贈り物のゆえに神に身をゆだねるなら、私たちは救われます。もし福音のある部分を聞いて拒否するなら、他の形でキリストに帰依しようとしても、救われることはありません。(この点については第5章でさらに述べます。)

5　神がご自身の義を転嫁することは、まったく意味をなさないのか?

第五に、ライトによるパウロ神学の組み立てには、神の義の罪人への転嫁が入る余地がないように思われます。

もし私たちが法定用語を使うのであれば、原告や被告に対して、裁判官が義を転嫁するとか、授けるとか、残すとか、伝達するとか、あるいは何らかの方法で自分の義を移譲するとかいったことを語ることは、まったく意味をなしません。義は、法廷を横切る物体でも物質でも気体でもありません。……もし、神がご自分の民を正しい者と認めるために行動するなら、その時、比喩的に言えば、神の民は「義」の立場を持つことになります。……しかし、彼らの持つ義は、神ご自身の義ではありません。それではまったく意味をなしません。[*19]

私たちがここで読み終えるなら、言葉のあら探しで、本質を見落としている、とライトは抗議するでしょう。ライトは、自分の新しい定義とその関連で、宗教改革の神学者たちが転嫁という語によって言おうとしたことは実質的に保っている、と信じています。

まさに（イエスの）メシアとしての役割は、特に神の民全体のアイデンティティを束ねることによって、メシアにとって真実なことは民にとっても真実であり、その逆もそうであるようにならせることです。ここで私たちは、福音の偉大な真理の一つに達します。すなわち、イエス・キリストが成し遂げたことは「ご自分の内にいる」すべての者に適用されるということです。これは、宗教改革の伝統においては「転嫁された義」という言い方で表現されてきた真理であって、イエス・キリストが道徳律法を完全に守り、「義の」状態を十分に蓄えられたので、ご自分の民全員にその義を分け与えることができる、としばしば説明されています。この説明は、他の神学的問題と同様に、実質的に正しいことを実質的に間違った仕方で語っていると、私は思います。そうされる時のやっかいな問題は、方程式の両側にある事柄が、また、それらを支持するために引用される聖書箇所が、歪められてしまうことです。[*20]

これが事実かどうか、私には疑わしく思えます。しかし、議論は第8章まで残しておきましょう。

6　完全な生活を生きることの上に、未来の義認があるのか？

第六に、ライトは、私たちの未来における義認は行いを土台としているといった趣旨の、驚くべき言明をしています。「聖霊は、パウロが、現在の信仰による義認から、完全な生活を生きることによる未来の義認へと進む際にたどる道なのです。[*21]」「パウロは……ローマ人への手紙二章において、神の民の最終的な義認について、その人たちの人生全体が土台となると語っています。[*22]」「(ローマ)二・一四～一六と八・九～一一によれば）人生全体に基づく未来の義認が公に確約することを、信仰に基づく現在の義認が宣言するのです。[*23]」ライトが未来における「行いによる義」を語ろうとしていることは、以下の引用からも見て取れます。

この宣言、罪なしとすることは、二回なされます。すでに見たように、未来においては、人が聖霊の力によって生きた人生全体を土台として、宣言がなされます。つまり、パウロが定義し直した意味での「行い」を土台として、行われるのです。そしてパウロ神学の中心近くにあることですが、だれかが、福音の招きに信仰の従順をもって応答し、イエスが主であられること、神がイエスを死者の中からよみがえらせたことを信じるとき、その未来の判決の先取りとして、現在における宣言がなされるのです。[*24]

ここでも、言われていることの意味はこうだろうと、あなたが考えることが、実際に言われていると思わないよう、気をつけてください。ライトが「義認」を再定義していることを忘れてはなりません。義認は人をクリスチャンにしたり、救ったりするものではないのです。したがって、私たちの良い行いは、終わりの日に、キリストを信じる証拠として欠かせない、と私が言うときに、私が言おうとしていること以上のことを、ライトは言っていないのかもしれません。たぶんそうでしょう。しかし、事はそう簡単ではありません。（このテーマには第7章で戻ります。）

7　一世紀のユダヤ教には、これまで言われてきた自己義認や誇り高い律法主義が何もなかったのか？

第七に、パウロは自らの教会において「律法主義的な行いの義」に直面していなかった、という「新しい視点」の合言葉にライトは従っています。律法に頼ることに対する警告は、律法主義に対するものではなく、自民族中心主義に対するものであるとされます。ライトは決して、「新しい視点」の学者の典型というわけではなく、多くの分野でわが道を行っています。けれども、E・P・サンダースが明確に述べた、パウロ研究をめぐる新しい視点（New Perspective on Paul）の基本的な主張を、確かに受け入れています。

他の点がすべて従属している、〔サンダースの〕主要な論点は、かなり単純に言い表すことができます。パウロ時代のユダヤ教は、これまで常に考えられてきたような律法主義的な、行いによる義の宗教ではなかったということです。それがユダヤ教だと思い込み、そうであるかのようにパウロがユダヤ教を攻撃していたと私たちが考えるなら、ユダヤ教も、パウロもひどく曲解することになります。……ユダヤ人は感謝の思いから、恵みにふさわしい応答として律法を守るのです。言い換えれば、契約の民の中に入るためではなく、そこにとどまるために律法を守るのです。「契約の民の中にある」ことはそもそも神の賜物です。よく知られているように、サンダースはこのシステムに「契約遵法主義（covenantal nomism）」というラベルを貼りました（律法を意味するギリシャ語の「ノモス」から来ています）[*25]。

ライトは、たとえば4QMMT〔訳注＝第四洞穴で発見されたモーセの律法の解説〕に代表されるクムラン教団の思想を自身で研究して、これらの文書は、「パウロの時代のユダヤ人の特徴と以前は考えられていた自己義認や、誇りに満ちた『律法主義』を何も示していない」と結論しています。[*26] この見解を4QMMTが裏づけるかどうか、私は第9章と第10章で吟味します。さらに重要なことですが、どこにでもある自己義認の根が、明白な律法主義とユダヤ人の自民族中心主義の両者の下で生きている事実が意味するところを、掘り起こしてみましょう。ガラテヤでの論争においては、のろわれるべき何かがありました（ガラテヤ一・八～九）。もしそれが自民族中心主義であるならば、地獄に落ちるはずの自民族中心主義者が「感謝の思いから、恵みにふさわしい応答として律法を守っていた」とはとても信じられません。しかし、この点についても第9章と第10章で詳述しましょう。

8　神の義は契約における神の真実さと同じか？

第八に、本来は驚くべきことなのでしょうが、もはや驚かない、もう一つのことを挙げましょう。「神の義」は通常、神の「契約における真実さ」を意味していると、ライトは理解しています。そこには実際、「神の公平さ、罪に対する神の適切な取り扱い、無力な者を助ける神の助け」といったことも含まれています。[*27] しかし主たる意味は「アブラハムとの契約に含まれる約束に対する神の真実さ」です。[*28] こうした記述があまりにも表面的であることを、私は第3章で論じることにします。ライトの指摘する神の義の内容は、義がもたらすものの幾分かを示してはいますが、神の義が何であるかについて、こうした態度の下にある共通の根源にまで迫るものではありません。パウロは「神は、罪を知らない方を私たちのために罪とされました。それは、私たちがこの方にあって神の義となるためです」（Ⅱコリント五・二一）と語りますが、それを、「私たちは、神の契約における真実となった」という意味であるとするには、釈義の背骨を折らなければなりません。全著作中、最も奇抜な論文の一つでライトがしていることは、まさにそれなのです。[*29] 第11章は、コリント人への手紙第二、五章二一節の、この前代未聞の再解釈が成り立たないことを示そうとするものです。

義認の未来

以上の八つの理由、そして議論の途上に現れるさらに多くの理由のゆえに、N・T・ライトの記述が大きな影響を及ぼす場で、聖書が教える義認の教理が花開くことになるだろう、と期待することは私にできません。私にはライトのビジョンが、聖パウロが実際に語ったことの新しい説明として、否定しがたいものであるとは思えません。また、現状から見て、このままでは将来、教会が明快な理解をぜひとも必要としているところで、教会に大きな混乱をもたらすことになると思います。私には、その混乱が、偉大な新発見がなされたときに不可避的に生じる砂ぼこりだとは思えません。むしろ、状況を正しく判断するなら、混乱はライト自身の表現の曖昧さにもよるものです。また、他の主題を扱う場合と違って、義認についてのライトのパラダイムが多くの聖書箇所の普通の理解と合わないため、多くの普通の人たちが「なるほど、そうか！」と納得のいく経験で報いられず、困惑して何も考えられなくなるという事実によるものです。[*30]

義認の未来は、思うに、新しいガイドによってではなく、古くからのガイドによって、よりよく提供されるのではないでしょうか。[*31] 義認が、聖書と人間のたましいの両方で実際どのように働くのか、深く検討するということになれば、N・T・ライトが、マルティン・ルターやジョン・オーウェン、レオン・モリスと同じように理解の助けになるとは思いません。その点もこれから明らかにしていかなければなりません。

この序章を始めたところに戻って終わりたいと思います。私の小さな地上生涯はあまりにも遠くまで来ましたから、論争でポイントを獲得することで自分を喜ばせようとは思いません。私は依然として罪人であり、神の御前における私の義についてはキリストに依存しています。ですから、実に恐れや誇りを抱きかねません。しかし、自分が誤ったときには素直にそれを認めたいと、本当に願っています。私の変わりやすい満足や後悔よりは、はるかに大事なことが危険にさらされているのです。その大事なことの中に、福音の忠実な説教、罪責感に悩むたましいへの配慮、犠牲的な愛の行為が持つ霊的な力、キリスト者の政治や社会との謙虚な取り組みのルーツ、世界のあらゆる宗教に対して、来るべき怒りを逃れる唯一の道である至高のキリストを伝える宣教への勇気が含まれます。福音自体が歪められたり、曖昧にされたりすれば、ゆくゆくは他のどんなことも影響を受けることになります。願わくは、主が、今この時代に私たちを助けて、恵みのみことばを明確に理解させてくださいますように。へりくだった聖なる熱意をもって神のことばをかみしめ、公平に広めることができますように。その結果、大勢の人が信じ、救われますように。そうして神の恵みの栄光がたたえられますように。

注

1 John Stott, *Between Two Worlds: The Art of Preaching in the Twentieth Century* (Grand Rapids, MI: Eerdmans, 1982), p. 325 に引用されているジェームズ・デニーの言葉です。
2 本人の著作、オーディオ、ビデオはもちろんのこと、ライト博士に関する豊富な情報は、以下から入手できます。 http://www.ntwrightpage.com
3 「彼らは神の義を知らずに、自らの義を立てようとして、神の義に従わなかったのです。」

4　Travis Tamerius, "An Interview with N. T. Wright," *Reformation & Revival Journal* 11, Nos.1 and 2 (Winter and Spring 2003). オンラインでは、http://www.hornes.org/theologia/content/travis_tamerius/interview_with_n_t_wright.htm で聴けます。

5　N. T. Wright, "Paul in Different Perspectives: Lecture 1: Starting Points and Opening Reflections," at the Pastors Conference of Auburn Avenue Presbyterian Church, Monroe, Louisiana (January 3, 2005). http://www.ntwrightpage.com/Wright_Auburn_Paul.htm. でアクセスできます。

6　N. T. Wright, *What Saint Paul Really Said* (Grand Rapids, MI: Eerdmans, 1997), p. 46.（邦訳は、岩上敬人訳『使徒パウロは何を語ったのか』いのちのことば社、二〇一七年）〔訳注＝以下、この書の邦訳は一部手を加え訳し直したものです。〕

7　Ibid., p. 133.

8　Ibid., p. 90.

9　Ibid., p. 60.

10　Ibid., p. 153.

11　Ibid., p. 133.

12　Ibid., p. 125.

13　Ibid., p. 119.

14　Ibid., p. 119.

15　N. T. Wright, "New Perspectives on Paul," in *Justification in Perspective: Historical Developments and Contemporary Challenges*, ed. Bruce L. McCormack (Grand Rapids, MI: Baker Academic, 2006), p. 258.

16　Wright, *What Saint Paul Really Said*, p. 132.

17 Ibid., p. 116.
18 Wright, "New Perspectives on Paul," p. 261.
19 Wright, *What Saint Paul Really Said*, pp. 98–99.
20 Wright, "Paul in Different Perspectives: Lecture 1." 傍点はライト自身のもの。
21 N. T. Wright, *Paul in Fresh Perspective*（Minneapolis, Fortress, 2005）, p. 148. 傍点は私自身の付加。
22 Ibid., p. 121. 傍点は私自身の付加。
23 Wright, *What Saint Paul Really Said*, p. 129. 傍点は私自身の付加。
24 Wright, "New Perspectives on Paul," p. 260. 最初の二つの傍点は私自身の付加。
25 Wright, *What Saint Paul Really Said*, pp. 18–19.
26 N. T. Wright, "4QMMT and Paul: Justification, 'Works,' and Eschatology," in *History and Exegesis: New Testament Essays in Honor of Dr. E. Earle Ellis for His 80th Birthday*, ed. Aang-Won（Aaron）Son（New York and London: T&T Clark, 2006）, p. 106.
27 N. T. Wright, *The Climax of the Covenant: Christ and the Law in Pauline Theology*（Edinburgh: T&T Clark, 1991）, p. 36.
28 Ibid.
29 N. T. Wright, "On Becoming the Righteousness of God," in *Pauline Theology*, Vol. II: *1 & 2 Corinthians*, ed. David M. Hay（Minneapolis: Fortress, 1993）, p. 203.
30 義認についてのライトの理解に欠けがあるからといって、私は、ライトが義とされていないと考えているわけではありません。論争点は私たちの場合とは異なりますが、この点に関して、ジョナサン・エドワーズとジョン・オーウェンが適切な助言をしています。エドワーズは、ある論争の渦中でこう書きました。

> たとえ人が自らの義によって義と認められると告白しているとしても、神の御霊の素晴らしくも神秘的な働きかけが、どれほどその人の心に影響を及ぼして、自分自身の原則に反する実践に導き、自分自身の義に信頼を置くべきではない、とすることだろうか。あるいは、人が一般論としては自分の行いによって義とされると信じてはいても、それを自分個人に当てはめる段になると信じないことが、どれほどあるだろうか。あるいは、教育によってか他の人の狡猾な詭弁によってか、そうした誤りにどれほど導かれていたとしても、それはその人々を支配する心の状態に反し、実践にも反することがどれほどあることだろうか。あるいは人が、義認についてのこの福音の教理と異なる教理をどれほど支持しているように見えても、本当のところはそうではなく、自分は他の人とは違うと言っているだけのことか、こちらが言っていることを誤解して反対しているだけなのか、彼らが実際にはほぼ同じことを考えているのを我々が勘違いしているのか、正確に確定された意味ではない語句を用いているので実際以上に異なって見えるのか、教理特有の理解に欠けているので、この教理から逸脱してしまっているのか、けれども同時に心ではちゃんと同意しているので、きちんと説明されれば直ちに理解し、受け入れるのか、こうしたどれに当たるのか決着がつかないにしても、私は強く確信している。似たような無数の事例があり、過去に語られたことがまた繰り返されているにしても、偉大なる赦しが与えられるであろうことを。けれども、こうした教理体系に反することを教えたり広めたりすること自体は壊滅的で致命的な傾向を有していることを。(Jonathan Edwards, "Justification by Faith Alone," in *Sermons and Discourses, 1734-1738*, The Works of Jonathan Edwards, Vol. 19〔New Haven, CT: Yale University Press, 2001〕, p. 242.)

オーウェンはこう書きました。「人は、**当人が教理的には否定している**その恵みによって現実には救われているかもしれない。当人の見解としては**転嫁を否定していても**、その義の転嫁によって義と認められているかもしれない。」しかし、私は彼の言葉にこう加えましょう。真理への知識が明確になればなるほど、そして、その否定が深まれば深まるほど、真理の神が自分を救うことについての確信は弱くなるだろう、と。オーウェンの言葉は、私たちが福音の中身をぞんざいに扱ってよいと言おうとしているのではなく、人の心はしばしば人の頭より優れている、という希望を抱かせようとしているのです。John Owen, *The Doctrine of Justification by Faith*, chapter VII, "Imputation, and the Nature of It," Banner of Truth, *Works*, Vol. 5, pp. 163–164.

31 Mark A. Noll and Carolyn Nystrom, *Is the Reformation Over? An Evangelical Assessment of Contemporary Roman Catholicism* の示唆に飛んだ書評の中でスコット・マネッチュは賢くもこう記しています。「現代はこれまで以上に、北米の福音主義プロテスタントにとって、底の浅い神学に『抗議する（プロテスト）』緊急の必要がある。一時的に流行している文化と視野の狭い追従を避けるためであり、また単に植民地時代のアメリカの宗教的覚醒だけでなく、十六世紀ヨーロッパでのキリスト教刷新の動きまで含めて、自分たちの歴史的ルーツを回復するためである。福音主義者は、ヴィッテンベルクとジュネーブ、チューリッヒ、エディンバラ、ロンドンに旅することによって、聖書的で神学的な深い洞察の世界を、実践的な知恵の豊かな鉱脈を、神が二十一世紀に存在するご自身の教会の生命と宣教のためにお与えくださった賜物を、発見することであろう。」Scott Manetsch, "Discerning the Divide: A Review Article," in *Trinity Journal*, 28NS (2007): pp. 62–63.

議論を始めるにあたって

私は何よりもまず牧師です。論争は二次的なことで、牧師の働きを果たすためにするものです。私たちの牧師としての責任には、パウロが「福音を弁明し立証している」（ピリピ一・七）と語っていることが含まれます。パウロの手紙はすべて、実質的に、教理的真理とその実践的適用を明らかにし、擁護することをもって教会に仕えるものとなっています。

私が始めるのが、N・T・ライトとの論争であって、J・D・G・ダンやE・P・サンダース（いわゆるパウロ研究をめぐる新しい視点の関連で、みな著名な人々ですが）との論争でないのは、私が仕える教会でだれひとり、分厚いダンやサンダースの本を持ってきて、私の考えを尋ねたことがないからです。しかしライトは厳密な学者であると同時に、著作家としても説得力があり著名でもあります。それゆえ、学者たちの世界でも、広く一般社会でも、相当な影響力を発揮しています。ライトが義認という事柄で間違いを犯せば、他の人たち以上に害を与えるかもしれません。そのうえ、ライトは使徒パウロを愛し、聖書に敬意を払っています。それで、彼との議論は実り豊かなものとなるだろうと私は期待するのです。私は自分がライトから学んできたことを知っていますし、聖書に私たちの共通の基盤があるので、理解と一致において前進も可能であるだろうと期待するのです。

それでは、どのように論争を進めるべきか？

ロジャー・ニコルは、『論争的な神学――意見の異なる者たちとどのように議論するか』という論文の始めに、こう記しています。

私たちは、信仰のため熱心に闘うようにと主に召されています（ユダ三）。必ずしも論争好きになれということではありませんが、どんな時も逃げることなく、妥協を避け、自分の信じることに堅く立ち、神の真理をしっかりと守ることです。*1

私たちが福音の意味について論じるときは、「福音の真理に向かってまっすぐに歩」みながら論じることが大切です（ガラテヤ二・一四）。聖書を信じる者が、聖書の意味について異なる意見を述べようとするのであれば、それを聖書的に行わなければなりません。そのために、以下のような励ましの言葉を提供したいと思います。*2

古い時代の知恵の言葉

一六五五年、ジョン・オーウェンは『立証された福音の神秘と吟味されたソッツィーニ主義』を出版しました。この書には、私の好きな忠告の一つがあります。それは、「私たちは、自分が主張する教理にあって神と交わりを持つ」というものです。言い換えれば、神の真理のために論争することが、決して、真理の神を喜ぶことに取って代わってはならない、ということです。

〔何にも増して大切なことは〕私たちが告白し、闘おうとしている真理の力を心にとどまらせるために懸命に努力することです。私たちは観念のために戦うのではなく、自分自身のたましいの中に現実的な知識を得るのです。知性が受け入れる教理の鋳型に、心が確かに投げ込まれるとき――真理の証拠と必然性が私たちの中にとどまるとき――言葉の意味が私たちの頭にあるだけではなく、そのことの意味も私たちの心にとどまるとき――つまり、私たちが、自分が主張する教理をもって神との交わりを持つとき――そのとき私たちは、人のあらゆる攻撃から神の恵みによって守られるのです。*3

しかし論争は本当に必要なのでしょうか。私たちは闘わなければならないのでしょうか。他の人たちが間違っていることを示そうとするより、自分の考えを積極的に表明しさえすればよいのではないでしょうか。一九三二年六月十七日、ロンドンの英国聖書連盟においてJ・グレシャム・メイチェンは「キリスト教の学問と信仰の擁護」と題して講演を行いました。その中で彼はこう語っています。

私たちの説教は肯定的であるべきであって否定的であってはならない、誤りを攻撃することなく真理を説くことができる、と言う人たちがいます。しかし、もしその忠告に従うとすれば、私たちは聖書を閉じ、聖書の教えを棄てなければならなくなります。新約聖書はほぼ初めから終わりまで、論争の書なのです。

何年か前のことですが、私はアメリカの大学やその他の教育機関で聖書を教える教師たちの集まりに出席していました。アメリカで最も傑出した神学教授の一人による講演がありました。その中で、彼はパウロ書簡にある教理について不幸な論争があると語りました。しかし、実のところ彼が言いたかったことは、パウロの教えの真髄はコリント人への手紙第一、一三章のキリスト教的愛の賛歌にあり、人を奮い立たせるこの賛歌に、私たちの主たる関心を向けさえすれば、今日私たちは論争を避けることはできる、ということでした。

それに対して私は言わないわけにはいきません。その箇所を例として挙げたのは実に誤った選択である、と。キリスト教的な愛を歌うこの賛歌は、重要な論争の箇所のただ中にあります。パウロが教会内の誤りを論じることに反対であるならば、この賛歌が書かれることは決してなかったでしょう。パウロがこの輝かしい讃歌を書き上げることができたのは、御霊の賜物の誤った用い方に彼の心が騒いだからでした。それがいつも教会の現実です。キリスト教の本当に偉大な発言はどれも――おおかたそう言ってよいでしょう――論争の中で生まれたものです。誤りに対抗せずにはいられないと感じるとき、人は立ち上がり、真理をたたえることにおいて真に偉大な高みに上るものなのです。[*4]

メイチェンはさらに、真理をたたえる高みだけでなく、福音の根拠に関する論争によって、たましいの救いも一層明らかになることを私たちに思い出させています。

一九二四年から一九二五年にかけての年度、覚醒のようなものが起こっていました。若者たちは自分で考えることを始めました。妥協して一緒になるのは良くないことだと分かってきました。反対に直面して、勇敢なキリスト教精神が再び権利を得ました。キリスト教という宗教の根底にある歴史的・哲学的問いに対する新しい関心が目覚めました。そして真の、独立した確信が形作られました。言い換えれば、論争の結果、知的に、霊的に目覚ましく前進することになったのです。私たちの内のある者たちは、こうしたすべてのことに神の御霊の働きを認めました。……正しい種類の論争は良いものです。教会の歴史と聖書が等しく教えているように、そうした論争から救われるたましいが起こされるのですから。[*5]

真理において一致する日を待ち望みつつ

私たちの時代、そしていつの時代もそうですが、心痛む事実は、クリスチャンが互いに、時には重大な事柄に関してでも、しばしば一致できないことです。[*6] ですから、教会に対する計画を成し遂げてくださるのが神ご自身であることを、私たちは嬉しく思います。「わたしの計画は成就し、わたしの望むことをすべて成し遂げる」（イザヤ四六・一〇）。私たちのあらゆる盲点やしくじり、不服従にもかかわらず、神が地上で勝利してくださることに、私たちは勇気づけられます。「地の果てのすべての者が　思い起こし／主に帰って来ますように。国々のあらゆる部族も／あなたの御前にひれ伏しますように。王権は主のもの。主は　国々を統べ治めておられます」（詩篇二二・二七～二八）。

しかし、この堕落した時代のうめきの一つが論争です。そして、最も心が痛むのは、キリストにある兄弟姉妹との論争です。「同じ思いとなり、同じ愛の心を持ち、心を合わせ、思いを一つに」（ピリピ二・二）するときに私たちは喜びに溢れる、という使徒パウロの言葉に、私たちは共鳴します。しかしながら、調和と一致と平和に対するパウロのすべての愛にもかかわらず、どれほど多くの彼の手紙が仲間のクリスチャンを正すために書かれていることか、注目すべきです。コリント人への手紙第一が心に浮かびます。この手紙は、パウロの感謝で始まり（一・四）、パウロの愛で終わります（一六・二四）。けれども、その間において彼は、コリント教会の人々の考えと行動を正そうと労苦しているのです。[*7]

新約聖書全体は、私たちが平和のために努力すべきであることを前提としています。キリストのからだの内にある平和と一致は非常に尊いものです。「見よ。なんという幸せ　なんという楽しさだろう。兄弟たちが一つになって　ともに生きることは」（詩篇一三三・一）。「平和を求め、それを追え」（Ⅰペテロ三・一一）。「ですから、私たちは、平和に役立つことと、お互いの霊的成長に役立つことを追い求めましょう」（ローマ一四・一九）。しかしまた、それと同じように明確なのは、真理において一致するよう努めることにより平和を追い求めるべきことです。「上からの知恵は、まず第一に清いものです。それから、平和で」す（ヤコブ三・一七）。純粋さが第一です。平和が最初のものではありません。それは派生的なもので、真理に心から同意することによって生じるものなのです。

たとえばパウロは、すべて真実なこと、すべて尊ぶべきこと、すべて正しいことに心を留めなさい、そうすれば平和の神がともにいてくださる、と教えています（ピリピ四・八～九）。平和は、真実なことや正しいことに心から同意することの、すばらしい副産物なのです。ヘブル人への手紙は、「義という平和（訳注＝新改訳２０１７では「平安」）の実」（一二・一一）について語っています。パウロはテモテに「義と……平和を追い求め」るよう命じています（Ⅱテモテ二・二二）。私たちが教会において懸命に追い求める一致は、知識と真理と義における一致です。「神の御子に関する信仰と知識において一つと」なるときに、「組み合わされ、つなぎ合わされ」、成長して一つのからだとなるのです（エペソ四・一三、一六）。「恵みと平和（訳注＝新改訳２０１７では「平安」）」は、「神と、私たちの主イエスを知ることによって……豊かに与えられる」のです（Ⅱペテロ一・二）。さらに逆説的ですが、私たちが「平和の福音」のために戦う武具は、「真理の帯」で始まり（エペソ六・

一四～一五)、「御霊の剣」である神のことばで終わります(エペソ六・一七)。

真の一致はなぜ真理から生じるのか

このように語る理由は、人を欺き、一致を破壊する力のあるサタンの支配から私たちを解き放つのは、真理であるからです。「真理はあなたがたを自由にします」(ヨハネ八・三二。Ⅱテモテ二・二四～二六も参照)。真理は、完全な結びの帯である愛のために働くのです。パウロはピリピの信徒たちのために、「あなたがたの愛が、知識とあらゆる識別力によって、いよいよ豊かに」なるようにと祈っています(ピリピ一・九)。真理が人を聖別し、そうすることで義を生み出し、それが平和という実を結ぶのです。「真理によって彼らを聖別してください。あなたのみことばは真理です」(ヨハネ一七・一七。Ⅱペテロ一・三、五、一二を参照)。

ですからパウロは、一致と平和のために、多くの問題点に関して教会を真っ直ぐにしようと労苦しています。その問題点の中には、異端とは無関係な事柄もかなり含まれます。牧会的な文書においても論争を避けてはいません。論争を、異端に脅かされている主要教義だけに限定してはいません。パウロは、教会に対して親のように接しています。親は重大犯罪の時にだけ子どもたちを正したり、懲らしめたりするわけではありません。良い親は、子どもたちがすべての点で礼儀正しく親切な大人に成長してほしいと願っています。またパウロは、真理という織物には継ぎ目がないので、小さな糸でもほぐれるままにしておけば、やがて衣全体を引き裂くこともあり得ると知っているのです。

そういうわけで、パウロは長老たちに対して、一方では争うことなく群れ全体に気を配りながら教会に仕えるように命じ(Ⅰテモテ三・三、五)、他方では誤った教えを戒めて正すようにと命じています。「教えにかなった信頼すべきみことばを、しっかりと守っていなければなりません。健全な教えをもって励ましたり、反対する人たちを戒めたりすることができるようになるためです」(テトス一・九。同一三節、二・一五、Ⅰテモテ五・二〇を参照)。これが、聖書が私たちに与えられている主な理由の一つなのです。聖書は「教えと戒めと矯正と義の訓練のために有益です」(Ⅱテモテ三・一六)。

「真理を明らかにすることで自分自身を推薦する」

信仰深いクリスチャンは論争を好まず、平和を愛します。自分と意見の異なる兄弟姉妹も愛します。キリストの大義のために、同じ考えでいたいと切に願っています。けれども、まさにこの理由で、神のことばの真理と美に満ち溢れているようにと教会を説得する努めを、クリスチャンは自らの良心と神のことばによって義務づけられているのです。

私たちは、どれほど明確な主張でもプレミアムをつけることをしない、政治的対話の時代に生きています。自分の立場を明らかにするよりは隠そうとして、言葉を用いる者たちもいます。このようなことが起こる理由の一つは、普通、明快で率直な言明は、曖昧な言明より批判にさらされることになるからです。敵対的な雰囲気の中では、率直であるよりも不明瞭であるほうが多くの賛同を得ます。

けれども、私たちはこうした態度とは無関係でありたいと思います。イエスは、自分たちの考えを隠そうとして巧みに答える宗教的指導者たちとの会話を拒否されました(マルコ一一・三三)。私たちの目的は(私たちがそれを達成したとは言いませんが)、次のように語るパウロにいつも倣うことです。「かえって、恥となるような隠し事を捨て、ずる賢い歩みをせず、神のことばを曲げず、真理を明らかにすることで、神の御前で自分自身をすべての人の良心に推薦しています」（Ⅱコリント四・二）[*8]。

注

1 Roger Nicole, "Polemic Theology: How to Deal with Those Who Differ from Us," http://www.founders.org/FJ33/article3.html.

2 このあとに続く叙述は、新しいものではありません。クリスチャンの間での論争について私が述べた言明のすべてを、以下の資料で見ることができます。"Charity, Clarity, and Hope: The Controversy and the Cause of Christ," in *Recovering Biblical Manhood and Womanhood: A Response to Evangelical Feminism*, ed. John Piper and Wayne Grudem（Wheaton, IL: Crossway Books, 1991; 2006）, pp. 403–422, and *Contending for Our All: Defending Truth and Treasuring Christ in the Lives of Athanasius, John Owen, and J. Gresham Machen*（Wheaton, IL: Crossway Books, 2006）。特に序論と結論を参照のこと。

3 John Owen, *Vindiciae Evangelicae; or, The Mystery of the Gospel Vindicated and Socinianism Examined*, Vol. 12, The Works of John Owen, ed. William Goold（Edinburgh: Banner of Truth,1966）, p. 52.

4 J. Gresham Machen, "Christian Scholarship and the Defense of the Faith," in *J. Gresham Machen: Selected Shorter Writings*, ed. D. G. Hart（Phillipsburg, NJ: P&R, 2004）, pp. 148–149.

5 J. Gresham Machen, *What Is Faith?*（1925; reprint Edinburgh: Banner of Truth, 1991）, pp. 42–43.

6 この文章と、論争についてのこの注の残りの部分は、注2で挙げている *Contending for Our All* の結論を適用したものです。

7 パウロが挙げるのは、指導者たちの高慢の危険性（Ⅰコリント一・一〇～三・二三）、性的な自由の限界（同五・一～八)、正しい分離の範囲(同五・九～一三)、訴訟の取り扱い方(同六・一～八)、結婚における正しい性の関係(同七・一～一六)、クリスチャンの自由の性質(同八・一～一三)、礼拝における男女の正しいふるまい(同一一・二～一六)、主の晩餐のあずかり方(同一一・一七～三四)、御霊の賜物の用い方(同一二～一四章)、復活の性質と事実(同一五章)です。

8　この最後の幾つかの段落は、"Clarity, Charity, and Hope," pp. 404-406で私が以前に書いたことに基づいています。

第1章　注意——聖書神学的な方法やカテゴリーがすべて理解の助けになるわけではない

一般的な注意

歴史神学や組織神学から得られる思考の方法やカテゴリーが聖書の読み方をコントロールしたり、歪めたりするかもしれないことに、ほとんどの学者が気づいています。しかし、聖書神学の方法やカテゴリーも同じことを行う可能性のあることを警戒する声は、それほど聞かれません。組織神学にしても聖書神学にしても、私たちの釈義を必ず歪めるわけではありませんが、どちらも歪める可能性はあるのです。

たとえば、だれかが伝統的な組織神学の教科書から「終末論」のカテゴリーを取り上げたとします。それは、「最後の事についての教理」、つまり、まだ未来のことで、この時代か、その後で起こる出来事についての教理として、最後の章で扱われるのが一般的でしょう。もしだれかが終末論をそのように理解し、そのレンズを通して新約聖書を読めば、メシア・イエスの到来においてすでに終わりの時代が訪れているのでキリストの初臨とともに「終末」は始まっているという真理を、隠すか歪めるかする可能性があります。[*1]

組織神学と違って聖書神学は、こうした組織神学がもたらすかもしれない歪みから私たちを解き放ってきた学問として称賛されることがあります。聖書神学は、聖書の著者たちが生きた歴史状況が形づくる彼ら自身のカテゴリーの光に照らして、救いの歴史の道筋にそって著者たちの意図を読むことを目指しています。それを適切に行う聖書神学は、信頼できる釈義と神学にとって必須の要素です。自らの考えを聖書の権威に従わせる者たちは――N・T・ライトは自分もそうだと進んで告白しますが[*2]――後代の再解釈によって言わされているかもしれないことではなく、聖書の著者たちが本来言おうとしていることを理解したいと願います。

それほど一般的ではない注意

しかしながら、今日私が知るかぎりでは、聖書神学のカテゴリーでも歪みが生じる可能性があるという警告は、普通耳にしません。聖書の著者たちを一世紀の観点で解釈しているとの主張は、通常、そうすれば理解の助けになるという前提とともに語られています。ある人々は今日、これが聖書の本文を明確にするよりは誤って理解させるような仕方で、本文に読み込みをしてしまっている可能性もあることを見過ごしているように思われます。しかし、常識的に考えても、新約聖書記者たちが言おうとしていることを歪めたり、黙らせたりするために、一世紀の思想が（無意識のうちにも）用いられている可能性があります。このように述べる理由が、少なくとも三つあります。

1　資料を誤解する

第一に、解釈者が一世紀の思想を誤って理解しているかもしれません。新約聖書の著者たち自身を解釈するよりも、一世紀の二次的な資料を解釈するほうが確信をもってできる、という暗黙の前提が何としばしばあることか、驚かされます。けれども、新約聖書の解釈よりも聖書外文書の解釈のほうが曖昧であると考える明白な理由がある、と私は思います。こうした文書は、概して聖書ほどには研究されていないし、たいていの学者たちが聖書に対してしているような背景に関する配慮がなされていません。そのうえ言えることですが、聖書には、神の霊感ゆえの一貫性があります。またキリストの栄光のために謙遜な思いを持って神のみこころを知ろうと努めるなら、聖霊が聖書を照らし出して理解させてくださることがさらに期待できます。

それにもかかわらず、ある学者たちは、聖書外の資料の解釈に自信を持ち、それが、あまり自信のない聖書本文の理解に光を当てることができるという、誇らしい確信を抱いているようです。感謝なことに、聖書の本文にその箇所自身が意図していない意味を時に言わせるのに使われる、聖書外資料の一見確かと思われる解釈に対して疑問を投げかける、優れた学問的な研究は常にあったし、今もあります。[*3]

私たちはみな、この二百年間の聖書学が、聖書本文を曖昧にする組織的カテゴリーの物語であっただけではなく、さらに劇的に、一世紀の思いつきの絶えざる流れが学問的研究を押し流し、その後、きわめて明快な聖書本文の光のうちで徐々に消えていく物語であったということも、覚えておく必要があります。[*4]

2　資料と調和していないのに、調和しているとする

一世紀の聖書外資料の思想が新約聖書の教えを歪めたり沈黙させたりするかもしれない第二の理由は、その思想が一世紀のある文書を正確に反映していても、一世紀の多くの見方のうちの一つだけを反映しているにすぎないかもしれないということです。一人の学者が一世紀に見いだした特定の考え方を、新約聖書の著者が実際に抱いていたかどうかは、単にそうした考え方が存在していたというだけでは明らかになりません。

これに似たこととして、私たちの時代、「福音的」という旗印の下に飛び交うすべてについて考えればよいでしょう。自分が「福音的」というラベルを帯びているだけの理由で、一千年の間、歴史家が「福音的」とい

うことの様々な意味のどれかを自分に当てはめることのないよう、私たちは願います。ですから、自らの聖書外資料の解釈に基づいて「一世紀のユダヤ人はこのように世界を理解していた」[*5]と言うことには慎重でなければなりません。一世紀のユダヤ教の様々な世界観を十把ひとからげに語るのは危険です。

3　資料の意味を誤って当てはめる

一世紀の聖書外の思想が新約聖書の教えを歪めたり沈黙させたりするかもしれない第三の理由は、新約聖書の著者たちが一般的な意味で聖書外の思想を用いていたとしても、それを学者たちが聖書本文に誤って適用している可能性があることです。たとえばパウロは、福音（εὐαγγέλιον）の重要な意味が、神が全宇宙の王であるとの告知（イザヤ五二・七）であることを認めるかもしれませんが、それが、あらゆる文脈で福音と言うときの支配的な意味、重要な意味であると言おうとはしていないでしょう。実際、パウロはまた（他のどの聖書記者もそうですが）、イエス・キリストにおいて完全に現された神の啓示の光のもとで、言葉の一般的な意味を超えて、その意味を膨らませているかもしれません。

ですから、一世紀から包括的概念や世界観が、聖書本文に「新しい」「斬新な」解釈を与えるものとして、それ自身の文脈で自然に読めばそのような解釈は出てこない聖書箇所に持ち込まれるときには、一世紀の文献を多くの時間を費やして読むことのない学者や牧師、信徒たちは、それに対して謙虚な懐疑心を抱くことが有益でしょう。

新しいものに突き動かされる

明らかにN・T・ライトは、パウロについての「新しい」「斬新な」解釈を見いだすことに精力的です。けれども、昔からの解釈による洞察に対する、同じような熱意で輝く感謝や称賛を、ライトに見いだすことはできません。たとえば、ライトがこう語るのを耳にすると、それで良いものかと考えさせられます。「教会史における『義認』の議論は、確かにアウグスティヌス以降、少なくともパウロ理解に関して、道を踏み外し間違ったところに立ったのです。そして教会は同じところにずっととどまり続けてきました。[*6]」

教会が（カトリックも、プロテスタントも、正教会も）千五百年の間、正しく理解してこなかった、という確信が、新しい仕方で物事を見ようとするライトの情熱を、ある程度説明しています。ライトはこう記しています。

先を行く者たちが残したパラダイムに単に書き込むのではなく、今はむしろ探求と喜びに満ちた革新の時であると私は思います。……私にとって、パウロに従ってパウロの思想を考察し、世界と不思議な被造物である私たちに関わる神の方法と意図を、新鮮に垣間見るよう絶えず駆り立てられること以上に、頭と心と想像力と霊にとって刺激的な活動はなかった、と言わなければなりません。教会と大学はともに、聖書本文の喜びに満ちた研究に献身し、本文が導くところに導かれることを良しとし、本文に起因する新しい思想を思索し、それを言葉と行為で大胆に実行してみる新しい世代の教師たち、説教者たちを緊急に必要としています。[*7]

最後の文章は、良いものに向かって私たちを奮い立たせる書き方をしている一方、同時に、良くないかもしれないことを推奨しています。確かに、⑴聖書本文の研究に取り組み、⑵真にそれが導くところに導かれるのを良しとする説教者は必要です。しかしライトが「新しい思想を思索し」、それを「大胆に実行してみる」牧師が必要であると文を続けるとき、本文に忠実に従うなら結果はそうなる、と暗に言っているのです。実際には、本文に忠実に従うなら、しばしばそうであるように、幾世紀にもわたって明確に理解され、大切にされてきた洞察について、喜びに溢れた感謝と礼拝を呼び覚ますかもしれません。

歴史の現時点における教会の必要についての私自身の評価は、ライトのそれと違います。私たちが必要としている新しい世代の説教者は、神がご自身のみことばに投じているかもしれない新しい光にオープンであるだけでなく、新奇さを好む自分自身に疑いを抱き、自分たちのあらゆる聖書解釈を幾世紀もの知恵で吟味することに熱心な者たちです。[*8] もちろん、ライトと私は、最終的な権威は聖書本文そのものであり、新奇さでも伝統でもないとする点で一致しています。しかし、今の時代、何世紀にもわたる知恵に対する深刻な無知と、「斬新なもの」に安易に飛びつく傾向があります。N・T・ライトは決して安易な人ではありません。ライトは聖書本文を規律をもって思慮深く厳格に扱う人、教会を愛している人です。ここで私が言いたいのは、こうです。まさしく聖書本文に忠実であるためには、私たちの文化の新しもの好きを、何世紀にもわたる知恵の称賛でバランスをとる必要がある。ところが、ライトによる「喜びに満ちた革新」の称賛は、この新しもの好きをより強固なものにしかねない、ということです。[*9]

大きな枠組みが義認の意味を解き明かすのか？

N・T・ライトを読んで受ける印象の一つは、新約聖書の本文に外から大きな概念の枠組みが持ち込まれ、それが意味を読み取るためのレンズを提供していることです。ライトに言わせれば、これらの大きな枠組みが歴史的文脈と新約聖書の思想の流れに忠実であるから、本文の意味を明らかにすることになる、ということなのでしょう。確かにその可能性はあります。しかし、この主張を注意深く検討するために、私は上記のような注意を申し上げたのです。特に信仰義認という事柄についてライトのアプローチは光を与えてきたというより、誤解を与え、おそらくは混乱を与えてきたという私自身の懸念のゆえに、本書は存在しています。信仰義認に関して読者が賢明な判断を下すのに、次章からのやりとりが役に立つことを願います。

注

1　以下の聖書箇所を参照のこと。Iコリント一〇・一一、「これらのことが彼らに起こったのは、戒めのためであり、それが書かれたのは、世の終わりに臨んでいる私たちへの教訓とするためです」。ヘブル一・一～二前半、「神は昔、預言者たちによって、多くの部分に分け、多くの方法で先祖たちに語られましたが、この終わりの時には、御子にあって私たちに語られました」。Iペテロ一・二〇、「キリストは、世界の基が据えられる前から知られていましたが、この終わりの時に、あなたがたのために現れてくださいました」。新約聖書全体のこうした終末的性格の強調は、ジョージ・ラッドの著書 *The Presence of the Future* (Grand Rapids, MI: Eerdmans, 1974) の書名と内容に表現されています。

2　「神に与えられた本文、特にローマ人への手紙に徹底して忠実であろうとするので、私はルターの読み方に戻ることはできませんでした。（私の譲ることのできない線はこれまで常に、そして今もそうですが、理論でもなく伝統でもなく、自らを正統的な立場の擁護者に任じた重圧でもなく、聖書の本文そのものであることを覚えていただきたい。）」 N. T. Wright, "The Shape of Justification" (2001), accessed 6-24-06 at http://www.thepaulpage.com/Shape.html. ライトの聖書観を十分に述べたものとしては、さらに N. T. Wright, *The Last Word*:

Beyond the Bible Wars to a New Understanding of the Authority of Scripture（San Francisco: HarperSanFrancisco, 2005）を参照のこと。これについては *Trinity Journal, Spring*（2006）: 1–63 にあるD・A・カーソンの書評と批判が有益です。カーソンの書評は http://www.reformation21.org/Past_Issues/2006_Issues_1_16_/2006_Issues_1_16_Shelf_Life/May_2006/May_2006/181/vobId__2926/ でも読むことができます。

3　たとえば、義認に関する事柄については、特に以下を参照のこと。D. A. Carson, Peter O'Brien, and Mark A. Seifrid, eds., *Justification and Variegated Nomism: The Complexities of Second Temple Judaism*, Vol. 1（Grand Rapids, MI: Baker Academic, 2001）; Simon Gathercole, *Where Then Is Boasting? Early Jewish Soteriology and Paul's Response in Romans 1–5*（Grand Rapids, MI: Eerdmans, 2002）; Mark Elliott, *The Survivors of Israel: A Reconsideration of the Theology of Pre-Christian Judaism*（Grand Rapids, MI: Eerdmans, 2000）; A. Andrew Das, *Paul, the Law, and the Covenant*（Peabody, MA: Hendrickson, 2001）; Friedrich Avemarie, *Tora und Leben: Untersuchungen zur Heilsbedeutung der Tora in der frühen rabbinischen Literatur*（Tübingen: J. C. B. Mohr, 1996）; Timo Laato, *Paul and Judaism: An Anthropological Approach*（Atlanta: Scholars, 1996）.

4　N・T・ライトはパウロの解釈に関する分野で、物語の裏づけをある程度行っています。*What Saint Paul Really Said*, pp. 12–19.（邦訳『使徒パウロは何を語ったのか』）同じ物語は、史的イエスの探求における不断の変化に関しても語ることができます。その概観については、たとえば以下の書を参照のこと。Ben Witherington III, *The Jesus Quest: The Third Search for the Jew of Nazareth*（Downers Grove, IL: InterVarsity Press, 1995）; Larry Hurtado, "A Taxonomy of Recent Historical-Jesus Work," in *Whose Historical Jesus?* ed. William E. Arnal and Michel Desjardins（Waterloo, Ontario: Wilfrid Laurier University Press, 1997）, pp. 272–295; Jonathan Knight, *Jesus: An Historical and Theological Investigation*（London: T&T Clark International, 2004）, pp. 15–56; *The Historical Jesus in Recent Research*, ed. James D. G. Dunn and Scot McKnight（Winona

Lake, IN: Eisenbrauns, 2005).

5　N・T・ライトは、自分の理解するイスラエルの未来のさばきにおける契約と法廷のイメージを明らかにし、こう語ります。「このような二つの偉大なテーマから一つの出来事を『見る』ことを学ぶと、一世紀のユダヤ人がどのように世界を見ていたのかをある程度学ぶことになります。」（*What Saint Paul Really Said*, p. 33.〔邦訳『使徒パウロは何を語ったのか』〕）　これはあまりにも大ざっぱ過ぎるでしょう。ライトは、考え方が一枚岩であったかのような印象を与えています。しかしライトは、外部からの資料が示唆するいかなる解釈も、新約聖書記者の聖書的な文脈によって裏づけられなければならないという原則を、まさしく認めているのです。しかし、新約聖書の釈義においてライトは、聖書外の文脈の重要性を尊重することにより、その聖書外の文脈に驚くほど支配的な役割を与えているように思われます。この文脈の範囲で、新約聖書記者たちは「ニュアンスや強調」を盛り込むことが許されるのです。ライトはこう書いています。「言い換えれば、私たちは著者たちの言葉の用い方から始めることは決してできません。聖書記者が生きていたもっと広い世界から、私たちが辞書や語句辞典によって出会う世界から、言葉がその世界ではどのように使われているかを調べた研究書から始めなければなりません。それから、著者がその語に自らのニュアンスや強調を盛り込んでいる可能性を意識しなければならないのです。」　"The Shape of Justification."　ライトのこのような強調にある問題点は、(1)「著者たちの言葉の用い方」がその語の意味に関する最も重要な証拠であるという事実と、(2) その語の他のすべての用法自体、聖書における用法と同様に誤解されやすいものかもしれないという事実を曖昧にしてしまうことです。「言葉が世界ではどのように用いられているか」を知る方法は、聖書における用例の場合と同じで、個々の用例に当たる以外にありません。

6　Wright, *What Saint Paul Really Said*, p. 115.（邦訳『使徒パウロは何を語ったのか』）

7　Wright, *Paul in Fresh Perspective*, pp. ix–x.

8 John Piper, "Preaching as Expository Exultation for the Glory of God," in *Preaching the Cross*, ed. Mark Dever etc. (Wheaton, IL: Crossway Books, 2007), pp. 103-115を参照のこと。

9 ライトは、彼の新しいものへの傾斜についてのこうした評価を、自分を「三位一体論から性倫理まであらゆることについて凝り固まった伝統主義者」(個人的なやりとりにおけるライト自身の表現)と見ている英国国教会の同僚のほとんどにとってニュースとなるであろう、と指摘してもらいたいでしょう。実際、ライトが歴史的キリスト教信仰の偉大な教理を擁護したことを、私たちは感謝してよいでしょう。感謝しても、パウロの教えをライトが組み立てる新しいやり方に関する私たちの考察に反することはありません――新しいやり方は伝統に対抗するものであって、パウロに対抗するものではない、とライトは言うでしょう。

第2章　義認にとっての、契約と法廷のイメージの関係

N・T・ライトにとっては、神がイスラエルと結ばれた契約が、パウロと義認を理解するための主要な概念です。[*1] この契約は、被造物の堕落と、ご自身の被造物を罪とその結果から救おうとする神の栄光に満ちた計画から成る、さらに大きな絵の一部です。

義認――人が家族の一員であると宣言すること

選びのポイントはいつでも、人間が罪ある者であったこと、世界が堕落して混沌に陥りつつあったこと、そして神が救いの働きに取りかかろうとしておられたことにありました。これが契約によって行おうと意図されたことであり、それゆえに「契約に連なること」は、とりわけ「罪が赦された罪人」を意味するのです。[*2]

義認は、この大きな絵の中で見られなければならないといいます。「パウロにとって、義認は選びという大きなものの一部です。つまり、義認は神の民というパウロの教理の一部なのです。[*3]」ライトは、義認とは人が、契約の家族の中にいるという宣言であるという、普通とは異なる定義をすることで知られています。たとえば、

こうです。「福音を聞き、それに信仰をもって応答した者たちは、神によってご自分の民であると宣言されます。……彼らはディカイオス、『義である』立場が与えられています。つまり『契約の中にいる』のです。[*4]」あるいはまた、もっと大ざっぱに言えばこうです。「一世紀における『義認[*5]』とは、人が神との関係をどう確立するかということについてではありません。未来と現在の両方において、実際、だれが神の民に属しているのかということを、神が終末的に定義することについてなのです。[*6]」

ライトが、契約共同体の一員であることが義と認める神の行為の（含みではなく）文字どおりの意味であるとするとき、彼は使徒パウロの思想に忠実でしょうか。私には、パウロが使う言葉をぎりぎりまで拡大解釈しているように思えます。ライトによる義認の概念の使い方については、後の章で詳しく検討しますが、ここで最初の反論[*7]を挙げておくと役に立つでしょう。パウロによるδικαιόω（ディカイオオー「私は義と認める」）の使い方には、ライトが言うような意味が含まれるのでしょうか。少なくとも二つの理由で、私は疑わしいと思います。

一つの理由は、パウロがδικαιόωを使っている箇所で、「人を契約共同体の一員であると宣言する」という意味では通じないところが幾つかあることです。たとえば、神が義と認める方であると言われているローマ人への手紙三章四節は、ライトの言う意味では意味が通じません。「たとえすべての人が偽り者であるとしても、神は真実な方であるとすべきです。『それゆえ、あなたが告げるとき、あなたは正しくあられ〔訳注＝義と認められる〕、さばくとき、勝利を得られます』と書いてあるとおりです。」ここでは「だれかを正しいと、あるいは無実であるとみなす」という通常の意味がぴったり合いますが、「人を契約共同体の一員であると宣言する」では当てはまりません。同様に、テモテへの手紙第一、三章一六節で、キリストご自身が義とされる、と言われています。「キリストは肉において現れ、霊において義とされ（ἐδικαιώθη）、御使いたちに見られ、諸国の民の間で宣べ伝えられ、世界中で信じられ、栄光のうちに上げられた。」つまり、キリストが正しいこと、義であること、潔白であることが明らかにされ、宣言されたのです。

δικαιόω がライトの言う意味を持つことにはならない、もう一つの理由は、パウロがこの語を、何かを今成し遂げる一定の行動を意味するものとして規則正しく用いていることです。何か別の先立つ行動（たとえば、神の有効召命）によって決定的に実現した、だれかの契約共同体のメンバーシップを宣言するだけのものではありません。この事実はライトの解釈にとって都合の悪いことです。ライトは義認についての自らの見解を、それがどのようにして人が不信仰から人生の刷新に移行するかという点から、こう説明しています。[8]

要するに、「義認」という語はそれ自体、人が不信仰や偶像崇拝や罪から、恵みによって信仰や真の礼拝や人生の刷新に至る過程や出来事を指してはいないということです。そうしたことを意味する語としては明らかに、そして間違いなく、パウロは別の語、「召し」という語を使っています。「義認」という語は幾世紀もの間クリスチャンに誤用されてきましたが、パウロは「召し」に続いて直ちに起きることを指すものとして用いています。「神は……召した人たちをさらに義と認め」とあります（ローマ八・三〇）。言い換えれば、福音を聞き信仰をもって応答した人たちが、神によってご自分の民、選ばれた者たち、「割礼を受けた者」「ユダヤ人」「神のイスラエル」であると宣言されるのです。この人々が δίκαιος「義なる者」「契約の中にいる者」という立場を与えられるのです。[9]

こうした理解における問題の一つは、義認という神の行為が、ライトは「召しに続いて直ちに起こる」ものと認めながらも、召しとともに神との新しい関係を構成する決定的なものである可能性を受け入れないことです。義認が決定的なものであることは、義認を「人が不信仰や偶像崇拝、罪から恵みによって信仰や真の礼拝や人生の刷新に至る過程や出来事」と定義しなくても、言えます。義認がそうした過程や出来事であると、だれがかつて教えたのか、私には分かりません。歴史的に教えられてきたのは、義認は「信仰による」ということで、信仰に至る過程ではないということです。ライトが述べているのは、こうした歴史的見解の一つではありません。歴史的見解は、神の召しにより信仰が目覚めると直ちに、人が神の前に正しい立場を得るのに必要不可欠な何かを、つまり神の家族の一員として受け入れられるために必要不可欠な何かを神がしてくださるということです。神はそうした人々を、召しによって目覚めさせられた信仰によって、彼らの義であるキリストに結合されるゆえに、ご自身の要求のすべて（＝義）を完全に満たしている者とみなしてくださいます。この義とみなすこと、この義認は、人が不信仰から信仰に移るための出来事ではありません。それなしには人が決して神の家族の一員となることができない、神のみわざです。ところが、ライトは義認の意味を、何か別のもの、つまり、神の召しのゆえに、契約共同体の一員になることがすでに実現したという宣言に、限定したいようです。義認のみわざは、神との新しい関係を決定づけたり、構成したりすることに、何の役割も持っていません。しかしこの見方は、パウロの言っていることに合致しているでしょうか。

パウロを釈義するほとんどの者は、義認において何か決定的な、一度限りのことが起きていると考えています。義認とは、何かがすでに起こったと、あるいは起こると、単に宣言することではありません。たとえば、ローマ人への手紙五章一節でパウロはこう言っています。「こうして、私たちは信仰によって義と認められたので、私たちの主イエス・キリストによって、神との平和を持っています。」言い換えれば、何か決定的なことが起こり、その結果が神との平和なのです。私たちが義とされたので、神との平和を得ていると「知る」ことができる、とは言っていません。（神の召しのような）何かが起きたという宣言の結果、神との平和を得ていることを私たちが知るようになる、ということもあるかもしれません。けれどもパウロの言葉の自然な意味は、義認がもたらすものは神との平和の知識ではなく、獲得だということです。実際、義認において神は私たちの新しいアイデンティティを単に宣言するだけでなく決定しますから、神の義認のみわざは現実に神との平和を確立するのです。そこでサイモン・ギャザーコールはこう記しています。「神の義認のみわざは、何かを認めるというたぐいのものではなく、むしろ創造とも言うべきものです。義認は、私たちの新しいアイデンティティを認めるというより、神が決定なさることなのです。」[*10]

　ローマ人への手紙四章においてパウロは、義認の意味を「みなす」「認める」といった言葉で表現しています。パウロが律法の行いによらない信仰による義認で言おうとしていることについて、一つの単純で非常に重要な洞察は、彼が「義とする」（δικαιόω）の言葉の使い方を「義とみなす」（λογίζομαι δικαιοσύνην）という句を使うことで定義している事実です。そこで、たとえばローマ人への手紙三章二八節は、四章六節の並行箇所に照らしてみると最も自然に理解できます。「人は律法の行いとは関わりなく、信仰によって義と認められる」（δικαιοῦσθαι πίστει ἄνθρωπον χωρὶς ἔργων νόμου, 三・二八）は、「行いと関わりなく、神が義と評価する人」（ὁ θεὸς λογίζεται δικαιοσύνην χωρὶς ἔργων, 四・六、ＮＡＳＢ新米国標準訳）という表現で説明されています。したがって「義と認める」（δικαιοῦσθαι, 三・二八）と「義と評価する」（λογίζεται δικαιοσύνην, 四・六）は並行表現です。また「律法の行いとは関わりなく」（χωρὶς ἔργων νόμου, 三・二八）と「行いと関わりなく」（χωρὶς ἔργων, 四・六）は並行表現です。

人は信仰によって義と認められる
律法の行いとは関わりなく

神が義と評価なさる行いと関わりなく

この、義と認めるということ（義認）は、人がすでに契約共同体の一員になっていると宣言することと同義語ではありません。義認はもっと広く、もっと深いもので、契約共同体の一員であることを可能にするものです。そこでギャザーコールは次のように述べています。

神の決定によって、これ（信仰）が義とみなされるのです。すなわち、信仰者は神の要求なさることをすべて達成したとみなされるのです。そこで、義認とは単に契約共同体の一員とみなすことではありません。もっと大きな何か――神の創造的なみわざで、それにより、神がそう決定なさることで、信仰者は神が求めるすべてを実行したことになるのです。[*11]

この義認という神のみわざが、神との新しい関係の本質的側面を決定づけ、あるいは構成します。これなしには、人が救いに導かれ契約共同体の一員となることはありえないでしょう。ですから、義認は、神の先行的な召しのおかげで契約共同体の一員となったと宣言することではありません。むしろ、義認は、神の召しとともに、本質的に救いのみわざなのです。ライトは、最初に契約共同体の一員となること、それから義認、というふうに、物事を逆転させてしまっているように見えます。実際、義認は人が救われ契約共同体の一員となることの土台であって、宣言ではありません。義認と人が救われる方法の関係について、ライトには言うべきことがもっとあるはずです。（この問題については、第5章で再び論じます。）

そういうわけで、見たところ、義認は「神の終末論とその定義に関わることです。未来と現在の両方において、実際、だれが神の民に属しているのかということです」と説明するライトの定義は、義認という語のパウロの使い方と合っていません。彼の定義それ自体は、単に文字どおりの意味と含意を合成しているだけかもしれないので、破壊的な誤りではないかもしれません。言い換えれば、義認は契約共同体の一員であることを明示したり意味したりはしていないが、まさしく含意はしているでしょう。実際、義とされた者たちは恵みの契約共同体の一員です。また、このあとすぐに見るように、ライトは義認という語をより伝統的な意味で用いることもしています。義認について彼がしているような仕方で語るには、彼なりの理由があるのですが、それは後で扱うことにします。

契約と法廷のどちらか、ということではない

このように義認を（信仰者が契約共同体の一員であるという宣言と）前例のない仕方で定義することによって、ライトは義認の司法的な面、「法廷的」側面を無視するか矮小化している、と批評家たちから非難されてきました。けれども、これは正しい非難とは言えません。ライトが明らかにしようと懸命に努力しているのは、契約と法廷の両方であって、どちらかではないのです。ライトがどのように考えているか私が知るのを助けてくれた最も重要な箇所の一つは、以下の文章です。

法廷のメタファーは、契約の基本的な意味を知るうえできわめて重要です。契約は最初に法廷において世界の罪を扱うことになりました。契約は、（ヘブル的な考え方では）法廷を通して罪を扱い、罪ある者に

有罪を宣告し、正しい者は「義と認める」、つまり、無罪判決を言い渡す、あるいは正しいと認めるのです。ですから、すべてのことを選別するこの大いなる出来事を、法廷から得られた言葉で描写するのは、まったく適切なことでした。神ご自身が裁判官で、悪しき人々（すなわち、異邦人や背教のユダヤ人）は最終的にさばかれ、罰せられます。そして神の忠実な民（すなわち、イスラエル、少なくともまことのイスラエル人）は正しいと認められるのです。[*12]

契約とは世界のためである

この文章で第一に重要なのは、ライトが、イスラエルと結んだ神の契約のグローバルな目的から始めていることです。創世記一二章三節において最初から、神がイスラエルと交わした契約の目的は世界を祝福することにありました。「わたしは、あなたを祝福する者を祝福し、あなたを呪う者をのろう。地のすべての部族は、あなたによって祝福される。」このような洞察は、神がキリストにあって契約を守っておられることに関するライトの理解や、彼の福音理解に、大きな影響を与えています。ライトが言うように、「契約は最初に法廷において世界の罪を扱うことになりました」。それで、契約と贖いというユダヤ的なカテゴリーが、限られた民族的なものでなく、すべての人々に適用されるグローバルなものとなっているのです。神が契約を守ることには、世界を正すことが含まれます。このことはユダヤ人のメシアであり宇宙の主であられるイエスを通して実現します。[*13]「イエスの死と復活は、それ自身、大いなる終末的出来事であり、神の契約における真実、世界を正される神の方法を啓示するものでした。[*14]」

この「世界を正す」という英国風の言い回しは、ライトにとって「ナザレのイエスにあって、神がすでに悪に対して勝利を収め、正義と平和が支配する新しい世界を創造しつつあった」ことを意味しています。[*15]グローバルで、社会的、政治的なことは、「これまで、人々の思いの中に存在していた不運な分離、一方で『福音を伝えること』、他方で漠然と『社会的な活動』や『社会正義』と言われていたことの間の分離[16]」を嘆いているライトが、しばしば適切に指摘していることです。

贖い――グローバルで社会的で個人的なもの

しかし、ライトが社会的・政治的な贖いだけを強調して個人的な罪の赦しとしての贖いを排除している、と言うのは誤りでしょう。ライトの言い方には、人が救われることに福音がどう関わるかについて、幾つか挑発的な否定が含まれています。たとえば彼はこう言うのです。「異教徒に対するパウロの福音は人生哲学ではありませんでした。それは、どのようにして救われるのかという教理ですらなかったのです[17]」「（福音は）……人々がどのようにして救われるのかというシステムではありません[18]」「私が申し上げたかったのは、パウロにとって『福音』は……人がどのようにして救われるのかというメッセージではないということです[19]」「けれども『福音』は、人々がどのように救われるのかの説明ではありません。……イエス・キリストが主であると宣言することです[20]」「福音は……人々をキリスト者にするテクニックではありません[21]」

ライトは、神がキリストの死と復活、さらに全世界の主であられるという福音を用いて人を救いに導くことを否定していません。福音の効果の一つ、つまり個人的な救いと福音そのものの宣言の間には違いがあることを強調したいのです。私が懸念するのは、ライトがしているような言い方では、人々は混乱するのではないかということです。もし、この偉大な福音の告知に、実際、個人の救いについての知らせが含まれていなければ、それは良い知らせではないからです。イエスが死んで復活し、宇宙の王として統治しておられることは、もしその告知に、どのようにして、そしてなぜ、私個人が復活のキリストによって滅ぼされないのかという知らせが含まれていないなら、神に対する私自身の背信を考えれば、恐ろしいニュースとなるかもしれません。

しかし今は、どうして福音が、人がどうやって救われるかについてではないのかという、挑発的な言明を脇に置いて、ライトが主張していることを扱うことにしましょう。契約は、宇宙がさらに混沌に落ちていくことから救い出すだけではなく、イエスの死を通して罪の赦しを与えることにも関わっている、とライトは主張しています。

（契約の民の）選びの大切な点はいつでも、人間が罪深いこと、世界が堕落して混沌に陥りつつあったこと、そして神が救いの働きに取りかかろうとしておられたことです。これが契約の意図することです。そして、それゆえに「契約に連なること」は、とりわけ「罪が赦された罪人」を意味しているのです。*22

宥（なだ）めと償い

世界の罪の赦しは、（ライトの用語によれば）神の怒りの宥めでもあり、私たちの罪の償いでもあるキリストの死に基づいています。ライトはこの赦しの根拠を、ローマ人への手紙三章二五～二六節の釈義において明らかにしています。牧師も学者も、キリストのみわざの真理全体を率直明快に教えることを恐れる、この煮え切らない時代において、ライトが語ることの大胆さと意義深さに感謝するために、聖書本文を引用し、彼に釈義してもらいましょう。

神はこの方（キリスト）を、信仰によって受けるべき、血による宥めのささげ物として公に示されました。ご自分の義を明らかにされるためです。神は忍耐をもって、これまで犯されてきた罪を見逃してこられたのです。すなわち、ご自分が義であり、イエスを信じる者を義と認める方であることを示すため、今この時に、ご自分の義を明らかにされたのです。（ローマ三・二五～二六）

この箇所にある神の義の意味については、後で取り上げましょう。今は、罪の赦しの基盤としてのイエスの死に焦点を絞ります。イエスの死において神は何をしてくださったのか、ライトは「罪を適切に、つまり罰を与えることをもって、取り扱われた」と記しています。[*23]「二五節の前半でパウロが言っていることが何であれ、今やついに、神は罪に対してふさわしい罰を与えられた、という結論に導こうとしていることに違いありません。[*24]」

罪に対してふさわしい罰を与えるのに、神はその状況が要求するものを充足されました。これまで犯されてきた罪を、あたかも正しい裁判官ではないかのようにして神は見逃してこられました。罪を掃き集めてカーペットの下に隠したかのようでした。実に、不敬虔な者を義とする取り組みの全体は、神の義にとって明らかな問題を生じさせました。この問題を神は、イエスを死に至らせることによって解決されたのです。「正確にはパウロが何を言おうとしているにしても、義なる神がご自分の義を曲げることなく不敬虔な者に有利な判決を下すことができる手段に、言及しているに違いありません[*25]」（ローマ四・五）。

残念な支持――スティーブ・チョークの『イエスの失われたメッセージ』

ライトは、大きな論争を呼ぶ分野に自分が踏み込んでいることを理解しています。彼は、スティーブ・チョークの著作『イエスの失われたメッセージ』のために宣伝文を書いています。[26]たとえチョークの主張だとしても、それは少なくとも見たところ冒瀆的です。父なる神が「御子を本人が犯したわけではない違反行為のために罰している」のは、一種の「宇宙規模の児童虐待」にあたるのではないかと言うのです。チョークは続けて、「もし十字架が、神が人類に対して行った個人的な暴力行為であり、それを御子が耐えたとするなら、敵を愛し、悪をもって悪に報いるな、というイエス自身の教えを台無しにすることになります」と言っています。[27]こうした考え方は、残念ながら今日広く見られます。もしすべてを真面目にとるなら、福音を土台から放棄することになります。

ライトが刑罰代償説に立っていることは、以下の言葉からまったく明らかです。

私は、旧約で贖罪を語る最も偉大な章であり、聖書全体で最も明確に刑罰代償を述べているイザヤ書五三章を、イエスご自身が自らの自己理解と使命の中心に置いておられたという見解を解説し擁護する、現代においては間違いなく、これまでで最大の書[28]を書いた者です。そしてその意味することを、私の二番目に大きな書のクライマックスでかなりの分量を割いて詳細に論じています。私は、この問題に関して明らかに論争が展開されている世界で新約学を修めました。刑罰代償説を避けたい者たちが、イエスがイザヤ書五三章を取り上げてはいなかったと、どんなに犠牲を払っても論証しようとしている世界においてです。彼らの試みを、私は詳しく論駁し、かなりの成果を上げげた、と信じています。[29]

二〇〇七年のイースターの時期に、ライトはスティーブ・チョークの著作の宣伝に関わった事情を説明する記事を公にしました。インターヴァーシティ社から、マイク・オーベイ、スティーブ・ジェフリー、アンドリユー・サックが出版した *Pierced for Our Transgressions: Rediscovering the Glory of Penal Substitution*（『私たちの背きのために刺された――栄光ある刑罰代償説の再発見』）の書評で、ライトは、刑罰代償説を信じていないと非難されているチョークを擁護しようとしたのです。しかしながら、この基本的なキリスト教教理の否定からスティーブ・チョークを救い出すために、ライトは贖罪に神の怒りが表されている様子を曖昧にしているように思われます。その結果、刑罰代償説という聖書的教理をチョークがどう理解しているのか、依然として見えません。それでもやはり、以下の補足でライト自身に自らの主張を語っていただきましょう。

補説――スティーブ・チョークについて語るN・T・ライト

二〇〇七年、ライトはインターネットの投稿で、こう説明しています。

近年の英国で最も活動的で有能なキリスト教指導者の一人は、オアシス・トラスト・アンド・フェイスワークス社のスティーブ・チョークです。私自身がロンドンで働いているとき、スティーブは何度か助手を伴って訪ねて来ました。イエスに関する私の著書を読んでいて、私が何を言おうとしているのか、彼らの理解を確認したいということでした。明らかに彼らは、私がしている福音書の読み方やイエス描写、神の国をもたらすイエスの働きについて提示していることで、興奮していました。それからスティーブは（アラン・マンとともに）二〇〇三年に、ゾンダーヴァン社から『イエスの失われたメッセージ』という、短いが鋭く、明晰で挑戦的な小著を著し、出版前に私のもとに一冊送ってきました。ところどころかなり当惑させられる箇所もありましたが、私自身が提示してきた思想の流れの幾つかにかなり沿っているものであり、しかも、適切な逸話や実例を加えることで、もっと力強いものにしていましたから、私は熱心な推薦文を書くしかありませんでした。以下、その推薦文です。

スティーブ・チョークの新しい書は深い学識に根ざしているが、その明晰で力強い文体により、だれでもみな容易に理解できます。そのメッセージは明確で、興奮させられます。ナザレのイエスはその時代にあってはるかに挑戦的でした。それは現代の私たちにとっても同様です。教会が信じようとしたことを遥かに超えています。説教しようとしたこととなれば、なお一層そうです。

この推薦文の一部は、本の表紙に目立つ形で印刷されています。私が書いたことはすべて、今もそう思っています。

そこで、「スティーブ・チョークは刑罰代償説を否定している」ということで嵐が起こった、と聞いた時の私の当惑を想像していただきたい。スティーブがかなり依拠している私の本『イエスと神の勝利』のクライマックスは、結局のところ、十字架に向かう際のイエスの自己理解が、旧約聖書中の他の章句にまさってイザヤ書五三章に根ざしていることを、少なくとも現代において、最も長く立証している箇所なのです。イザヤ書五三章は、知りうるかぎり最も明確に、最も印象的に刑罰代償を教えています。この点については後ほど戻り、新しい右派（いわゆる「保守派」）の福音主義者の多くが、自ら大切なものだと主張している教理、つまりイエス自身が生き、告知された教理の深く豊かな説明を捨てた謎に向かうことにします。今はスティーブ・チョークに戻ります。前述の騒動を聞いて、私は当惑しました。あの時点でスティーブが私の主張の何かを否定したことを思い出せなかったからです。また、私はイエスの死の代償的な（そして、もちろん刑罰的な）性格を強く深く主張してきているので、私が何かを見落としていたのかどうか分かりませんでした。実際私は、「そう、彼の本を読んだとき、私は明らかに少しばかり見落としていた。そして、もし彼がそう言ったのであれば、私は彼に賛成しない」と言う用意がありました。そして推薦する前に、きわめて注意深く本を読むべしという警告とする用意がありました。それで、少なくとも私にとっては一件落着となっていたかもしれません。この三年の間私はあまりに忙しくて、私が思うに、福音派内部で続けられ、時おり辛辣になる議論に私自身は加わることができなかったのです。

しかし、オーク・ヒルの本に接し、スティーブ・チョークに対する怒りに満ちた告発がある（二五頁以下、三二七頁以下）ことを知って、見直す必要があると思いました。（事態はまだまだ進行中です。これを書いているとき（四月二十日）、「英国国教会新聞」に、スティーブ・チョークはジェフリー・ジョン同様に「刑罰代償説を否定し」、その結果、聖書の他の教えすべてを大なり小なり損なっている、との投書がたまたま掲載されています。）私は、イエスの使命における十字架の意味について論じているスティーブの短い章を再読しました。彼の語る多くの事柄に私は賛成です。そして、私が『イエスと神の勝利』一二章で特にイザヤ書五三章を引用しながら指摘したことを主要な点としてはいないものの、スティーブはこう記しているのです。

避雷針が強力で破壊的な稲妻を吸収するように、イエスは、あの十字架にかけられたときに、自分の周りの強力な憎悪、拒絶、痛み、疎外のすべてを吸収したのです（『イエスの失われたメッセージ』一七九頁）。

その章の前半でスティーブは、普通の教会における「福音の基本的な説明」が、主として神の愛よりは罪とさばきに集中し、十字架が、私たちの罪のために支払われるべき罰に対する応答とみなされて、福音の全体また本質であると考えられ、復活ですら（「ハッピーエンド」という意味を除いては）除かれるような仕方で扱われていることに当惑しています。当惑しているのはスティーブだけではありません。また、当惑するのは当然です。このあと見ますが、聖書や福音にはもっと多面性があるのです。スティーブが以下のような、現在悪評高いことを語るのは、こうした文脈においてなのです。

実は、十字架は一種の宇宙規模の児童虐待――復讐心に燃えた父が、自分の子を本人が犯したわけではない違反行為のために罰を与えているのではありません。当然のことながら、教会内の人々も、外の人々も、このねじれた出来事を、道徳的に疑わしく、信仰にとって大きな障壁になるとみなしています。しかし、それ以上に深刻な問題は、こうした概念が「神は愛です」という言明とまったく矛盾することです。もし十字架が、神が人類に対して行った個人的な暴力行為であり、それを御子が耐えたとするなら、敵を愛し、悪をもって悪に報いるな、というイエス自身の教えを台無しにすることになります（一八二頁以下）。

さて、率直に言って、この箇所からだけでは、スティーブが以下の二つのうちのどちらを言おうとしているのか、断言できません。この箇所が言おうとしていることは、次のようにとることができます。(a)神の愛の現れとしての十字架において、イエスは、もしご自分が負えば人間が負う必要はないことを知っていて、周囲のあらゆる悪の力を自ら引き受け、自分の身に負われた。しかしこれは、ある種の刑罰的代償となるが、他の形の刑罰的代償、たとえば復讐心に燃えた父親が自分の無垢の子に不当な暴力を課すことで宥められるという中世的なモデルとはまったく異なります。言い換えれば、刑罰的代償と言ってもいろいろあるのです。復讐心に燃える父親と無垢の息子の物語は、せいぜい本物の刑罰的代償の戯画でしかありません。あるいは、この箇所の意味をこうとることもできます。(b)十字架は神の愛の現れなので、そこに刑罰的代償の思想があるはずがない。もしあるとしたら、それは必然的に復讐心に燃える父親と無垢の息子の物語になることになり、正しいはずがない。

スティーブを批判する者たちは、明らかに(b)の意味でスティーブが語っていると理解しています。ジェフリー・ジョンや他の幾人かは、明らかにそう考えていると思います。四年前に本を読み、推薦文を書いたときに、私がどのように思ったか今は思い出せません。しかし、イエスの死と、それについてのイエス自身の理解に関して、私自身がしばしば細部にわたり展開した議論の光の下で、スティーブの議論を最後までたどっていたのですから、スティーブの見方は(a)であると私は考えていたと思います。この主題全体についてスティーブと有益な対話を重ね、その最初の理解が正しかったことを、私は明らかにしました。確かにスティーブは(a)の意味で言っています。結局のところ、この本は贖罪そのものに関するものではないので、スティーブは十字架について自分の見解を詳細に記すことはしていません。そして、「刑罰」という語が暴力的で怒りに満ち、悪意に満ちた神というイメージで人々を遠ざけてしまうという自身の経験から、その語を使わないことにしたのです。しかし、私たちが「刑罰的代償」という表現を使うとき、私にせよ他の人たちにせよ、言おうとしている現実は疑う余地はありません。それは私もスティーブも同じです。ローマ人への手紙八章一節にある「こういうわけで、今や……罪に定められることは決してありません」という言明は、ローマ人への手紙八章三節にあるように、神が御子の肉において罪を処罰されたという事実で説明されています。御子がご自分の肉で罪の責めを負われたので、私たちが負うことはないのです。これが最善の形の「刑罰代償説」が言おうとしていることの真髄にあると、私は理解していますし、スティーブもそれで完全に満足です。そしてここから、大切なポイントに導かれます。それは、刑罰代償説の教理にも幾つかの形があり、あるものは他のものより聖書的だ、ということです。『イエスの失われたメッセージ』をめぐる論争の最初の嵐以来、起こってきたことは、率直に言って、ゲームの共犯捜しに興じている人々の魔女狩りのようです。すなわち、スティーブ・チョークを好む者を挙げて、悪者はだれか分かるというのです。[*30]

チョークを刑罰代償説の信奉者として示そうとするこうした試みが、ライト自身の見解が確かで明らかであることを示す良い前兆となるわけではありません。人格的な神が、私の罪に対する父ご自身の法的な罰をご自分の子に負わせたという、心地よい理解をしている者としてチョークを描こうとする仕方で、彼自身のことばを解釈するのは、希望的な観測にすぎないと私には思われます。刑罰代償説の「伝統的」記述にあるものでチョークが退けているものは、ある程度、聖書が実際に教えているものではない、と示されたわけではありません。それでも、刑罰代償説について語るN・T・ライト自身の言葉は、明瞭で力強いものと思われます。次のようにライトは語っています。

> 刑罰が贖罪の一部を成すという思想は、それ自体相当に論議を呼ぶものです。ある人たちは、単に示唆されるだけでも強烈な拒否反応を示し、パウロにイザヤ書四〇～五五章への言及があるとは認めたくないという思いを抱きます。[*31] しかしパウロが〔ローマ人への手紙〕八章三節で神が「肉において（つまり、イエスの肉において）罪を処罰された」と語るとき、念頭にあるのは、間違いようのないほど明確にイザヤ書のその思想なのです。[*32]

怒りや罰を扱うのが宥めであり、罪を扱うのが償いです。怒っている人は宥めます。[*33] 罪や犯罪を犯したり、人格を傷つけたりした場合には償います。多くの面で宥めを激しく拒絶する人たちは、ここで考えられているのは「償い」だけだと主張します。けれども、パウロが〔ローマ人への手紙〕一章一八節～三章二〇節で、あらゆる不敬虔と不正に対して神の怒りが啓示されていて、神の忍耐にもかかわらず、ついには罰が課せられると語っている事実、五章八節と八章一〜三〇節の約束の全体で、キリストのものとされた者たちは怒りを免れるとある事実は変わりません。*[34]

こうして、神がイスラエルと契約を結んだ目的は、世界に贖いをもたらすことにありました。その贖いには、平和と正義のグローバルな回復だけではなく、イエスを信じる信仰によって契約の民とされた者たちすべての罪の赦しも含まれます。*[35] この赦しは、私たちに対する神の怒りが取り除かれたことを意味しています。それは、私たちの罪をイエスの肉において罰した神ご自身のみわざ*[36]によって実現したのです。

契約にとって二次的だが不可欠な法廷のイメージ

さて、前に述べた点に戻ります。ライトは義認の契約的文脈を強調していますから、彼が司法的ないし法廷的背景の重要性を見落としていると言うことは誤りであると述べました。言い換えれば、義認は私たちが契約の民に属しているという宣言であると、ライトは述べているので、彼が義認と言うとき、法廷において私たちが無罪であると宣言された（つまり、赦免された）ことを意味していない、と主張するのは誤りなのです。ライトは、義認が両方の意味を持つと確信しています。「そういうわけで『義認』とは神の宣言です。神が、正しい裁判官として、だれかを(a)その罪が赦されたので無罪である、と宣言し、次いで(b)契約の家族の真の一員であり、アブラハムに属する民であると宣言するのです。*[37]」

ライトが契約と法廷とを織り合わせる理由は、偉大な贖いの歴史を理解するための包括的な範疇が契約であり、法廷の隠喩は契約にとって二次的だが不可欠な要素であると信じているからです。不可欠である理由は、

「世界の罪を扱うためにまず契約があった」が、「あなたがたは罪を法廷で扱い、罪人を断罪し、正しい者を『義と認める』、すなわち無罪判決を言い渡し、正しいと認めることになる」[*38]からです。そこで、法廷は、「世界を正す」という契約の目的を達成する機能を果たすのです。

ライトがなぜ義認を人々が契約の内にあることの宣言であるとするのか、理由はこうです。

義認は、神がアブラハムに約束された（つまり、契約された）家族についてパウロが描く絵の一部です。神が、裁判官として、終わりの日に人々に有利な判決を下してくださる時、その人々はこの家族の一員であると宣言されるのです（ローマ四章。ガラテヤ三章も参照)。法廷のイメージが適切なのは、そのためです。契約は創世記以来ずっと存在しているので、神はその契約を通して罪と死を処理されます。(言い換えれば）被造物を正されるのです。[*39]

義認は契約が目的に達する手段です。目的は、あらゆる国の罪人が義とされ、罪赦された罪人という立場を与えられ[*40]、神の前に「正しいものとされ[*41]」、世界を変革する、キリストを信じる者たちの家族に迎え入れられることなのです。

法廷のイメージを契約の用語で「換算する」

そういうわけで、ライトは義認に関する法廷用語を契約の範疇に戻って「翻訳する」十分な理由があると感じています。「ある人たちが『義である』と言うのは、裁判官が有利な判決を下したという意味です。あるいは、契約の範疇に戻って翻訳するならば、契約の神が人々を契約の民であると宣言なさったという意味です。[42]」あるいは別の言い方をすれば、ライトは法廷の用語を契約の用語で「換算する」十分な理由があると感じているのです。「イエスを信じる人々は、比喩上の法廷で『義である』という立場を与えられます。このことを、根底にある契約のテーマで換算すると、その人々は、将来なるはずの存在、すなわち真の神の民であると、現在において宣言されることを意味します。[43]」

前に述べたように、こうした法廷用語の契約用語への「翻訳」が用語上の混乱をもたらし、特定の箇所の解釈を分かり難くし、義認という用語（δικαιόω）を極限まで引き伸ばしたとしても、それ自体、どうしようもない誤りではありません。含意と定義を混ぜてしまっていますが、そこに、ライトの義認論に対する最も重要な批判が向けられているのではありません。私たちがライトとともに法廷に進み出て、そこで彼が説明する義認理解の範囲に耳を傾けるなら、問題の核心に近づくことでしょう。

注

1　「契約」という言葉でライトが言おうとしていることは、他の契約に対するものとして現れた特定の契約（モーセ契約やダビデ契約、新約等）のことではなく、むしろ、崩壊した世界を回復するために一つの民を（アブラハムの家族から始めて）ご自身のものとされる創造者の計画のことです。言い換えれば、ライトが「契約」について語るとき、そもそも選民イスラエルがなぜ存在しているのか、その理由を語っているのです。つまり、最終的に罪を取り扱い、世界全体を正しいものとするためです。「契約とは何よりもまず世界の罪を扱うためにあるのです。」*What Saint Paul Really Said*, p. 33.（邦訳『使徒パウロは何を語ったのか』）

2　Wright, *Paul in Fresh Perspective*, p. 121.

3　Ibid., p. 121.

4　Ibid., p. 122.

5　ここに「一世紀」について語るライトの言葉の一つがありますが、それはあまりにも大ざっぱ過ぎます（第1章参照）。

6　Wright, *What Saint Paul Really Said*, p. 119.（邦訳『使徒パウロは何を語ったのか』）このような言い方では（同じような他の言葉もそうですが）、何人かの人たちが私に指摘したように、ライトによる物事の語り方が、義認をキリストにある神の義の転嫁とみなす歴史的見解のエッセンスを保つに益する新しい方法として語られているのかどうか、判断するのが困難です。（第8章は、この反対論に対する応答です。）信徒席に座る平均的な人々が、「義と認める」という語が家族の一員になることとどのように対応するのか考えようとする時、義についてのライトの語り方は、実質上理解不能でしょう。義と認められた罪人が同時に家族の一員となること、義と認められた罪人だけが家族の一員となること、義と認められた結果、家族の一員となることは、確かに理解できます。しかし、義認はだれが神の家族の一員であるかについてであった、と言うのは誤解を招くことになります。義と認めるという語の付随的な意味の一つを主要な意味と呼ぶことによって、本来の主要な意味を曖昧にしてしまうことになるのです。

7　アンドリュー・コーワンは、ライトに対して公平であろうとあらゆる努力を払っていますが、その彼が私に指摘したライトに対する反対論を、許可を得て、手紙から引用します。

　「義」を「契約共同体の一員であること」と定義するのは不十分であると思います。「契約共同体の一員であること」は、人が契約の条項に縛られていることを意味するだけです。モーセ契約の見地からすれば、ユダヤ人はみな契約共同体の一員だと思いますが、彼らはその行いを土台として、契約に約束された祝福か、契約によって警告されたのろいか、どちらかを受けました。契約共同体の一員であることは、契約の祝福にあずかることを決して保障するものではなかったのです。「契約の中にあること」を救済のカテゴリーとしてとらえることは適切ではありません。もちろん、新しい契約の中にあることは救済を意味します。しかし……ライトはいろいろな契約を区別することをほとんどしません。そして、アブラハムの信仰を義と認めたときに神が何を意図されたのか、明らかにすることをほとんどしません。おそらく、義認とは「契約共同体の一員であること」の宣言であるというライトの主張は、契約に忠実であった者とみなすということを単に縮めて表現したものでしょう（これが、ローマ人への手紙三章における神の義認についてのライトの理解に合致するでしょう）。けれどもライトはこのことを明確にしないまま語るので、そのような語り方は、せいぜい人を惑わすだけです。それでも、ライトは論点を理解しやすくするために、通常は類似した表現（たとえば、アブラハムの真の家族）を幾つか挙げています。

8 ライトは、δικαιόω は「何かを生じさせたり、あるもののあり方を変えたりすることを意味する語というよりは、あることが事実だと宣言する用語である」と言います。Wright, “New Perspectives on Paul,” in *Justification in Perspective*, p. 258.「『義認』は、『自分がどう救われるか』についてではなく、『自分が神の民の一員であるとどう宣言されるか』についてのものである」*Paul in Fresh Perspective*.「義認は、人がどのようにキリスト者になるのかということではありません。その人がキリスト者になっているという宣言なのです。」*What Saint Paul Really Said*, pp. 122, 125.（邦訳『使徒パウロは何を語ったのか』）「パウロにとって『義認』とは（サンダースの用語を用いれば）どうやって人が神の民に『加わるか』ではなく、だれかが加わっているという神の宣言を表すものなのです。」Wright, “New Perspectives on Paul,” p. 261.

9 Wright, *Paul in Fresh Perspective*, pp. 121–122.

10 Simon Gathercole, “The Doctrine of Justification in Paul and Beyond: Some Proposals,” in *Justification in Perspective*, p. 229.

11 Ibid., p. 240.

12 Wright, *What Saint Paul Really Said*, pp. 33-34.（邦訳『使徒パウロは何を語ったのか』）

13 「（パウロが）伝えたことは、十字架につけられたナザレのイエスが、死人の中からよみがえらせられたこと、それによってイスラエルのメシアであることが明らかにされたこと、それによって全世界の主として立てられたことです。」Wright, *What Saint Paul Really Said*, p. 46.（邦訳『使徒パウロは何を語ったのか』）（傍点は付加）

14 Ibid., p. 37.

15 Ibid., p. 37.

16 Ibid., p. 154.

17 Ibid., p. 90. 福音をこのように理解することについては、第4章でさらに論じます。当惑させられるのは、ライトが福音を、それがどうして自分にとって良い知らせとなるのかを明確に示すことなく語れるように見えることです。もしイエスの死と復活と世界に対して王であることとが真実でありながら、自分にとって良い知らせ（何であれ救い出されなければならないことから救い、向かわなければならないところへと救い出す良い知らせ）でないなら、それがどうして福音なのでしょうか。

18 Ibid., p. 45.

19 Ibid., p. 60.

20 Ibid., p. 133.

21 Ibid., p. 153. 一見軽蔑したような言葉、「教理」「システム」「テクニック」を強調しているのか、あるいは福音の説教とは永遠の滅びから個人的に救われる道を告知することではないとライトが真に言おうとしているのか、判別するのは容易でありません。福音と義認との関係についてはさらに第5章を参照してください。

22 Wright, *Paul in Fresh Perspective*, p. 121.「（ローマ）三・二四〜二六で見たように、義認は、イエス・キリス

トを信じた者たちが真の契約の家族の一員であると告知されることです。それはもちろんその人たちの罪が赦されることを意味します。それが契約の目的だったからです。」「この家族の一員であることは、罪の赦しと対立的にとらえることはできません。この二つは共にあるのです。」Wright, "The Shape of Justification."

23 N. T. Wright, *The Letter to the Romans*, in *The New Interpreter's Bible*, Vol. X (Nashville: Abingdon Press, 2002), p. 476. 傍点は付加。

24 Ibid., 473. 傍点は付加。

25 Ibid., 473.

26 当該書の最初の頁に引用されているのが（次の脚注を参照のこと）ライトの言葉です。「スティーブ・チョークの新しい書は深い学識に根ざしているが、その明晰で力強い文体により、だれでもみな容易に理解できます。そのメッセージは明確で、興奮させられます。ナザレのイエスはその時代にあってはるかに挑戦的でした。それは現代の私たちにとっても同様です。教会が信じようとしたことを遥かに超えています。説教しようとしたこととなれば、なお一層そうです。」

27 そこにある文章全体を引用します。「実は、十字架は一種の宇宙規模の児童虐待――復讐心に燃えた父が、自分の子を本人が犯したわけではない犯罪のために罰を与えているのではありません。当然のことながら、教会内の人々も、外の人々も、このねじれた出来事を、道徳的に疑わしく、信仰にとって大きな障壁になるとみなしています。しかし、それ以上に深刻な問題は、こうした概念が『神は愛です』という言明とまったく矛盾することです。もし十字架が、神が人類に対して行った個人的な暴力行為であり、それを御子が耐えたとするなら、敵を愛し、悪をもって悪に報いるな、というイエス自身の教えを台無しにすることになります。」Steve Chalke and Alan Mann, *The Lost Message of Jesus* (Grand Rapids, MI: Zondervan, 2003), pp. 182–183.

28 ライトが主として言及しているのは、*Jesus and the Victory of God* (Minneapolis: Fortress, 1996), pp. 579–

611にある、自身の長い議論です。

29　Wright, "Paul in Different Perspectives: Lecture 1."

30　N. T. Wright, "The Cross and the Caricatures: A Response to Robert Jenson, Jeffrey John, and a New Volume Entitled Pierced for Our Transgressions," http://www.fulcrum-anglican.org.uk/news/2007/20070423wright.cfm?doc=205.

31　たとえば、イザヤ五三・四～五、一〇、「まことに、彼は私たちの病を負い、私たちの痛みを担った。それなのに、私たちは思った。神に罰せられ、打たれ、苦しめられたのだと。しかし、彼は私たちの背きのために刺され、私たちの咎のために砕かれたのだ。彼への懲らしめが私たちに平安をもたらし、その打ち傷のゆえに、私たちは癒やされた。……しかし、彼を砕いて病を負わせることは主のみこころであった」。ライトはこう述べています。「パウロ、特にローマ人への手紙を、こうした章（イザヤ四〇～五五章）の光の下で読む試みが論争を呼ぶとしても……現在の箇所を少なくとも部分的に説明するような言及があることについて、多くのことが語られるべきです。」ライトはパウロにある以下の言及を挙げています。ローマ四・二五＝イザヤ五三・六、一二。ローマ五・一五、一九＝イザヤ五三・一一～一二。ローマ一五・二一＝イザヤ五二・一五。ローマ一〇・一六＝イザヤ五三・一。Wright, *The Letter to the Romans*, pp. 475-476.

32　Ibid., p. 476.

33　神が神の怒りをなだめたというこの主張を考えると、ライトがこの文脈で以下のような文章を組み立てようとしていることに当惑させられます。「節の冒頭ですでに除外していること、つまり神が敵意にあふれた怒れる暴君であって、だれかの死やだれかの血を要求し、それがだれであるかには関心がないことを決して意味していないのは、言うまでもありません。」Ibid., p. 476. この文章で、微妙で誤解を招きやすいのは、神についての侮蔑的な事柄を否定することから始めて、次にライト自身が肯定した事柄を、区別せずに否定して終えることです。

文章は、ライト自身の真の見解をほとんど認め難くするような形で書かれています。否定されるべきは何で、否定されなくてよいのは何なのでしょう。神は怒っていますか。そうです。神に悪意がありますか。いいえ。神は暴君ですか。いいえ（間違った含みが多過ぎます）。しかし、神は明らかに全体としては責任があるとされています。神はだれかの死を要求していますか。そのとおり。血も要求していますか。そのとおり。だれの血であるかは意に介しませんか。違います。これでは、人が考えていることを説明する助けになりません。こうした文章によってライトは、ローマ人への手紙の本文を守ろうとして払っている自身の多大な努力の力を弱めてしまっているように、私には思えます。

34　Ibid., p. 476. 傍点は付加。

35　「『福音』はイエスが主であることを告げ知らせることです。それは力強く働き、人々をアブラハムの家族へと迎え入れます。アブラハムの家族は今や、イエス・キリストを中心に再定義されており、キリストに対する信仰によってのみ特徴づけられています。『義認』は、この信仰を持つすべての人々が、アブラハムの家族の完全なメンバーとして所属することを主張する教理です。それは信仰を土台としており、それ以外の土台はありません。」Wright, *What Saint Paul Really Said*, p. 133.（邦訳『使徒パウロは何を語ったのか』）

36　イエスがご自分を献げて死に至るまで忠実であられたことは、人が神に向けて成した行為ではなく、神のわざとみなされます。その結果、そうでなければイスラエルだけでなく全世界にのしかかっていた神の怒りが除かれたのでした。Wright, *The Letter to the Romans*, p. 477. こうして、神が神の怒りを除いたのです。

37　Wright, "The Shape of Justification."

38　Wright, *What Saint Paul Really Said*, p. 33.（邦訳『使徒パウロは何を語ったのか』）

39　Wright, "The Shape of Justification."

40　「それが契約の意図することです。また、『契約に属している』ことが他の事柄とともに『赦された罪人』を意味する理由です。」*Paul in Fresh Perspective*, p. 121. 読者はすでに、私が前に述べたことに気がついているでしょう。つまり、ライトは義認という用語を、契約共同体の一員であるという意味とは緊張関係にあると思われる、より伝統的な意味で用い始めているのです。もし義認が、人が契約共同体の一員であると宣言するものであるなら、どうやって「義と認められる」が「赦された罪人の立場が与えられること」（傍点は筆者）を意味し得るのでしょうか。赦しは、救いを与える契約の外から内に至らせる通路を決定し、設けるものではないでしょうか。そうであれば、義認は契約共同体の一員であることを決定し、成立させる神のわざでしょうか。あるいは、神の召命によってあらかじめ定められている契約共同体の一員を、後になって宣言することなのでしょうか。

41 「義と認める神の行為は、この民が『正しい』と宣言すること、言い換えれば、無罪判決を下すことです。」Wright, *The Letter to the Romans*, p. 473.

42 Ibid., p. 473. もしこのことが奇妙に聞こえるなら、最初にある「契約」という語を、神を修飾する形容詞として読んでください。「契約の〔訳者による補足＝契約を設けた／契約を重んじる〕神がその人々を契約の民と宣言なさった。」

43 Wright, *What Saint Paul Really Said*, p. 129.（邦訳『使徒パウロは何を語ったのか』）

第3章　法廷における義認のダイナミクスと神の義の意味

義認の法廷的な理解に関するライトの説明に欠かせないのは、この法廷が最後の審判であるという事実です。

　最後に、未来についてのパウロの見解から始めるのがベストです。……唯一のまことの神は最後に全世界をさばかれます。その日、ある者たちは有罪とされ、他の者たちは無罪とされます（ローマ二・一〜一六）。終わりの日に、後者を神が擁護なさることが、神による最終的な「義認」のみわざなのです（ローマ二・一三）。[*1]

「『義認』は……ユダヤ人の文脈では、あらゆる訴訟の中で最も大いなるものを示すものです。まことの神がすべての国々をさばかれる大いなる日に起こることです」[*2]というライトの想定は、少々大雑把すぎるように思えます。パウロの時代に「義認」という語はもっと単純で、多様な、そして身近な現実を指す語であって、最後の審判を含意していないし、まして明示していないことは、ライトも認識しています。[*3]

「義認」という語は、日常の法廷で起きることを指しているのであって、世の終わりだけのことではありません（申命二五・一、Ｉ列王八・三二）。ヨブを義と認めたエリフについて（ヨブ三三・三二）、賄賂（わいろ）のために悪人を正しいとする悪に対して（イザヤ五・二三。一・一七も参照）、神の知恵が正しいとされるときに（マタイ一一・一九)、群衆によって神がいま正しいと認められるときに(ルカ七・二九)、人が自分の正しさを示して面子を保とうとするときに(ルカ一〇・二九。一六・一五も参照)、この語が用いられています。また、新約聖書において神学的意味で語られる義認は、はるかに高い頻度で、未来ではなく、現在義と認められる現実を意味しています。未来時制で用いられている例もありますが、その場合もすべてが明らかに最後の審判に言及しているわけではありません(ローマ二・一三、三・二〇、ガラテヤ二・一六、マタイ一二・三七)。未来時制は、近い未来である場合もあれば、遠い未来である場合もあります。たとえば私が「光の中を歩け、そうすれば祝福を受ける」と言った場合、光の中を歩いている今、祝福される、という意味かもしれないし、天において祝福される、という意味かもしれません。義認という語が用いられた場合、だれの心にも最初に、あるいは主として思い浮かぶ考えは、最後の、終末におけるさばきであるという印象を作り上げるなら、人を迷わせることになります。それは証明されていないし、私の思うところパウロはほとんどの箇所でそうした意味を持たせてはいません。このように言ったからといって、神がご自分の民のためにさばきを下される未来の法廷の場面が現実にあることを、否定しているわけではありません。むしろ、パウロの著作における義認は、ライトが言うような未来の終末的概念によって支配されていないかもしれない、と注意を促しているのです。しかし、このことは脇に置いて、ライト自身の説明をしっかり聞くことにしましょう。

さばきはキリストにおいてすでに下された

義認のクライマックスの出来事は未来において最後の審判の時に起きると指摘したうえで、ライトは未来から過去に戻り、深い意味でのさばきは、イエスの死と復活においてすでに下されていることを明らかにしています。

イエスにおける神のわざが、パウロにとって、この最終的な義認を理解する枠組みとなっています。……イエスは死に至るまで神の救いのご計画に忠実に従いました（ローマ五・一二〜二一、ピリピ二・六〜九）。神は今や、イエスが神の御子であり、メシアであり、イスラエルの運命はこのお方に要約されている、と決定的に宣言しておられます（ローマ一・三以下）。……パウロにとって、イエスの復活は神が確かに罪を十字架で処理してくださったことの証拠でした（Ｉコリント一五・一二〜一九）。神はイエスの死においてアブラハムに約束なさったこと、「律法にできなくなったこと」（ローマ八・三）を成し遂げてくださいました。メシアに属する者が「罪に定められることは決して」（ローマ八・一、三一〜三九）ありません。[*4]

神は罪をイエスの肉においてすでに処罰されたので（ローマ八・三）、ユダヤ人であれ異邦人であれ、最後の審判において最終的に無罪とされるのに先行して、現在においてイエスがなさったことを信じ、イエスの無罪にあずかることができます。「現在における義認は、神が過去にキリストにおいて達成されたことを土台とし、しかも未来における判決を先取りしています。……神は終わりの日に先立って、イエスをメシア、主と信じるすべての人を現在において無罪としてくださいます（ローマ三・二一〜三一、四・一三〜二五、一〇・九〜一三）。[*5]」

裁判官と被告の義はどう違うのか

この法廷の文脈の中で義がどのように働くとライトは考えるのか、把握するためには、裁判官の義と原告や被告の義の違いを彼がどのように説明しているかを見る必要があります。裁判官である神は四つの意味で義である、とライトは言います。「神がアブラハムと結んだ契約の約束に忠実であること、公平であること、罪に対する適切な扱い、無力な者たちを助けることです。[*6]」これは、原告や被告にとって義が意味するところのものとは違います。

聖書的な意味では、法廷の場面で原告や被告が「義である」ということは、裁判で判決が下された結果与えられる立場のことです。……それは、彼あるいは彼女が倫理的に正しく、徳の高い、良い人間であることを必ずしも意味しません。単に問題の件で、彼あるいは彼女が告訴する者の意に反して正しいと認められたということです。言い換えれば、無罪を宣告されたということです。[*7]

この法廷では転嫁は「まったく意味をなさない」

さて、このように定義や概念を設定したうえで、ライトは転嫁という歴史的な教理について深刻な論争を巻き起こす示唆を持ち出します。

ここから導き出される結論は明白であるはずですが、それはパウロを理解するうえで、途方もなく重要です。もし私たちが法廷用語を使うのであれば、原告や被告に裁判官が義を転嫁する、授ける、残す、伝達する、あるいは、他の形で譲渡する、と言ってもまったく意味をなしません。義は、法廷でやりとりできる物体、物質、気体ではありません。裁判官にとって「義」であるとは、裁判所が自身に有利な判決を下すことではありません。原告や被告にとって「義」であるとは、その人が適切で公平な裁判を受けることではありません。被告が裁判官の「義」を何かしら受け取ると考えることは、そもそもカテゴリーとして間違っています。「義」に関する言葉は、そのようなことを意味していないのです。……神がご自分の民を正しいと認めるために行動するとき、陰喩としては、神の民は「義」の立場を持つことになります。……しかし、彼らの持つ義は、神ご自身の義ではありません。それではまったく意味をなしません。[8]

千五百年間、間違った土台に立っていたのか？

ライトが言っていることが正しければ、この千五百年間、義認について論じられてきた歴史のすべては――カトリックであれ、プロテスタントであれ、正教会であれ――間違っていたことになります。実質的にすべての者が「カテゴリーの間違い」を犯していたことになるし、義認をめぐってローマ・カトリックとプロテスタントの間で神の義が転嫁されるのか、授けられるのかと議論してきたすべては「まったく意味をなさない」ということになります。これは教会史についての驚くべき主張です。しかしライトはその主張の信奉者の役を演じる用意があります。「教会史における『義認』の議論の多くは、確かにアウグスティヌス以降、少なくともパウロ理解に関して、誤った道にはまってきました。そして教会は同じ場所にずっととどまり続けてきました。」そう述べています。[9]

現代のルターか？

十五世紀に及ぶ誤った伝承に反対して、新約聖書が本来言おうとしていることを再発見したマルティン・ルターと同じ役割を、ライトは方法論上、自分が果たしていると見ています。この事実を述べることは、ライトの言うことに対する最終的な反論にはならなくても、注意を喚起することにはなります。

私がしばしば行っていることは、方法という点からすれば、マルティン・ルターがメタノエイテという福音の言葉を取り上げて、それがヴルガータ訳の示しているような「告解する」という意味ではなく、もっとずっと個人的に心から「悔い改める」という意味であると主張していったことに、まさしく匹敵します。この種の主張をする唯一の方法は、その言葉がその当時に持っていた意味はこれだ、と示すことです。それが、プロテスタント宗教改革の土台となった真摯な聖書研究でした。そして私個人としては、その伝統に立ち続けることを――必要があれば、宗教改革自体を伝統として、聖書そのものの上に立ててしまう人々に対抗して聖書研究の伝統を継承することを――誇りに思います。[*10]

宗教改革と千五百年間にわたって軸足を踏み外した概念に対抗する新しいルターであるライトに、私たちが従うべきかどうかは疑問です。私はそうすべきだと思いません。ライトと宗教改革者たちの違いの一つは、改革者たちが自分たちの思想を教父たちの著作と結びつけようと努めたことです（そこで改革者たちは *ad fontes*「原典に返れ」をスローガンとしました）。ライトは、自分が宗教改革時代のプロテスタントのように、聖書のみの人間であると繰り返し語りますが、私たちの信頼を獲得する、歴史に対する尊敬の念や注意深い取り扱いを伝えてはくれないのです。[*11]

さらに、ルターがしたように（あるいはライトがしているように）、新しい意味を明らかにする「唯一の方法」が、これが「その言葉がその当時に持っていた意味」だと示すことである、と言うのは正確であるとは思いません。「その当時に」では、あまりにも大ざっぱです。いつの時代であれ、言葉は、異なった文脈における使われ方によって異なった意味を持ちます。もちろんライトはこのことを承知していて、最終的な判断の場は著者自身の議論の文脈にあることを認める、と私は考えます。

神の義を被告に転嫁することは「カテゴリーとして間違っていて」「まったく意味をなさない」という結論にライトが達した方法には、少なくとも三つの問題があると私は思います。

ライトの義の定義は十分に深い理解に達していない

第一に、神の義についてのライトの定義は問題の核心に達していません。神の義が何であるかよりは、何を行うかのレベルにとどまっています。神の義は契約を守り、公平にさばき、罪を適切に扱い、無力な者たちを擁護する、とライトは定義しています。[*12] これらはどれも、義とは何であるかを語るものではなく、義が行うことの一部を語るものです。神の義をこのように限定して扱うことは、ライトによるパウロの読み方を歪めます。こうして、ライトは神の義を、ある程度、神の公平な働きという見地から定義し、次いで、神の義の転嫁を、あたかも神が原告に裁判を進める際の公平さを転嫁する意味であるかのように描きます。これをライトは「まったく意味をなさない」、「カテゴリーとして間違っている」と主張するのです。

本書は全体を神の義だけに焦点を絞っているわけではないので、ここでは神の義に関するパウロの、そしてより広く聖書の、より忠実な読み方であると私が考えるところを要約した言葉のみを記します。私は、一つの書物の大半を割いてこの問題を論じたことで満足しています。その本は今も出版されています。そして、説得力があると今でも信じています。その書、『神の義認[*13]』には「旧約聖書における神の義」、「ローマ人への手紙三章一～八節における神の義」、「ローマ人への手紙三章二五～二六節における神の義」、「ローマ人への手紙九章一九～二三節における創造者の権利と意図」という章が含まれています。

神がご自身の義のゆえに契約の約束に忠実であること、偏りなくさばくこと、罪を「適切に」扱うこと、そして不当に虐げられている人々のために立ち上がることを、私はいささかも疑問視するつもりはありません。しかし神の愛（ヘセド）、神の真実（エメト）、神の善（トーブ）もまた、こうした行動を生み出すと言えるでしょう。けれども、神の義、愛、真実、善はすべて同義語であるわけではありません。そこで、神の義を定義する際の重要な問いは、神をこうした行いに向かわせる神の義とはいったい何だろうか、です。こうした一つ一つの行動の背後には、神がそのように行動する理由を説明する神の義についての何かがあると想定できます。それは何でしょうか？　私の知るかぎり、ライトはこの問いを問うことはしません。

私がこの問いを問うのは、思弁的な理由ではなく、釈義的な理由があるからです。ローマ人への手紙におけるパウロの義という語の用い方が、そう問うことを要請しているのです。ローマ人への手紙ではδικαι-系の語は七十回以上用いられています。「神に不正（ἀδικία）があるのでしょうか」（ローマ九・一四）という問いに答えるパウロの深遠な議論は、契約に先立ち、契約の下におられる神に向けて私たちを深く押し出します。さらにローマ人への手紙一～三章における、契約から離反した人間の「不義」（ἀδικία）（一・一八）に関するパウロの議論の展開は、パウロが考えた義の究極的な意味を求めて、契約の背後に迫るよう、私たちに要請するのです。

何をするのが正しいか、神はどのように決定なさるのか？

この問いに答えるのに単純な方法と、より複雑で奥深い方法があります。単純な方法は、神の義とは正しいことを実行しようとする神の揺るぎない取り組みであると答えることです。言い換えれば、正しいことを神が実行する背後には、何が正しいかについての知識と愛があり、それがあまりにも豊かで強力なので、正しいことを実行する神聖な忠実さ、献身、真実となっているのです。神の義を描写するのに、この単純な方法に限っていたなら、実に単純明快で真実なものとなっていたでしょう。もっと単純な説明の仕方を越えて私が進む唯一の理由は、それが、釈義をするうえで驚くほど光をもたらすことが分かるからです。

単純に、神の義とは正しいことを実行する神の決意である、と言うだけではあまり納得できません。この説明では「正しい」という言葉が定義されていないからです。「義」を定義するのに「正しい」という言葉を用いるのであれば、あまり十分な定義が得られたとは感じられません。確かに、子どもに対して「神さまは、いつだって正しいことを知っておられ、愛しておられ、実行しておられるお方ですよ」と言うのは、意味のないことではありません。賢く、真実なことを語っています。けれども、そのうちその子どもは十代になり、尋ねてきます。「何が正しいかを神さまはどうやって決定するの？　何が正しいか、だれが神さまに教えるの？　神さまも従う必要のある法律や規則の本があるの？」　こうした質問に答えることは、義の深い意味に達することです。神が揺るぎなく実行なさる「正しさ」とは何でしょうか。

答えは、何が正しいかを知るため神が参考にする法律や規則の本はないということです。神がその本をお書きになりました。ですから旧約聖書やパウロに見られるのは、神がご自身の立場から「正しさ」を定義しておられる事実です。ご自身の限りなく尊い存在とは別に、参照すべき基準はありません。こうして突き詰めて言うなら、何が正しいかは、何が神の価値と尊厳を高めるかなのです――何が神の栄光を尊び、あがめるかなのです。

論理的に言えばこうなります。宇宙の究極的な価値は神にあります。宇宙は神のあらゆる完全性を表す壮大なパノラマなのです。このことを表すもう一つの名称は（神に本来的に備わっていて無限の価値がある神の完全な美として見るならば）神のきよさであり、あるいは（その美が外側に流れ出て現れていると見れば）神の栄光です。したがって、「正しさ」は、究極的には神のこの無限の価値、きよさ、栄光との関連で定義しなければなりません。これが、宇宙における「正しさ」の最も高い基準です。したがって、何が正しいかは、無限の価値がある方の価値、すなわち神の価値をふさわしい形で保つものは何か、ということなのです。「正しい」行動とは、神の栄光にふさわしい敬意から流れ出るもの、神の栄光を最高に価値あるものとして高揚するものです。これが意味することは、神の義認の本質はご自分の御名の栄光を守ろうとする、神の揺るぎない真実にあるということです。そして人の側の義も同じです。神の栄光を高揚しようとする揺るぎない真実さです。

神が契約を守る背後に、ご自身の栄光に対する忠実さがある

『神の義認』の一一一～一一九頁で私は、この議論を何十もの旧約聖書の本文の引用に基づいて提示しています。論拠は思弁的のように聞こえるかもしれませんが、次の問いを念頭に置きながら、神の栄光と神の義の関係を探ろうと、旧約聖書を読み、それからパウロを読めば分かってきます。神のみわざを説明する際、神と聖書記者たちが絶えず戻っていく至高の価値は何でしょうか。答えは神の栄光です。あるいは神のきよさの聖

なる無限の価値、時には単純に神の御名です。神のうちには、契約における真実以上の、はるかに深い何かがあるのです。契約が存在する以前、神が不義なる方であったわけではありません。守るべき契約が存在する前から、神は義なる方でした。「主はご自分のすべての道において正しく」（詩篇一四五・一七）あるのであって、契約を守ることだけにおいて正しいのではありません。「主は　義をもって世界をさばく」ことになります（同九八・九）。何かが契約を生み出したのです。契約を作り、それを守る背後に、また他のすべての神のみわざの背後に、ご自身の栄光、きよさ、御名に対する、こうした根源的な忠実さがあるのです。

「わたしの名のために**怒り**を遅らせ、
わたしの栄誉のためにそれを**抑え**て、
わたしはあなたを絶ち滅ぼさなかった。
見よ。わたしはあなたを練ったが、
銀のようにではない。
わたしは苦しみの炉であなたを試した。
わたしのため、わたしのために、
わたしはこれを行う。
どうしてわたしの名が汚されてよかろうか。
わたしの栄光を、ほかの者に与えはしない。」（イザヤ四八・九～一一）

「わたし、このわたしは、わたし**自身**のために

あなたの背きの罪をぬぐい去り、
もうあなたの罪を思い出さない。」（同四三・二五）

「私たちの救いの神よ　私たちを助けてください。
御名の栄光のために。
私たちを救い出し　私たちの罪をお赦しください。
御名のゆえに。」（詩篇七九・九）

「彼らはどの国々に行っても、わたしの聖なる名を汚した。……わたしは、イスラエルの家がその行った国々の間で汚した、わたしの聖なる名を惜しんだ。それゆえ、イスラエルの家に言え。神である主はこう言われる。イスラエルの家よ。わたしが事を行うのは、あなたがたのためではなく、あなたがたが行った国々の間であなたがたが汚した、わたしの聖なる名のためである。わたしは、あなたがたが国々の間で汚したわたしの大いなる名が、聖であることを示す。あなたがたが彼らのただ中で汚した名である。」（エゼキエル三六・二〇～二三）

こうした文脈において、神が救いのみわざをなさる動機は、契約における真実より深い何かです。それは、神の栄光を重んじて働かれる真実、揺るぎない取り組みです。[*14]「キリストは常に真実である。ご自分を否むことができないからである」（Ⅱテモテ二・一三）。

これが神のご性質の一面です。神であることが何を意味するのか、その一面です。これが、契約を守ること

（そして他のすべての神のみわざ）のより深いところにある土台なのです。こうした最も深い神の忠実さから出てくるものが、神のみわざを「正しい」もの、「義なる」ものとするのです。

「主よ　あなたの御名のゆえに私を生かし
あなたの義によって
私のたましいを苦しみから助け出してください。」（詩篇一四三・一一）

「あなたの義によって」が「あなたの御名のゆえに」と並行関係にあることに注目してください。この箇所や、同じようなことを語る旧約聖書の他の箇所から、私はこう結論します。「神の義とは、最も基本的な意味において、ご自身の御名の栄誉を守り、栄光を現す神の揺るぎない取り組みのことです。[*15]」

パウロは、神の義についてのこの理解を共有しているか？

こうしたことのすべては、もしパウロが神の義についてこのように理解しているという明確な内部証拠がなければ、パウロを解釈するうえでそれほど意味のないことになるでしょう。しかし事実、豊富な証拠を、特に神の義が重要な主題となっているローマ人への手紙に見いだすのです。パウロは、人の不義と神の栄光を現すことにおける失敗という見地から、人類の最も深刻な問題を、持ち出します。「人々の……不義」（ἀδικίαν ἀνθρώπων、ローマ一・一八）を、「彼らは……神を神としてあがめず（新改訳2017では脚注に直訳として、「神に神としての栄光を帰さず」）」（οὐχ ὡς θεὸν ἐδόξασαν、同二一節）、「朽ちない神の栄光を（被造物と）替えてしまいました」（ἤλλαξαν τὴν δόξαν τοῦ ἀφθάρτου θεοῦ, 同二三節）と描写するのです。こうしたすべてが、契約への言及なしに語られています。

パウロは、ユダヤ人も神を辱め、御名を汚すことによって、この世界全体の不義に参与していると書いています。「律法を誇りとするあなたは、律法に違反することで、神を侮っているのです（τὸν θεὸν ἀτιμάζεις）。『あなたがたのゆえに、神の御名は異邦人の間で汚されている（ὄνομα τοῦ θεοῦ δι᾽ ὑμᾶς βλασφημεῖται ἐν τοῖς ἔθνεσιν）』と書いてあるとおりです」（同二・二三〜二四）。したがって、ユダヤ人であれ異邦人であれ「義人（δίκαιος）はいない。一人もいない」のです（同三・一〇）。

それからパウロは、罪とは神の栄光を被造物と替えてしまうことであると説明して、これが本質的な問題であると確認しています。「すべての人は罪を犯して、神の栄光を受けることができず」（πάντες γὰρ ἥμαρτον καὶ ὑστεροῦνται τῆς δόξης τοῦ θεοῦ, 同二三節）とありますが、「受けることができず」と訳されている語（ὑστεροῦνται）は「欠ける」という意味です。これはローマ人への手紙一章二三節の繰り返しです。要点は、私たちは神の栄光を「替えて」しまったために、その神の栄光を欠いている、ということです。私たちは神の栄光を毒に満ちた偶像の快楽と交換するという自殺行為をしてしまったのです。このようにして、パウロにとって罪とは本質的に、無限の価値がありすべてを満ち足らせる神の栄光よりも、他のものや他の人々を望ましいものとして求め、それに帰依することです。これが罪の本質であり、（旧約聖書に見られるように）不義の本質です。

契約における真実にとって問題となる義（ローマ三・二五）

さて、パウロが世界の状況をどのように描写しているかを理解すると、パウロが二節後のローマ人への手紙三章二五節で取り扱っている問題を、より明確に理解することができます。「神はこの方（キリスト）を……血による宥めのささげ物として公に示されました。ご自分の義を明らかにされるためです。神は忍耐をもって、これまで犯されてきた罪を見逃してこられたのです。」

このきわめて重要な箇所が示しているのは、「罪を見逃してこられた」（τὴν πάρεσιν τῶν... ἁμαρτημάτων）ことによって、神の義が問題視されていることです。人類にとっての問題は、私たちが神の栄光を軽んじることで「不義」であること（一・二三、三・一〇）、そしてこの神の栄光を軽んじることがまさしく「罪」である（三・二三と一・二三を比較のこと）ことを、パウロは説明したばかりでした。

ところがこの箇所には、神が「罪を見逃してこられた」とあります。つまり罪を実際より赦しがたくないかのように扱っておられるのです。すると、罪によって軽んじられている神の栄光を、神ご自身も正しく尊重していないかのように見えることになります。したがって、「ご自分の義を明らかにされる」理由は、ご自分の栄光が辱められてきたのに、あたかもその事態を軽く扱って、神が正しくない行いをしたように見えたからだ、と分かります。神の栄光が数限りなく軽んじられていること（罪）を見過ごしにすることで、神が自らの栄光をあたかも軽んじているかのように見えます。これは、神の不義となるでしょう。まさしく不義の本質でしょう。それで、神はご自分の義を擁護するために、すなわち、ご自分の栄光が軽蔑されていることを軽く見てはいないことを示すために、キリストを前面に出されたのです。神が不敬虔な者たち、神の栄光を嘲る者たちを義と認めるとき（ローマ一・一八、二三、四・五）、神は決して不義ではありません。それは、キリストの死が、神を軽んじる罪に対する怒りを表しているからです。

ライトはローマ人への手紙三章二五節について、こう述べています。「そういうわけで、ここで問題になっている第一の問いは、疑問視されたが今最終的に明らかにされた神の義の側面で、罪に対する神の適切な取り扱い、つまり罰についてです。」[*16] これは重要な一文です。神の義についてライトが最もよくしている定義、神の契約における真実は、ローマ人への手紙三章二五〜二六節と調和させるのが容易でないように思われます。それどころか、この箇所では、神の義が契約における真実さにとっては問題となり、神の契約における真実が保たれるためには、神の義が満たされなければなりません。ライトはこのことが分かっていて、「問題となる神の義の側面」について語っています。そうです。この「側面」は、この文脈において最も自然に理解するなら、神の契約における真実ではありません。神が罪を見過ごしにされたことは、神の契約における真実にとって問題ではなく、むしろ真実を表現したものと思えるでしょう。

ライトは、問題となる神の義の側面を「罪に対する神の適切な取り扱い、つまり罰」と呼んでいます。[*17] ライトは実に、神の「義」は、この箇所全体を通じて契約における真実のことであると言いたいのかもしれませんが、たとえそうだとしても、注意してください。契約に対する忠実さとは別の何かが神のうちにあって、契約の第一条項として何が「適切」かを決定しています。それは、罰を加えることを罪に対する「適切な」扱いと呼ぶことに暗示されています。契約以前に神の義が存在し、罪に対して罰を加えることが契約関係において（また契約外においても！）行われることになると定めていたのです。また次の点にも注意してください。ローマ人への手紙三章九節以下の文脈の流れは、同二五節の「罪を見逃すこと」が単に契約の民イスラエルの罪を見逃すだけではなく、諸国民の罪を見逃すことも含んでいることを示唆しています（使徒一四・一六、一七・三〇も参照）。ですから、この箇所の「神の義」を契約のカテゴリーに限定するのは狭すぎます。

私が言いたいのは、神の義の最も深い意味はご自身の栄光のために働かれる神の揺るぎない取り組みである、という旧約聖書の理解に立ってパウロが論じている事実です。すべての人間が神の栄光を軽んじていること。

それが、パウロがローマ人への手紙一～三章で取り上げている問題です。それから、神による解決を示すにあたって、パウロは罪を、神の栄光を軽んじることであるとし（三・二三）、神を軽んじるこうした罪が見過ごしにされている問題を再び語ります。そして、神の義を擁護することにある、すなわち、神の栄光を重んじて働かれる揺るぎない取り組みにある、輝かしい答えを示すのです。

神がご自身の栄光のために怒りを表すのは、正しいことである（ローマ三・一～八）

こうした一連の考察にさらに加えて、ローマ人への手紙三章一～八節でパウロが神の義をどのように理解しているかを示す、さらなる証拠があります。この箇所でパウロは、神はご自身の契約の約束に真実である一方、不義なるイスラエルに怒りを表す神は「不義」でないことを明らかにしています。神がイスラエルを罰しても不義ではない根本的な理由は、そのさばきにおいて「神の真理がますます明らかにされて、神の栄光となる」（ローマ三・七）からです。神の栄光が擁護されることと神が義であることが示されることのつながりもまた、パウロが神の義を根本的に、ご自身の御名の栄光を守る神の揺るぎない真実と見ていることを立証しています。鍵となるのは以下の箇所です（ローマ三・五～七）。

> では、もし私たちの不義が神の義を明らかにするのなら、私たちはどのように言うべきでしょうか。私は人間的な言い方をしますが、御怒りを下す神は不義なのでしょうか。決してそんなことはありません。もしそうなら、神はどのようにして世界をさばかれるのですか。では、もし私の偽りによって神の真理がますます明らかにされて、神の栄光となるのなら（ἐπερίσσευσεν εἰς τὴν δόξαν αὐτοῦ）、どうして私はなお

も罪人としてさばかれるのですか。

五節と七節の並行関係に注目してください。

五節
もし私たちの不義が
神の義を明らかにするのなら、
私たちはどのように言うべきでしょうか。御怒りを下す神は不義なのでしょうか。

七節
もし私の偽りによって
神の真理がますます明らかにされて、神の栄光となるのなら、
どうして私はなおも罪人としてさばかれるのですか。

この並行関係から分かるように、神の栄光を示すことと、神の義を示すことが相互の解説になっています。言い換えれば、パウロの根底にある考えは、神の栄光を擁護することが義の働きだということです。義とは、ご自身の栄光を大切に守られる、神の侵すことのできない真実なのです。パウロは、五節と七節の並行句の最後のところで、反対者たちが口にする結論を——どちらも賛成できない考えですが——繰り返しています。すなわち、自分の不義によって神のさばきを招いている者に怒りを下す神は正しくないのではないかという結論と（五節）、神が人々を有罪とするとき、彼らの偽りによって神の栄光が一層明らかになるとすれば、その者たちは罪人としてさばかれるべきではないという結論です（七節）。どちらの結論も間違いです。しかしその前提となっていることは正しいのです。不信仰なイスラエルはさばかれます。そして、それによって神の栄光をたたえることになるので、神の義が現されるのです。この正しい前提から、パウロの反対者たちが引き出そうとした結論は、神にはイスラエルをさばけないということです。彼らは間違っています。[*18]

みこころのままにあわれんで、神の栄光を守る（ローマ九・一四〜二三）

神の義をご自分の栄光への揺るぎない決意とするパウロの理解を示す、もう一つの例を考察しましょう。ローマ人への手紙九章一四〜二三節は、一四節で提起した「それでは、どのように言うべきでしょうか。神に不正はないのでしょうか（μὴ ἀδικία παρὰ τῷ θεῷ）」（新米国標準聖書）という疑問に答えるものです。その疑問は、神がご自分の自由によって、「まだ生まれもせず、善も悪も行わないうちに」エサウではなくヤコブを選んだ（ローマ九・一一）ことから生じたものでした。

パウロの答えは、あわれもうと思う者をあわれむ自由のうちに神の御名と栄光があると神が語っておられるシナイ山での神の自己啓示（ローマ九・一五＝出エジプト三三・一九）から始まり、「わたしの力をあなたに示すため、そうして、わたしの名を全地に知らしめるため」神がファラオを立てたとする出エジプト記の引用（ローマ九・一七＝出エジプト九・一六）に進み、二三節で「栄光のためにあらかじめ備えられたあわれみの器に対して、ご自分の豊かな栄光を知らせるためであった」と述べて、神の自由な選びは気まぐれではなく、明確な世界大の目的を目指すものであったという結論に至ります。言い換えれば、神に不正があったのかとの疑問に対するパウロの答えは、否です。その理由は、ご自身の栄光という至高の価値を完璧に守り、現すように神は働かれた、ということです。

この証拠から導き出される結論は、旧約聖書と同様にパウロも、神の義の最も根本的な意味を、ご自身の栄光の価値を守ろうとする神の揺るぎない忠実さ、と考えていることです。また、神がこの義を被造物にも求めておられること――「不義」を捨てて「神を神としてあがめ……感謝する」よう求めておられること（ローマ一・一八、二一）――も明白です。パウロが「義人はいない」（同三・一〇）と言うとき、その意味は、私たちすべてが神にふさわしい賛美をささげていない、ということです。私たちは「神を求め」ません（同一一節）。代わりに神の栄光を被造物と替えて、被造物が提供できるものを求めるようになりました（同一・二三）。また、イスラエルについては、彼らのゆえに「神の御名は異邦人の間で汚されて」います（同二・二四）。「すべての人は罪を犯して」います（同三・二三）。――つまり、偽りの代用品と引き替えに神の栄光を手放してしまったのです。創造と贖いの目的は、神の栄光が現されること――限りなく栄光に満ちた方として重んじられ、明らかにされること――なのです。「キリストは……割礼のある者たちのしもべとなられました。……異邦人もあわれみのゆえに、神をあがめるようになるためです」（同一五・八～九）。

神の法廷で、義は何を意味するか

したがって、ライトが裁判官の義と被告の義は同じではありえないというふうに神の法廷の場面を設定するとき、私には何か不自然なことをしているように思えます。裁判官の義は「公平に裁こうと努める」ことであり、被告の義は「無罪であると宣言される」ことであるとライトが説明するとき、その枠組みでは、これら異なった表現の背後にある義の意味が正しくとらえられていません。それゆえに、歴史的な転嫁の理解は「意味をなさない」という記述を押しつけることになるのです。[*19] しかし、これは転嫁自体に意味がないからではなく、ライトが意味のないように見える設定の仕方をしているからです。また、神の義を裁判官の行動という面だけで扱い、神の義のより深い特質を考慮していないからです。パウロを説明するのに導入するライトのパラダイムの力は、事を明確にするよりは限定し歪めてしまう結果になっているのです。

事柄を違った仕方で見ると、こうなります。被告にとっても、裁判官にとっても、義とは「神の栄光を重んじ、守ろうとする揺るぎない熱心さ」です。これが、神も人も「義である」とするところのものです。それゆえ、神の法廷においては結局、裁判官の義を被告も共有するということがあり得るのです。被告に道徳的な義が欠けている場合、創造主でも贖い主でもある裁判官は、自分の義を被告に役立つようにする道を見いだすことでしょう。それがまさに被告が必要としている義、つまり、裁判官の栄光のために揺るぎなく、完璧で、実際に実行される熱心さであるからです。この可能性については第11章で再び扱います。その前に、ライトの描く法廷の場面にはさらに二つの問題があるので、次の章ではそれに取り組むことにしましょう。

注

1　Wright, "The Shape of Justification."

2　引用はこう続きます。「神は最後にご自分の民に恵みを与え、異教の国々をさばき、まことの民を救い出されます。『義認』とは、契約（イスラエルが神の民である）の視点、そして法廷（神による最後の審判とは、イスラエルが勝訴するという法廷の場景）の視点から見れば、やがて訪れる贖いと救いの偉大な業を指しています。」

Wright, *What Saint Paul Really Said*, 33.（邦訳『使徒パウロは何を語ったのか』）

3　ライトが執筆した次の項目参照。"Righteousness" in *New Dictionary of Theology*, ed. David F. Wright et al. (Downers Grove, IL: InterVarsity Press, 1988), pp. 590–592.

4　Wright, "The Shape of Justification."

5　Ibid.

6　Wright, *The Climax of the Covenant*, p. 36.　法廷において裁判官、原告、被告の違いをどう理解するかについては、*What Saint Paul Really Said*, pp. 97–98（邦訳『使徒パウロは何を語ったのか』）を参照。全体的に、また最も重要なことですが、ライトは神の義をご自分の契約に対する神の真実さとして扱っています。「ローマ人への手紙は、契約に対する神の真実さ（専門用語で言えば、神の義）についてのパウロの注解です。」Ibid., p. 48.「ユダヤ人の聖書のギリシャ語訳、七十人訳聖書の読者にとって、『神の義』は一つの明確な意味を持っていたことでしょう。自らの約束、契約に対する神ご自身の真実さです。」Ibid., 96.「この文脈（ローマ三・一～八）において『神の義』の最も自然な意味は、『神の契約に対する真実さ』です。」Ibid., 106.「福音――メシアであるイエスの主権の告知――は神の義、神の契約に対する神の真実さを啓示しています。」Ibid., 126.　神の義をこのように表現するなら、ライトによる義認の扱い方と同じ批判を受けるのではないかと思われます。すなわち、神の義の含意（神がご自身の約束を守ること）を、無理やり神の義の定義（神は常に正しいことを行われるお方であること）に押し込んでしまうという批判です。義が何であるかは、義が何をするかと同じではありません。義を契約遵守と定義することは、誠実さを協定順守と定義することに似ています。確かに、誠実さは協定の条項を守ります。けれども、誠実さはまた、昨夜あなたがどこにいたか、またその他のこと百項目についても、真実を伝えます。後で、神が義であるゆえに、神はご自分の約束を守り、公平にさばき、罪を適切に取り扱い、不当にも虐げられている人々を助ける、と私は論じます。こうした行為は神の義そのものではありません。神の義かとを試みたいと思います。

点を当てることができず、パウロにおける義認の理解の仕方が歪んでしまっていることを、私は明らかにするこ

ら（そしてその他の属性から）流れ出てくるものです。ライトがこれらを区別しないために、神の義の真髄に焦

7　Wright, *What Saint Paul Really Said*, p. 98.（邦訳『使徒パウロは何を語ったのか』）「『義認』は……人が今正しい状態にあると神が宣言することであり、それで人は『義』の立場が与えられます。（ここで言う『義』は法廷の比喩の枠内で、「人格」ではなく「立場」に言及しているので、神の宣言が人を『義』とする、つまり優良な状態にあるとする、と言って間違いないと言えましょう。）」Wright, "The Shape of Justification." 傍点は付加。

8　Wright, *What Saint Paul Really Said*, pp. 98–99.（邦訳『使徒パウロは何を語ったのか』）傍点は付加。

9　Ibid., 115.

10　Wright, "The Shape of Justification." 傍点は付加。

11　第1章の「新しいものに突き動かされる」の項（四八～五〇頁）を参照。

12　この章の注6を参照。

13　John Piper, *The Justification of God: An Exegetical and Theological Study of Romans 9:1–23*, 2nd ed. (Grand Rapids, MI: Baker, 1993). 興味深いことを書き添えておきましょう。一九八〇年に、N・T・ライトがオックスフォードに提出する哲学博士論文を執筆していたのと同じ時期に、私はこの本を書いていました。出版されていないライトの論文の神の義に関する部分を読んだとき、その時期に彼も私も同じテーマを扱い、同じ学者たち（ケーゼマンやジースラー等）を引用していたので私は驚きました。しかし、私たちが到達した結論と向かった方向は、大きく異なっています。

14　ご自分の民に対する神の忠実さが、ご自身の御名を重んじようとする神の思いに深く根ざしている様子を知る一例としてⅠサムエル一二・二二を参照のこと。「主は、ご自分の大いなる御名のために、ご自分の民を捨て去

りはしない。主は、あなたがたをご自分の民とすることを良しとされたからだ。」

15 Piper, *The Justification of God*, p. 119.

16 Wright, *The Letter to the Romans*, p. 473.

17 この文脈で罰は契約に対する忠実さの一つの側面であると述べても、ライトの問題が解決したとは思いません。

18 ローマ三・一〜八に関する十分な議論と、これらの節における、神の義に関連した神の栄光についてのパウロの理解を擁護する、より詳細な議論については、*The Justification of God*, pp. 123-134を参照。ライトは、神の栄光（七節）と神の義（五節）の並行関係について注目していないようです。それでライトは、「この文脈（ローマ三・一〜八）では『神の義』の最も自然な意味は『契約に対する神の真実』です」という説明で済ませています。Wright, *What Saint Paul Really Said*, p. 106.（邦訳『使徒パウロは何を語ったのか』）しかし、それではうまくいきません。五節の「神の義」に代えて「契約に対する真実」を置いてみてください。それではうまくいきません。神の義は、ここでは契約に対する真実さの根拠ではなく、イスラエルに対して下される神の怒りの根拠なのですから。

19 Wright, *What Saint Paul Really Said*, p. 99.（邦訳『使徒パウロは何を語ったのか』）

第4章　法廷における義認のダイナミクスと実際の道徳的義の必要性

前章で私たちは、義認のダイナミクスを明らかにするためにライトが展開している法廷という舞台を見ました。私は、そこに存在する一つの問題に取り組むよう努めました。その問題とは、神の義についてのライトの定義が事の核心には届かず、神の義が何であるかよりも何をするかのレベルにとどまっているということです。

私が見るところ、ライトの法廷イメージの設定の仕方における第二の問題は、裁判官が全知であるという事実を受け入れていないように思えることです。裁判官が全知であれば、ライトが認めるものとは異なる義を被告は持っていなければなりません。つまり、実際に無罪か有罪かに関わりなく、単に無罪と宣告された立場以上のものを持っていなければなりません。ライトは、被告にとって義は人格の質ではなく（つまり道徳的な義ではなく）、立場であると、すなわち、法廷が被告を無罪と宣告することであると強調しています。被告は訴えられている罪を犯したかもしれないし、犯していないかもしれない。それとは関わりなく、法廷が無罪と宣告すれば、被告は「義である」。被告は義という立場を得た。ライトはこう論じます。

このような「義」の定義は、人間による通常の法廷には当てはまります。そこでは、裁判官は誤る可能性がありますが、正しくても間違っていても、裁判官が下した判決は確定します。しかし、そこに落とし穴があります。神の法廷では、裁判官は全知であり、常に正しいのです。さて、裁判官がすべてを知っていて常に正しい法廷では、告訴される真実と判決で示される真実が食い違うはずがないことは、一世紀のだれもが認めるでしょう。このような法廷において、「あなたに『義』の立場を与える。また、『告訴されたとおり有罪』とする」と宣言する土台は何でしょう。こうした判決はどのようにして理解できるのでしょうか。まして、どのようにして正しいと言えるのでしょうか。正しい答えは一つで、ライトも同意するでしょう。これがまさしく贖罪なのです。キリストが私たちの罪のために死んでくださり、この判決の根拠となってくださいました。それゆえ、有罪であるのに、法廷はキリストのゆえに温情を示す（神の場合は赦す）ことができ、私たちは自由の身となるのです。[*1]

しかし、温情と赦しは義認と同義ではない

法廷において神が温情を示し、個人的な赦しを与えてくださることは、確かに事実であり栄光に満ちたものです。私たちは永遠にわたってそれを賛美することでしょう。しかし問題は、パウロがそれに何かを――私たちを義と認めるためにもっと大きな根拠を――加えているかどうかです。私たちの救いをもっとすばらしいものとし、私たちの救い主に一層の栄光を帰することになる何かを、パウロは加えているでしょうか。加えていると思います。一世紀の法廷において、すでに有罪とされている被告を温情に基づいて（あるいは赦しにより）無罪とする場合（咎めなしに釈放する場合）、その人物を「義と認める」とは表現しなかった事実を理解するときに、加えているものが何か分かってきます。ライトは、ローマ人への手紙四章六～八節の注釈で、こう述べています。

「行いと関わりなく義と認めること」と「罪を認められないこと」は同等のことであると、パウロは思

っています。常に思い出さなければならないことですが、契約は罪を扱うためにあります。神が罪を赦すとき、あるいはだれかが契約の中にいると認める（＝義と認める）とき、これらの機能は同等です。同じ出来事の異なった側面にそれぞれ注目しているのです。[*2]

しかし、これから見ていくように、法廷での告発が「義人はいない」であり、その文脈に不道徳が語られているなら（「善を行う者はいない。だれ一人いない」ローマ三・一二）、被告を「義と認める」こと（ローマ四・六）は、「赦されている」立場を提供すること以上のこと、契約共同体の一員である以上のことです。ローマ人への手紙四章六～八節から論じるライトの議論で、「義と認めること」と「罪を認めないこと」の関係を理解するのにより良い方法があります。議論が成立するのに、この二つのことが「同等」である必要はありません。実のところ、「行いと関わりなく、義と認めること」を論じるパウロの議論は、彼がそれを支持するのに、それは赦しと同等であるとするだけだと考えるなら、弱いものになってしまいます。パウロはこう書きました。

同じようにダビデも、行いと関わりなく、神が義とお認めになる人の幸いを、このように言っています。

「幸いなことよ、
不法を赦され、罪をおおわれた人たち。
幸いなことよ、
主が罪をお認めにならない人。」

パウロが、「行いと関わりなく、神が義とお認めになる」という主張を支えるために詩篇三二篇（「不法を赦され、罪をおおわれた人たち」）を引用するとき、赦しと義認を「等しいもの」としていると考えてよいでしょう。しかし、より明らかなことは、罪が認められないところでは、積極的に義が認められるという思いが、パウロのうちにあることです。言い換えれば、ローマ人への手紙四章六〜八節の論理は、詩篇三二篇が、不法な行いに対する神の赦しがあるところでは――罪が認められないところでは――義が認められていると教えているという、パウロの理解にかかっているのかもしれません。つまり、罪を赦された者は、神によって単に赦された罪人とみなされているのではなく、義なる者――「行いと関わりなく神が義と認められた」者――とみなされているのです。

どうしてパウロは、こうした意味がこの詩篇にあると分かったのでしょうか。一つの理由は、この詩篇が赦された者を「正しい者」〔訳注＝「義なる者」〕と呼ぶことで終えているからです。

悪しき者は心の痛みが多い。
しかし　主に信頼する者は
恵みがその人を囲んでいる。
正しい者たち　主を喜び　楽しめ。
すべて心の直ぐな人たちよ　喜びの声をあげよ。（詩篇三二・一〇〜一一）

私は、詩篇の作者が転嫁された義を意味する義認の教理を本格的に持っていた、と言っているわけではありません。パウロが時間をかけて懸命に、義、罪、潔白、赦しといった、私たちをしばしば戸惑わせる言葉も含めて、詩篇を思索し、その結果、赦された者を神が積極的に義とみなすことなしに、神の赦しが単独で存在することはないという結論を引き出したことが見て取れるだけです。[*3]このように理解するほうが、赦しと義と認められることとは「等しい」と考えるよりも、ローマ人への手紙四章六～八節の論理をよりよく説明できるでしょう。

義認は赦し以上のもの

このことを心に留めながら、法廷と義認の意味に戻りましょう。もし全知で正しい裁判官が、ある人が訴えられたとおり有罪であると見れば、温情や赦しのゆえに義の立場を宣言すると法廷が言うことはないでしょう。赦しと温情が減刑判決を生むことはあり得るでしょうが、それは、正しい裁判官が被告に有利な判決を下すという意味では決してありません。全知で正しい裁判官が、罪責のある被告に「有利な判決を下す」ことは決してないのです。この裁判官は、真実な主張をいつでも正しいとします。もし被告に罪があるなら、全知で正しい裁判官は、原告に有利な判決を下します。裁判官はあわれみを示すかもしれません。裁判官は温情を示し、罪責のある者に有罪を宣告せずに赦す権限を有しています。けれども、罪責のある者に有罪を宣告しないことが、「義と認めること」、「有利な判決を下すこと」、「義という立場を与えること」であると言われることは決してなかったでしょう。

それにもかかわらず、義と認めること、有利な判決を下すこと、義という立場を与えることが、実に、罪責のある罪人がイエスを信じてさばきを受けるとき、神の法廷で起こることなのです。神は「不敬虔な者を義と認める方」です（ローマ四・五）。神は不敬虔な者を義と宣言してくださる、つまり、告訴されていることについて無罪と宣言してくださるのです。しかも告訴状には「義人はいない」とあります（ローマ三・一〇）。そこで、「告訴どおり有罪」とされることと義の立場を与えられることの間にある矛盾が、単に温情に基づくものでないとしたら、何に基づいているのでしょうか。

この疑問は、論理では解決できません。パウロが義認についてローマ人への手紙で語っていることで解決できます。「行いと関わりなく、神が義とお認めになる〔λογίζεται、みなす、転嫁する〕」（四・六）と語るとき、パウロは、不敬虔な者の義認を転嫁という言葉で表現しています。「彼らも義と認められる〔λογισθῆναι、みなされる、転嫁される〕ためであり」（同一一節）と言うときも同様です。法廷に立たされている「不敬虔な」被告が実行していない義が転嫁されるという問題を、パウロ自身が提起しているのです。

転嫁を指し示す逆説

ニュアンスの違いはありますが、実質的に教会の歴史全体にわたって、この問いに対する答えは、キリストとの結びつきゆえに、神が被告に対して神の義を転嫁するか、あるいは分与するか、そのどちらかでした。ローマ・カトリックと宗教改革者たちの違いの中心もそこにありました。そのように理解する理由の一つは、もし裁判官が全知で正しければ――実際そうなのですが――、ライトが描いたように、法廷がそれを要求するだろう、ということです。罪責のある被告に対する温情や赦しの行使は、義認の土台を与えません。有罪である人に対する判決が、ただ温情や赦しのゆえに減刑されても、それは義認の意味するところと違います。それに、全知で正しい裁判官は、被告が道徳的に正しくないゆえ有罪であるときに（ローマ三・一〇）、何か別のところにある道徳的な正しさを被告のものとみなす方法がないかぎり、その被告に道徳的な正しさがあるということはありません。

さて、なぜ私は道徳的な正しさを持ち出したのでしょう。かえって事態を混乱させるのではないでしょうか。義認は人が道徳的に正しいと宣言することではなく、「正しい者」という立場を賦与することではないでしょうか。しかし、私が道徳性を持ち出す理由が二つあります。一つの理由は、ローマ人への手紙の文脈において、私たちを法廷に引き出す告発が「義人はいない。一人もいない」というものだからです（三・一〇）。それは、「善を行う者はいない。だれ一人いない」ということです（同一二節）。これは、私たちの道徳的状態について述べるものです。

また、もう一つの理由は、神が全知であることです。したがって、法廷で神が下す判決は常に現実と一致しています。賦与される立場は告訴状が突きつけられているかどうかに常に一致しています。告訴状自体に「あなたには神の前での道徳的な正しさがない」とありながら（同一〇～一八節を参照）、それでも、全知の裁判官が私たちに無罪判決を下すとすれば、「あなたは実際、神の前に道徳的に正しいので、この法廷は無罪判決を下します」というものでなければなりません。

法廷の場面に道徳的な義を持ち込むのは、プロテスタントやローマ・カトリックの伝統に始まるものではありません。ローマ人への手紙一～三章の文脈がそれを求めており、自らの法廷で被告について事実であると分かっていることに常に一致した正しい判決を下す全知の裁判官がいることが、それを求めているのです。

これまでの批評の要約

ライトが設定した法廷のパラダイムに対して、これまで様々な点から論じてきた私の批評をここでまとめておきましょう。三章では、裁判官としての神の義は、単に、契約におけるご自身の真実、公平な働き、適切な罪の扱いだけではないことを見ました。それらは、義が行うことであって、義の本質そのものではありません。神の義とは、正しいことを行う、つまり、最も究極的にはご自身の栄光の無限の価値を守る、神の揺るぎない忠実さです。それと同じことが、原則的に私たちの道徳的な義についても言えます。自分たちが行うすべてのことにおいて、神の栄光の無限の価値を同じように揺るぎない忠実さをもって守るよう、私たちは造られているのです。それが、人間にとって義であることの意味です。

私たちが神の法廷で訴えられていることは、この義を持っていないということです。「義人はいない。一人もいない。……神を求める人はいない」(ローマ三・一〇～一一)。私たちはみな、「あらゆる不敬虔と不義……朽ちない神の栄光を、朽ちる……かたちと替えて」(同一・一八、二三。三・二三も参照)しまったことで、有罪です。それにもかかわらず、神は「不敬虔な者を義と認め」(同四・五)てくださいました。全知の裁判官が単に温情を示し、赦して、「義」の立場を私たちに与えてくださっただけではありません。まさに、自分自身の内に実際には存在しない道徳的な義を私たちが持っていると認めて、私たちに有利な判決を下してくださったのです。私たちに対する告訴状(「あなたは道徳的な義を行っていません」)が朗読され、そして裁判官により判決(「告訴に関してあなたは有罪ではなく、あなたは道徳的な義を確かに有していると宣言します」)が言い渡されるとき、この宣言の中で言われている義は本物の道徳的な義です。これが、罪ある者に信仰のみを通して転嫁されるキリストの義であることは、後で論じます。神の法廷における義認の宣告は、単なる赦しではありません。単なる無罪を宣告された立場を与えることでもありません。被告を、本人自身はそうでないにもかかわらず、道徳的に正しい者と認めることなのです。

「意味をなさないこと」が現実に起こっている

ライトが設定している法廷のイメージについて、私が問題とする第三の点は、実際、現実に起こっていることを彼が「意味をなさない」と言っていることです。ライトの言葉を再述しましょう。

> 被告が裁判官の「義」を何かしら受け取ると考えることは、そもそもカテゴリーとして間違っています。「義」に関する言葉は、そのようなことを意味していないのです。……神がご自分の民を正しいと認めるために行動するとき、隠喩としては、神の民は「義」の立場を持つことになります。……しかし、彼らの持つ義は、神ご自身の義ではありません。それではまったく意味をなしません。*4

すでに見たように、裁判官と被告の義に関するライトの定義では、この法廷の働きについてのパウロの理解を説明することができません。私たちはここで、イエス・キリストの働きによって、被告が何らかの意味で裁判官の義にあずかると語ることが、実際に意味をなさないわけではないことを付言しておきましょう。被告が「裁判官の『義』を受け取る」と語ることは、カテゴリーとして間違っていません。実際、裁判官が全知で正しく、告訴が「(道徳的に)義人はいない」(ローマ三・一〇)である法廷で、義認という表現が求めていることは、これなのです。もちろん、人間の法廷の通常のカテゴリーとは調和しません。しかし、それこそが、不敬虔な者の義認がいつもしてきたことであり、するつもりのことです。

転嫁が立場の土台を提供するのか？

きわめて重要な問いはこれです。パウロは被告を、キリストのゆえに裁判官である神の道徳的な義を何らかの意味で有する者として示しているのだろうか。私が神の「道徳的な義」という表現で言おうとしているのは、単に前に述べたこと、つまり、ご自身の栄光の価値を守ろうとする揺るぎない忠実さです。神の義の本質はここにあります。またそれが、神が私たちに要求しておられる道徳的な義です。私たちは、自分が感じ考え行うすべてにおいて、すなわち、神が求めておられるすべてを実現することによって、揺るぐことなく、神の栄光を愛し支えるのです。

けれども私たちはみな、そのことに失敗しました。これが私たちの不義です（ローマ一・一八、二一、二三、三・二三）。それで私たちは神の法廷で裁かれるのです。私たちは神の栄光を偶像に替え（同一・二三）、神をあがめ感謝することをしなかった（同二一節）だけではなく、律法を破ることで神を侮り（同二・二三）、神の御名が諸国民の間で汚されるようにしたのです（同二四節）。ですから、私たちの中に義人はだれもいません。一人もいません（同三・一〇）。問題はこうです。さばき主が私たちに有利な判決を下すとき、ご自身が要求するような道徳的義が私たち自身のうちになくても、キリストにあって私たちに転嫁された神の義のゆえに、私たちが持っていると認めてくださるのでしょうか。

そのとおり、というのが私の答えです。この点については、後ほど第11章で戻って詳しく説明し、この答えが正しいことを擁護しましょう。ライトの答えは否です。繰り返しになりますが、ライトは神の義が人間に転嫁されるという議論の全体が混乱していると考えています。それは単純に言って、適切な聖書的歴史的カテゴリーで動いていない。この千五百年間、この主題に関する教会内の議論は誤った方向に導かれてきた、とライトは言います。[*5]「もし私たちが法定用語を使うのであれば、原告や被告に対して、裁判官が義を転嫁するとか、授けるとか、残すとか、伝達するとか、あるいは何らかの方法で自分の義を移譲するとかいったことを語ることは、まったく意味をなしません。義は、法廷を横切る物体でも物質でも気体でもありません。[*6]」

転嫁に関する私たちの理解の擁護に進む前に、ここで、ライトが自ら描く義認の絵に磨きをかけようとして挙げている考え方をさらに取り上げることが役に立つでしょう。

注

1　たとえばライトはこう言います。「キリストの死は、神がそれまでの罪を見過ごしたのはなぜ正しいのかを説明しました。人間の法廷であれば正しくはないことが、今やより高い正義に含まれることになりました。」Wright, *The Letter to the Romans*, p. 492. 法廷で被告がこの判決を享受するために何をしなければならないか、私は何かを今ここで提起することはしません。つまり、以下の問いを後で扱うことにします。「信仰のみによって」をライトはどう考えるのか。また、聖霊によって変えられた私たちのふるまいは、裁判官の判決の根拠となるために、どんな役割が（もしあるとしたら）あるのか。

2　Wright, *The Letter to the Romans*, p. 493. 傍点は付加。

3　ここに、「義、罪、潔白、赦しといった、私たちをしばしば戸惑わせる言葉」によって私が言おうとしていることの味わいがあります。聖書は、「義人はいない。一人もいない」（ローマ三・一〇）と言いながら、私たちのことを喜んで「正しい者」と呼びます。そして、そうする場合、ときに意味し得るのは、私たちが転嫁された義を得ているだけでなく、不完全な義の生涯を送ることです。こうした逆接的な語の使い方は、幾つもの箇所で明らかに見ることができます。たとえば伝道者七・二〇は、「この地上に、正しい人は一人もいない。善を行い、罪に陥ることのない人は」と言っているのに、その五節前では「正しい人が正しいのに滅び、悪しき者が悪を行う中で長生きすることがある」とあります。また、詩篇四一・四で作者は言います。「主よ　あわれんでください。私のたましいを癒やしてください。私はあなたの前に罪ある者ですから。」けれども、続いて一二節では主に向かってこう語りかけます。「私の誠実さゆえに　私を強く支えてください。」このように、義ではない義人がいます。また、誠実な罪人がいます。同様のことが、パウロの「非難されるところのない」という語の使い方にも見ることができます。たとえパウロがピリピ三・一二で自らの最善の努力を不完全と言うとしても、信仰者について「あなたがたが、非難されるところのない純真な者となり、また、曲がった邪悪な世代のただ中にあって傷のない神の子どもとなり」（ピリピ二・一五）と描写するのです。このように、義ではない義人がおり、罪ある誠実さがあるように、不完全でありながら非難されることのない状態もあるのです。私たちがどのようにして律法を成就するかについては、さらに補遺6を参照のこと。

4　Wright, *What Saint Paul Really Said*, 99.（邦訳『使徒パウロは何を語ったのか』）

5　「教会史における『義認』の議論は、確かにアウグスティヌス以降（！）、少なくともパウロ理解に関して、道を踏み外し間違ったところに立ったのです。そして教会は同じところにずっととどまり続けてきました。」Ibid., p. 115. 傍点は付加。

6　Ibid., p. 98.

第5章　義認と福音――イエスが主であることは、いつ良い知らせとなるのか？

栄光の福音を語る説教者はどこにいるのか？

ライトが情熱を燃やすことの一つは、福音における神のご計画の歴史的な影響と世界的な視野を、私たちがもっと鮮明に理解するのを助けることです。そう考えると、ある種の福音の説教を特徴づけている個人主義や敬虔主義に対してライトが示している反応を理解することができます。要するに、福音とは何なのかをきちんと示す説教者が、すなわち自分の個人的な問題だけでなく、歴史のすべて、国々のすべて、環境のすべての上に立つイエスの主権を伝える壮大な告知を語る説教者が、十分にいないことが問題なのです。

あらゆることに対するキリストの至高の権威を回復させて、福音の説教を個人の問題に限るような視野の狭さから解放しようとする努力は、何であれ喜ばしいことです。しかし、ライトが福音の世界大の影響に光を当てようとする方法では、福音の貴重な側面、それなしには世界を混沌から救い出す話が虚しくなってしまう側面を隅に押しやり、おそらく否定さえする結果になってしまいます。

義認のメッセージは福音ではないのか？

たとえば、ライトは、福音は信仰のみによる義認のメッセージと同じではない、「どうしたら救われるのか」というメッセージですらない、と熱心に語ります。「異教徒に対するパウロの福音は人生哲学ではありませんでした。それは、どのようにして救われるのかという教理ですらなかったのです。[*1]」「福音を告げ知らせることが、人々が救われるという結果となって表れるのです。……しかし厳密に言えば、『福音』そのものはイエスが王であるという物語の宣言です。……使者が王の即位を告げ知らせるときは、『ネロが（あるいは、だれであれ）皇帝になった』と言うのです。[*2]」

「『福音』それ自体は、十字架につけられ復活なさったメシアであるイエスだけが、世界の唯一で真実な主であるとの宣言に言及するものです。[*3]」パウロにとって、皇帝の即位を伝えるこの宣言は、「十字架にかけられたナザレのイエスが死者の中から復活したこと、それによって、イスラエルのメシアであることが証明されたこと、それによって、世界の主として立てられたこと」です。[*4]

福音の中心にあるのは、十字架と復活の出来事です。「（パウロが）福音が良い知らせであると考えたのは、王であるイエスの十字架において、またそれを通して、唯一のまことの神が悪を決定的に解決したからです。[*5]」ライトはまた、すべての悪ということを強調しようとしています。自分の個人的な「罪と死、咎、恥[*6]」、そしてメシアが新しい時代の到来を告げるとき克服されると預言者が約束した世界全体の悪です。この新しい時代が到来しました。それが、パウロが説いた良い知らせです。「パウロは、イエスにあって救いのメシア的約束が実現したと宣べ伝えています。[*7]」

福音は、人が救われるという話ではないのか？

神の尊厳、キリストの偉大さ、福音の意義の無限の広がりが誠実に描かれるとき、私はとても嬉しく思います。その思いは、ご自身の栄光を大切になさる神の熱心と完全に一致します。「まことに、水が海をおおうように、地は、主の栄光を知ることで満たされる」（ハバクク二・一四）。しかし、ライトが実に熱心に、福音から義認のメッセージを除こうとすることには戸惑いを覚えます。ライトはこう言うのです。

私は再度強調しなければなりません。信仰義認の教理は、パウロが「福音」によって言おうとしていることではありません。それは福音によって暗に示されていることです。福音が宣言されるとき、人々は信じるようになり、神によって、神の民であるとされます。けれども「福音」は、人々がどのようにして救われるのかを説明するものではありません。[*8]

人間はどのようにして、生ける救いの神と生きた救いの関係を持つことができるのか。もしこれらの問いを持って私たちがパウロのもとに来るなら、パウロの口や筆から出てくるものは義認ではありません。イエス、そしてイエスの死と復活のメッセージ――『福音』……が人々に告げ知らされます。それを通して神が御霊によって人々の心に働かれるのです。[*9]

この主張には重大な問題が幾つかあります。釈義的に最も明らかなことは、使徒の働きにおけるパウロの福音宣教は、ライトが言っていることと矛盾していると思われることです。福音は「人々がどのように救われるかの説明ではない」とライトは言います。また、私たちがどのようにして神によって救われる関係を持つことができるかという問いを抱いてパウロのもとに来るなら、「義認」はパウロの口に上ってくることはない、と言います。これらの主張を念頭に置きながら、義認、ユダヤ人、異邦人、永遠のいのちに関して、使徒の働きがパウロの説教をどのように提示しているか、見てください。

パウロは信仰による義認を福音の一部として語っている。

使徒の働き一三章一四節で、パウロとバルナバはピシディアのアンティオキアに到着しました。安息日に会堂に入り、律法と預言者たちの書の朗読があった後、「この人たちのために何か奨励のことばがあれば、お話しください」と依頼されました（使徒一三・一五）。そこでパウロが語ったのは、徹底的に神を中心したイスラエルの歴史で、イスラエルの選びとエジプト滞在（一七節）から始まり、荒野での生活、士師の時代、サウル王、そしてダビデ王に至ります。ダビデから、パウロは話をイエスに結びつけます。「神は約束にしたがって、このダビデの子孫から、イスラエルに救い主イエスを送ってくださいました」（二三節）。それからパウロは、バプテスマのヨハネの言葉に言及し、話のポイントは救いに関するものとなります。「アブラハムの子孫である兄弟たち、ならびに、あなたがたのうちの神を恐れる方々。この救いのことばは、私たちに送られたのです」（二六節）。

イエスがもたらし、パウロが伝えているこの救いとは何でしょうか。パウロは、人々に「良い知らせ」として提供しようとしているものが何であるかを正確に伝える前に、神がどのようにしてそれを実現してくださったかを語っています。パウロが説明したのは、イエスが十字架にかけられたこと、十字架につけた者たちは、それとは知らずに預言者たちのことばを成就させたことでした（二七〜二九節）。また、詩篇二篇、イザヤ書五五章、詩篇一六篇と一致する形で神がイエスを死者からよみがえらせてくださった、と説明しました（三〇〜三七節）。パウロはこうしたすべてを通して、「福音」がこの町の人々に届けられたと語るのです。「私たちもあなたがたに、神が父祖たちに約束された福音を宣べ伝えています（ἡμεῖς ὑμᾶς εὐαγγελιζόμεθα）。神はイエスをよみがえらせ、彼らの子孫である私たちにその約束を成就してくださいました」（三二〜三三節）。

こうして、歴史的な基盤をすべて提示したうえで、パウロはイエスの死と復活で頂点に達するこの歴史を形成する実際の内容を「福音」として知らせました。福音は個人の救い、永遠のいのち、義認にまさしく関わっているとパウロは語るのです。「ですから、兄弟たち、あなたがたに知っていただきたい。このイエスを通して罪の赦しが宣べ伝えられているのです。また、モーセの律法を通しては義と認められることができなかった（δικαιωθῆναι）すべてのことについて、この方によって、信じる者はみな義と認められる（δικαιοῦται）のです」（使徒一三・三八〜三九）。その町のユダヤ人の大半がこの義認のメッセージを拒否したとき、彼らはそうすることによって「自分自身を永遠のいのちにふさわしくない者」にしている、とパウロは言いました。「そこで、パウロとバルナバは大胆に語った。『神のことばは、まずあなたがたに語られなければなりませんでした。しかし、あなたがたはそれを拒んで、自分自身を永遠のいのちにふさわしくない者にしています。ですから、見なさい、私たちはこれから異邦人たちの方に向かいます』」（四六節）。

次の節は、まさにこの救いのメッセージ——赦しと義認と永遠のいのちが「信じる者だれにでも」与えられること——がイザヤ書四九章六節と一致する形で、今や異邦人に向けて宣言されることになると語っています。「私たちはこれから異邦人たちの方に向かいます。主が私たちに、こう命じておられるからです。『わたしはあなたを異邦人の光とし、地の果てにまで救いをもたらす者とする』」（使徒一三・四六〜四七）。

使徒の働き一三章三八～三九節に語られている「義認」の意味をどのように理解するにしても、義認という言葉が使われている事実は明らかです。[10] 私が知るかぎり、この語は、ライトが出てこないと言っているまさにそのところに置かれています。ユダヤ人と異邦人の両方に福音について語るクライマックスの表現として、人々に罪の赦し、神の前での正しい立場、そうして永遠のいのちを与えることが語られているのです。たとえ、「義認」がユダヤ人と異邦人にそれぞれ理解されるために、異なった文化脈化の難題があったとしても、使徒の働きから明らかなのは、パウロがユダヤ人に提供しているのと同じ「救い」が異邦人に提供されていることです。

さらに例を挙げれば、使徒の働き二八章で、パウロはユダヤ人に朝から晩まで語り続け、「神の国のことを証しし、モーセの律法と預言者たちの書からイエスについて彼らを説得しようと」しました（二三節）。そのメッセージをユダヤ人たちが拒むと、「ですから、承知しておいてください。神のこの救いは、異邦人に送られました。彼らが聞き従うことになります」と言いました（二八節）。「この救い」が使徒の働き一三章二三、二六、四七節で言われている「救い」と同じであると信じる根拠は十分にあります。「永遠のいのちにあずかるように定められていた人たちはみな、信仰に入った」とありますから（使徒一三・四八）、この救いは、個人に与えられる永遠のいのちです。そしてこの永遠のいのちは、神がイエス・キリストを通して与えてくださる赦しや義認を受け入れる信仰によって与えられると約束されているのです。

したがって、「信仰義認の教理は、パウロが『福音』によって意味していることではない」というライトの主張は誤解を招くものです。またパウロが、「生ける救いの神と生きた救いの関係」にどのようにして入ることができるかという問いに取り組むとき、彼の心に義認という語はなかったとするライトの主張は、使徒の働き一三章三八～四八節と一致しないのです。

信じるのはイエスであって、義認の教理ではないのか？

ライトは自分の伝えたいことを次のような言葉で明らかにしたいのでしょう。「私たちは信仰義認を信じる信仰によって義とされるのではありません。福音そのもの、言い換えれば、イエスが主であり、神がイエスを死者の中から復活させてくださったと信じる信仰によって義とされるのです。[*11]」この意味においてライトは、義認のメッセージは福音ではない、私たちがどうやって救われるかについてのメッセージではない、と言いたいのでしょう。

しかし、私たちは信仰による義認を信じることによってではなく、イエスの死と復活を信じることによって救われる、というライトの説明には、誤解を招く曖昧さがあります。その曖昧さとは、何のために私たちがイエスの死と復活を信じるのか定義していないことです。単に自分の繁栄や健康、より良い結婚のためにイエスを信じるのでは、救いに至る信仰とはなりません。福音を単なる個人主義から解放して、歴史的でグローバルなものにしたいという情熱から、ライトは罪人一人ひとりにとっての福音の意味を曖昧なままにしておくのです。

「イエスの死と復活という福音を信じなさい」との呼びかけには、それだけで明らかに良い知らせであると分かる中身がありません。福音を語る説教者が聴衆に、イエスが個人的に、無代価で提供するものは何かを告げるまでは、この告知は良い知らせとしての性質を持ちません。ここで私が言いたいことは単純で、使徒の働き一三章三八～三九節でパウロが明らかに、「モーセの律法を通しては義と認められることができなかったすべてのことについて、この方（つまりイエス）によって、信じる者はみな義と認められるのです」と語って、福音を伝えている事実です。もちろん、救うのはイエスであって、教理ではありません。ですから私たちの信仰は明らかにイエスに対するものです。しかし教理は、どのようなイエスに私たちが頼っているのか、何のためにイエスに頼るのかを教えます。それがなければ、イエスということばが良い知らせと分かる中身を持つことはありません。

イエスが主であることは良い知らせというより、恐るべきことである

福音についてのライトの主張は、別の観点から見ると、パウロの生であれ、私たちの生であれ、現実の生にぴったり合いません。イエスがメシアであり、全宇宙を支配する主であるとの告知は、良い知らせではありません。主イエス・キリストの父である神を無視し、冒瀆して人生全体を過ごし、それゆえ反逆罪に値した者として刑が執行されて当然の罪人にとっては、実に恐ろしいメッセージです。ライトは、ダマスコ途上で回心したときサウロの心に何が起きたかを扱うとき、この点を見落としているようです。サウロに起こった変化をライトはこうまとめています。

> ダマスコ途上でサウロが見たものは、彼が以前持っていた契約神学に深くしっかりと根ざしたものではありますが、まったく新しいものの見方を彼に与えました。イスラエルの将来はメシアであるイエスにあって総括され、実現したのです。来たるべき時代はすでに動き始めました。サウロ自身それを伝える代理人となるよう召されたのです。彼は、イスラエルの神ヤハウェが全世界の唯一まことの神であり、ナザレのイエスにあって神が悪に勝利を収め、正義と平和がこの上なく支配する新しい世界を創造しておられる

ことを、異教徒たちの世界に宣言しなければなりませんでした。

言い換えるなら、タルソのサウロは新しい召命を見いだしたのです。その召命は、サウロが以前の生活でささげてきたあらゆる力、熱心を要求するものでした。今や彼は王の使者となったのです。[*12]

言われていることは間違っていませんが、これだけでは非現実的な知的理解に偏っています。主として概念的な理解であって、体験の要素が乏しいのです。ライトは間違いなく、ステファン・ウェスターホルムが人間を「自分たちの造り主に応答する、絶えることのない巨大な意識[*13]」と表現しているものが何であるかを知っています。しかし、それを十分に考慮しているでしょうか。イエスとイエスに従う者たちを憎んできたサウロが、生きておられるイエスの逆らい難い輝きに満ちた絶対的な至高の権威のもとで地面に倒れたとき、最初に浮かんだ思いが概念的なことではなく、生きていられるのかどうかであった、と考えることができたらめな推測であるとは思いません。パウロの心に最初に浮かんだのは、新しい世界観や召命ではなく、自分はこの瞬間にも滅ぼされるのではないかという思いであったでしょう。生涯の最後までサウロにとって驚きであったのは、何よりもまず、教会の迫害者が外の暗闇に放り出されるのではなく、あわれみを受けたことでした。

「**キリスト・イエスは罪人を救うために世に来られた**」ということばは真実であり、そのまま受け入れるに値するものです。**私はその罪人のかしらです。しかし、私はあわれみを受けました。それは、キリスト・イエスがこの上ない寛容をまず私に示し、私を、ご自分を信じて永遠のいのちを得ることになる人々の先例にするためでした。**（Ⅰテモテ一・一五～一六。Ⅰコリント一五・九、ガラテヤ一・一三、ピリピ三・六も参照。）

怒りを免れることは福音の本筋から外れていない

パウロにとって良い知らせは第一に、イエスを迫害していた者が信仰によって神の前で義とされる立場を与えられたことであった、と語ることは、十六世紀であれ二十一世紀であれ、時代錯誤の心理学的解釈ではありません。ダマスコ途上の時点では、イエスが死んでよみがえったことは良い知らせではなく、まったくの悪い知らせだったのです！　イエスの死と復活という悪い知らせを良い知らせに変えたのは、ただ信じることで、このイエスの生涯と死が不敬虔な者にとって有罪の根拠ではなく義認の根拠になる、という教え、教理でした。そしてこの良い知らせは、イエスが王であり自分はその使者であるという新しい世界観を通してパウロが思いつく前に、彼に届いたのです。それは届くでしょう。しかし、神の怒りの下、パウロ自身の逃れられない緊急の必要という個人的な現実を、福音のグローバルな関心にとって本筋でないと扱うなら、パウロのメッセージの正しい配列と、そのメッセージをどの時代の人々にも意味あるものとしているもの、その両方を見失うことになります。

神が自分を怒りの対象とせずに、イエスを通して救いを得させてくださったことは（Ⅰテサロニケ五・九）、パウロにとって第一の根本的な驚きでした。ダマスコ途上で目が見えなくなりながら燃え立つような栄光に触れた後、息をするごとに、その驚きはいよいよ現実のものとなっていきました。自分が愛され、赦され、義とされていると知る個人的な現実は、イエスが宇宙の主であるというグローバルな驚きに従属するものではありません。こうした個人的な現実を知り、受け取ることがなければ、イエスが主であることは恐ろしいことなのです。

恩赦の条件を聞くまでは良い知らせではない

福音がもたらしたものの宇宙的な広がりを、私はN・T・ライトとともに喜んでいます。「被造物自体も、滅びの束縛から解放され、神の子どもたちの栄光の自由にあずかります」という希望（ローマ八・二一）を隅に追いやろうとは思っていません。私たちの後を追って堕落し、混沌と腐敗と無益さに陥った被造世界が、私たちの後を追って贖いの栄光にあずかることになる事実は、周辺的な真理ではありません。ここで記しているとおり、私は「新しい天と新しい地における福音の勝利」と題して福音連合で講演したところです。[*14] 自然界が新しくされ、最初のパラダイスにはるかにまさる栄光にあずかり（Ⅰコリント一五・四九～五〇）、そこでイエスを信じる者たちが新しい霊のからだで神を永遠にほめたたえるようになることは、福音がもたらす私たちの希望の頂点です。[*15]

これらの大きな事実があるために、ライトは、福音は「人がどうやって救われるか」のメッセージではないとしたいのです。また、福音を信仰のみによる義認の教理から切り離したいのです。これには当惑させられます。イエスが主であることを罪人たちへの良い知らせとする、まさにそのことから、福音を切り離してしまうことになるのですから。

イエスに対する背信の罪を犯して有罪である罪人が、このイエスが死者から復活し人類全体の上に絶対的な支配権を持っておられる、という知らせを聞いて、それが良い知らせと思えるのはなぜでしょうか。ライトが「それは、十字架と復活の出来事を語ることが王の到来の先駆けに含まれるものだから」と答えるなら、罪人は、「それが私にとって何の益になるのですか？　どうして私の助けとなるのですか？　私に、あるいは他の罪人に、どうしてそれが希望を提供することになるのですか？」と言うでしょう。福音が、この罪人に対して与える答えを持っていなければ、イエスが死んでよみがえったという事実だけでは、良い知らせとなりません。しかし、もし福音が答えを持っているなら、それは、神に対する反逆者がどうやって救われるのか――実に、どうやって神との正しい関係に入り、契約の民の一員となることができるのか、というメッセージでなければならないでしょう。福音にはより大きなグローバルな意味があるという主張を強化するために、福音のこうした本質的で輝かしい側面をライトが脇に置く必要があるとは思いません。

パウロが福音の定義を最も厳密に語っているのは、コリント人への手紙第一、一五章一～三節でしょう。

兄弟たち。私があなたがたに宣べ伝えた福音を、改めて知らせます。あなたがたはその福音を受け入れ、その福音によって立っているのです。私がどのようなことばで福音を伝えたか、あなたがたがしっかり覚えているなら、この福音によって救われます。そうでなければ、あなたがたが信じたことは無駄になってしまいます。私があなたがたに最も大切なこととして伝えたのは、私も受けたことであって、次のことです。キリストは、聖書に書いてあるとおりに、私たちの罪のために死なれたこと……。

ここでパウロは、明らかに二つのことを語っています。私たちが福音によって（δι᾽ οὗ καὶ σῴζεσθε）「救われ」ること。そしてその福音とはキリストが「私たちの罪のために」死なれたというメッセージであることです。歴史的な事実の伝達を良い知らせとするのが、まさしく個人に関わる「私たちの罪のために」なのです。そしてパウロは、この「私たちの罪のために」ということで私たちが救われるのですから、それが良い知らせであることを明らかにしたいと熱望しているのです。これが福音を福音とするものの中心であって、福音の効果の一つといった程度のものではありません。

イエスが主であることは義認と結びついて良い知らせとなる

パウロが福音を語るとき、義認の教えは彼の口にも筆にも上らなかった、とライトは主張したいのです。「人はどのようにして、生ける救いの神と生きた救いの関係に入ることができるのか」という問いを人々に投げかけ[*16]、答えは義認ではないとします。私は、パウロが福音のメッセージを語るとき常に義認の真理を伝えていた、と主張するわけではまったくありませんが、それでもなお、パウロ自身のことばから、パウロの説教においてイエスの死と復活、イエスが主であるという告知が良い知らせとなったのは、まさしく、何らかの形で、このイエスを信じることが義認をもたらすと伝えていたからである、と主張したいのです。

たとえば、ローマ人への手紙一〇章九節と一〇節の関係に注目してください。「もしあなたの口でイエスを主と告白し、あなたの心で神はイエスを死者の中からよみがえらせたと信じるなら、あなたは救われるからです」（九節）とあるのは事実です。それでライトは、人が福音を信じるとき、これがまさしく信じていることである――イエスが主であり、神がイエスを死者の中からよみがえらせたことである――と強調したいのです。そのとおりです。イエスが復活し、主であるという告知が良い知らせです。私たちはそれを信じなければなりません。しかし、それが良い知らせとして聞けるのは、罪ある反逆者に対して私たちが、これを信じることで救われると約束し、それから、復活した王があなたを反逆罪で処刑することはないと期待できる根拠を示すときのみです。その約束が九節の終わりにあります。これを信じるなら「あなたは救われる」という約束です。そして次の節で、この希望の根拠が語られるのです。

一〇節には、「人は心に信じて義と認められ（καρδίᾳ γὰρ πιστεύεται εἰς δικαιοσύνην）、口で告白して救われるのです（στόματι δὲ ὁμολογεῖται εἰς σωτηρίαν）」とあります。ですから、反逆者よ、元気を出しなさい。「主の御名を呼び求める者はみな救われる」（一三節）とつながります。一〇節が九節の根拠を与えているその仕方は、キリストの死と復活、主であることの宣言は、それらがどのようにして神の前で私たちを有罪ではなく義とするのか、何らかの説明が与えられたときに良い知らせとなる、とパウロが考えていることを示してはいないでしょうか。福音に必要不可欠なのは、義認という真理が単に存在するだけではなく、それが宣言されることです。そういうわけで、パウロが考え告知していた福音は、どのようにして人が救われるのか、どのようにして義とされるのかというメッセージではない、とライトが言い続けることには困惑させられます。

次章では、義認という神の最初のみわざにおいて何が起きるのか、そしてそれが神の有効召命とどう関わるのか、という問題に取り組みます。

注

1　Wright, *What Saint Paul Really Said*, p. 90.（邦訳『使徒パウロは何を語ったのか』）「そこで、福音とは人々がどのように救われるのかというシステムではありません。」Ibid., p. 45.「パウロにとっての『福音』は、個人的な意味で、また非歴史な意味で『人がどのように救われるのか』というメッセージではないということを、私は提唱しました。」Ibid., p. 60.

2　Ibid., p. 45. 傍点は付加。

3　Wright, "Paul in Different Perspectives: Lecture 1."

4　Wright, *What Saint Paul Really Said*, p. 46.（邦訳『使徒パウロは何を語ったのか』）

5 Ibid., p. 52.
6 Ibid., p. 157.
7 Ibid., p. 53.
8 Ibid., pp. 132–133.
9 Ibid., p. 116. パウロがテサロニケやコリントに足を踏み入れたときに伝えたことは、「あなたがたは信仰によって義と認められる」ということではなかった、とライトは強調したいのです。パウロが告げたのは、主であるイエスとその死と復活であったと言うのです。しかしこの告知を、こんなふうに義認と分けることができるでしょうか。ライトの言う福音だけが私たちの告知する第一のことなのでしょうか、あるいは、それが良い知らせなのはなぜかという説明も含むのでしょうか。そしてその説明によって、人々が最初には理解できない自分たちの状況を正確に理解できるように、一つの文化から別の文化へと、助けるべきではないでしょうか。またその人々がイエスに信じるときに、何のためにイエスに信じなければならないのか、その真理を提供する必要はないのでしょうか。そして何のためにイエスを信じるかといえば、神が背きの罪の責任を人々に負わせず（Ⅱコリント五・一九）、行いと関わりなく義を彼らに提供することが（ローマ四・六）それに含まれるのではないでしょうか。
10 ルカによる δικαιόω の使い方（ルカ七・二九、三五、一〇・二九、一六・一五、一八・一四、使徒一三・三八〜三九）は、当然のことながらパウロのそれと一致し、「だれかを正しい／義であると考える／みなす」という意味を示しています。私の助手であるデイヴィッド・マティスはこの点を上手に説明しています。「使徒一三・三八〜三九がこの使い方に一致しています。『イエスを通して』と『モーセの律法を通して』が並行関係にあることを見て取ることが大切です。イエスを信じるすべての者は、以前はモーセの律法を通しては義とみなされることができなかったあらゆる要求から解放されて、イエスを通して義とみなされる、あるいは認められるのです。

モーセの律法を通して人々は、義とみなされることはできませんでした。彼らは義ではないし、モーセの律法が義を提供するわけでもないからです。けれども、人々は依然として義ではありませんが、イエスを通して義とみなされることが可能になるのです。それは彼らに義が、つまりイエス自身の義が、提供されたからです。」

11 Wright, "New Perspectives on Paul," p. 261.

12 Wright, *What Saint Paul Really Said*, p. 37.（邦訳『使徒パウロは何を語ったのか』）

13 Stephen Westerholm, "The 'New Perspective' at Twenty-Five," in *Justification and Variegated Nomism*, Vol. II: *The Paradoxes of Paul*, ed. D. A. Carson et al. (Grand Rapids, MI: Baker Academic, 2004), p. 38.

14 このメッセージは以下のホームページから聴くか読むかすることができます。http://www.desiringGod.org/ResourceLibrary/ConferenceMessages/ByDate/2177_The_Triumph_of_the_Gospel_in_the_New_Heavens_and_the_New_Earth/ (accessed 6-2-07).

15 これは、私の側で多少譲歩したということではなく、私が深く抱いている確信です。私は様々な機会に、説教で繰り返し語っています。キリストの宇宙大の贖いと、その中に私たちも含まれていることを、私自身がどれほど喜びとしているかは、以下のアドレスに掲載されている私の説教を参照してください。www.desiringGod.org（日付は一九八〇年八月十七日、一九八六年五月二十五日、一九九三年八月八日、二〇〇二年四月二十八日、二〇〇二年五月五日、二〇〇七年四月一日、二〇〇七年四月八日）

16 Wright, *What Saint Paul Really Said*, p. 116.（邦訳『使徒パウロは何を語ったのか』）

第6章　義認と福音——義認は神の御前での私たちの立場を決定するのか？

義認が福音から切り離されている深い理由

義認は福音ではないとライトはなぜ強調しようとするのか、その理由を知ろうと格闘していくと、もっと深い何かが進行しているように思えます。ライトが義認を福音の一部とすることに抵抗するのは、単に福音の世界的な視野に光を当てたい[*1]というだけではない、多くの理由があります。何がライトをして、「私は再度強調しなければなりません。信仰義認の教理は、パウロが『福音』によって言おうとしていることではありません[*2]」といったことを言わせるのでしょうか。

一つの答えは、義認は人の回心における神の働きではない、それによって人が契約の家族の一員となるための神のみわざではない、とライトが理解していることにあるように思われます。彼にとって義認は、むしろ人がすでに回心していること、そして今は信仰と神の有効召命によって契約の家族の内にいるという宣言なのです。「『義認』は『どうやって私は救われるか』に関することではなく、『私が神の民の一員であることがどうやって告知されるか』に関することです[*3]。」福音——イエスが宇宙の主であるとすべての人々に宣言すること——は、それによって「神が聖霊を通して人々の心に働き[*4]」、人々を変えてクリスチャンにする、まさにその手段なのです。しかし義認は、その福音の一部ではないし、人がそれによってクリスチャンになる神のみわざでもありません。ライトにとって、義認はそのような性格のものなので、人がクリスチャンになることの一部ではないのです。人がクリスチャン――契約共同体の一員――になっているという宣言なのです。

人がどのように救いに導かれるか、パウロの考えによれば、福音の説教に始まり、その説教において、説教を通して働く聖霊の働きとともに継続し、聴衆の心に聖霊の影響を与え、信仰が生まれるに至り、バプテスマを通して神の家族に入ることで完結します。「聖霊によるのでなければ、だれも、『イエスは主です』と言うことはできません」（Ⅰコリント一二・三）。その告白がなされるとき、おそらくは当人にとって驚きですが、福音を信じた人は、その告白によって真の契約の家族に加えられていることが示される、と神は宣言します。義認は、人がどのようにキリスト者になるのかということではありません。その人がすでにキリスト者になっているという宣言なのです。*5

（義認は）神との関係に「入ること」について、あるいは「とどまること」についてというより、「だれが入っているかを告げる方法」についてなのです。標準的なキリスト教神学の用語で言うなら、救済論についてというより、教会論についてであり、救いについてというより、教会についてなのです。*6

要するに、「義認」という語それ自体は、人が不信仰や偶像崇拝や罪から、恵みによって信仰や真の礼拝や人生の刷新に移される過程や出来事を指してはいないということです。そうしたことを意味する語としては、パウロは、明らかに、そして間違いなく、別の語、「召し」という語を使っています。「義認」という語は幾世紀もの間クリスチャンに誤用されてきましたが、パウロは「召し」に続いて直ちに起きることを指すものとして用いています。[*7]「神は……召した人たちをさらに義と認め」とあります（ローマ八・三〇）。言い換えれば、福音を聞き、信仰をもって応答した人たちが、神によって、ご自分の民、選ばれた者たち、「割礼を受けた者」「ユダヤ人」「神のイスラエル」であると宣言されるのです。この人々がδίκαιος「義なる者」「契約の中にいる者」という立場を与えられるのです。[*8]

ここでライトが挙げている一連の出来事は、互いに密接に結びついていて、時間的には区別できない出来事から成っていることを、心に留めておいてください。ライトはこれを「パウロ自身の『オルド・サルティス（救いの順序）』」と呼んでいます。[*9] 神の「召し」が、効力を持つものとしてまず行われます。その召命のゆえに信仰が直ちに目覚めます。神の召命と私たちが義とされる信仰との間には時間のずれはありません。それが召命というものです。召命があれば、信仰が目覚めさせられるという結果が直ちに生じるのです。したがって、ライトが言うように、義認は「召しに続いて直ちに起きる」のです。義とする宣言を「神は即座にしてくださる」のです。

こうした点を考慮すると、「義認は、人がどのようにキリスト者になるのかということではありません」と述べて、人がクリスチャンになる出来事から義認を除こうとするライトの熱心さが、いっそう驚くべきものとなります。この特異な警戒心を駆り立てて、神が与える召し／信仰／義認という、時間的にも因果関係の面からも切り離し難い出来事を、これほどきっぱりと区別させるものは何なのでしょうか。ライトは、広い範囲に及ぶ多くの点で、このようにきっぱりと物事を区別する警戒心を示してはいません。この件に関してだけ、普通ではない何かが問題になっているように思われます。

義認は神による召しに何も加えないのか？

罪人を偶像崇拝や罪から救い出してご自身との交わりを持たせ、神の契約の民の一員とするために、神が実際になさる贖いのみわざは、第一に、十字架上でのキリストのみわざであり、次に、人を新しく生まれさせて信仰に導く聖霊のみわざです。この信仰を目覚めさせる働きは、一種の、死人の中からの復活ですが（エペソ二・五）、パウロはこれを神の「召し」と呼んでいます。それは、説教壇やラジオからなされ、すべての人を信仰へと招く、一般的な意味での召しではありません。むしろ、命じたことを必ず実現する効果を伴う召しなのです（Ｉコリント一・九、二四、七・二〇、二四、ローマ八・二八、三〇）。

それゆえパウロは、コリントの人々にこう書き送っています。「私たちは十字架につけられたキリストを宣べ伝えます。ユダヤ人にとってはつまずき、異邦人にとっては愚かなことですが、ユダヤ人であってもギリシア人であっても、召された者たちにとっては、神の力、神の知恵であるキリストです」（Ｉコリント一・二三〜二四）。神の召しにより、私たちは十字架を神の力、神の知恵と見て受け入れることができるのです。つまり、神の召しによって信仰が呼び覚まされるのです。

ライトが言いたいのは、神の召しがあるとき――それにより霊的ないのちと信仰が呼び覚まされるとき――この働きにより、私たちは「中に入る」、つまり、神の家族の一員となる、ということです。義認は、私たちが回心すること、クリスチャンになること、契約の家族の一員となることに、それ以上何も貢献しません。それゆえライトは、義認という神のみわざを「二義的な教理」と呼びます。義認が今の時代に意図するのは、保証を与えることであって、救いを与えることではありません。「信仰義認自体は、二義的な教理です。義認を信じるのは、（終わりの日に無罪が宣告されると信じる）保証を得るためであり、同時に、神のただ一つの家族に自分が属していると知るためなのです。[*10]」

別の言い方をすれば、福音が宣べ伝えられるとき、語られるのは義認の教理ではなく、キリストの死と復活であり、キリストが世界の主であることです。聖霊はこの知らせを用いて、人の心に信仰を呼び覚ましてくださいます。これが、福音を通してなされる神の神聖な召しです。この召しと信仰によって、私たちはキリストの勝利にあずかる者とされ、神の家族の一員となります。それから義認の教理が登場して、私たちに何が起きたのか私たちに宣言するのです。こうして保証を与えます――しかし、救ったり、回心させたり、神の家族の一員としたりするわけではありません。

パウロにとって義認は、（サンダースの表現によれば）人がどのように神の民に「加わるか」ではなく、だれかがすでに加わっているという神の宣言に関わるものです。言い換えれば、私たちがローマ人への手紙を読んで分かるように、保証することが本意なのです。以前にも述べたことですが、パウロの思想を彼自身に倣って考察するなら、私たちは信仰義認を信じる信仰によって義と認められるわけではありません。福音そのものを信じる信仰によって、言い換えれば、イエスが主であり、神がイエスを死者から復活させてくださったと信じる信仰によって、義と認められるのです。そのうえ、もし私たちが信仰義認そのものを信じるなら――神が私たちについて知っておられることを考えると、驚くべきことですが――私たちは今、そして永遠に、神の家族の一員であると信じているのです。神は、その家族のメンバーすべてに対して、イエスのバプテスマに際して語られた、「あなたはわたしの愛する子、わたしはあなたを喜ぶ」という言葉をかけてくださるのです。[*11]

言い換えれば、義認という神のみわざは、神が私たちをご自身との正しい関係に立たせるために行うことの一部ではなく、私たちがその立場にいるという宣言なのです。ですから、それは福音の宣言の一部でもないし、回心の出来事の一部でもありません。私はすでに前のほうで、義認とはこうしたこと以上のものであると論じました。[*12] この点については、サイモン・ギャザーコールが正確に述べていると思います。

義認は「神との契約の中にいるとみなされる」ことであるというトム・ライトの定義は、あまりにも小さすぎるでしょう。〔ライトによる義認の〕もっと長い定義を引用します。

義認を詳しく述べるとすれば、神によってこのように召され、信じた者たちが事実ご自分の民、つまりアブラハムに約束された単一の家族であること、新しい契約の民として罪が赦されていること、すでにメシアとともに死んでよみがえっているので、終わりの時に肉体をもって最終的によみがえることが保証されていることを、神が認め宣言することです。[*13]

これは、義認の最小限の定義とは思えないかもしれません。しかしながら、すでに見たように、義認という神のみわざは、何かを認めるというたぐいのものではなく、むしろ創造に近いものです。義認は、私たちの新しいアイデンティティを神が認めるというより、決定することなのです。[*14]

ライトはこうした見方を拒否します。義認という神のみわざは回心ではないし、私たちが疎外から和解に移る出来事でもない、異邦の民から神により罪が赦された民に変わることでもない、とあくまでも主張して、こう言うのです。「ディカイオーという語は、結局のところ、何かを生じさせたり、何かのあり方を変化させたりする言葉というより、宣言をする言葉、何かが事実であると宣言するものです。[15]」

義認において、神は実際に私たちをご自分との正しい関係に置いてくださる

もしライトが、人の心の内側の働きが義認の内容ではない、という意味で義認は回心を構成するものではないとするだけなら、この点についての意見の相違はないでしょう。そのとおりです。義認は回心における人の心の変化にあるのではありません。しかし、信じる瞬間に罪人と神の関係に生じる変化ではあります。ライトは、『召し』に続いて直ちに起きることを示すのに、パウロは……『義認』という語を用いている[16]」ことに同意しますが、この「起きること」が神の前で私たちが義とされる立場をもたらすことを否定します。義とされる立場が生じていることを宣言するだけなのです。

しかしながら、前述のギャザーコールの言葉と一致する形で、パウロは義認がもたらす効果について語っています。「こうして、私たちは信仰によって義と認められたので、私たちの主イエス・キリストによって、神との平和を持っています」（ローマ五・一）。この箇所の最も自然な意味は、私たちが信じた瞬間に、私たちを義と認めるみわざにおいて神がなさったことには、私たちに神との平和を与える効果があった、ということです。神の義認のみわざは、私たちが神との平和を得ていると単に告知するだけではありません。神の義認のみわざは、私たちが神との平和を得る出来事の本質的な要素なのです。[17] 神との平和を樹立してくださるのです。

ライトは、神の召しが確実に信仰を呼び覚まし、私たちをキリストに結びつけるので、回心における神のみわざに、疎外された状態から和解に移行させるのに欠かせない他のいかなる要素もあり得ない、と私たちに思わせたいのでしょうか。パウロの語るいかなる言葉も、そうした立場をとることを要求していません。それゆ

え私たちは、義認を、神の恵みにあずかる出来事の一部ではなく、単に保証を与えるだけの「二義的な教理」と呼んではならない、と結論することができるでしょう。召し／信仰／義認は、私たちを神の敵意の対象から神に受け入れられる状態へと移す一つの出来事を構成する要素なのです。論理的な順序はありますが、私たちが契約の内に「入った」後でのみ義認が登場するというなら、パウロによる義認の扱いを歪めて伝えることになるでしょう。パウロは義認を、私たちを実際にご自身との正しい関係に置く神のみわざに必須なものとして扱っているのですから。

義認は論争の中心になっているが、福音の中心ではないのか？

ライトは、これまで述べてきたものよりも、もっと直接的な言い方で義認の教理を語ることができます。たとえば、こうです。

私の宗教改革的な召し、聖書の忠実な読者であり解釈者であるようにという召しが、この二百年間多くの著作家たちが関心を向けさせてきた事実、つまりパウロが信仰義認について語るときは常に、ユダヤ人と異邦人が共に一つの神の民となることについても語っている、という事実を真剣に取り上げるよう要請している……と私は気がつきました。このことは私が作り上げたのではなく、神が与えてくださった聖書本文に書かれていることです。私は本文の考察を通して、ある者たち（特にヴレーデとシュヴァイツァーが念頭にあるのですが）が下している結論、つまり義認自体は単に二義的な教理であって、パウロの思想の中心にはなく、特定の論争的な目的のために持ち出されたという結論を、引き出したわけではありません。

むしろ逆です。イエス・キリストの福音を説くことにより、多くの民から成る一つの家族、神がアブラハムに約束された家族、義とされた家族、ただ信仰によって義と宣言され、神の民と宣言された家族、自分たちに代わって、自分たちのために死なれたメシアの死によって罪が赦された家族、イエスの身体の復活をもって始まった新しい創造の最初の実となる家族を創造すること――それがパウロのすべての働きの目的でありゴールでもあったので、また、この働きがまさしくその性質上論争的なものであり、一方では疑い深い異邦人世界に、他方では律法に深く根ざしたユダヤ人世界にもたらされたので、パウロの使徒としての働きそのものが福音の結果についての論争的な解説を含むことや、それ自身、鍵となる論争的な教理である信仰義認がパウロが語るとき話の中心にくることは、当然であり、避け難いことでもありました。*18

ですから、ライトが義認を「二義的な教理」と呼ぶとき、それは「単なる二級の教理」で、重要な関心事ではないという意味ではありません。それは「鍵となる論争的な教理」なのです。それは、この教理が論争を呼ぶ状況で確信を与える教理として鍵となるものですが、それでも、人がどのように救われるかについての福音の宣言としては一義的なものではない、という意味であると思われます。したがって、ライトはこう言っています。

> 「信仰義認」の教理は……（パウロが）コリントの路上で困惑している異教徒に語るメッセージではなかったでしょう。パウロの伝道メッセージの主旨ではなかったのです。信仰義認は、回心者たちが、自分たちは本当に神の民に属しているという確信を持つために、知らなければならないメッセージだったのです。*19

「義認」は、この信仰を共有する人はみなキリストに属し、罪が赦された家族の一員であり……最終的な栄化が保証されていると、神が直ちに発してくださる宣言なのです。[*20]

未来の義認は救いのみわざであり、単なる宣言ではないのではないか？

このように義認を契約の内にあることの宣言と限定することは、現在における神の義認のみわざは、宣言以上のものとなる未来における最終的な義認のみわざの「先取り」であるとするライトの考えを思い起こすと、理解し難いことになります。

たとえ、ディカイオーは「何かを生じさせたり、何かのあり方を変化させたりする言葉というより、宣言をする言葉、何かが事実であると宣言するものです[*21]」とライトが言っても、彼の願いは、神の未来における義認のみわざは「何かが事実である」と宣言する以上のものであることを明らかにすることだと思います。未来の義認は、最終的に救いを実現する出来事なのです。たとえば、ライトはこう言っています。

この宣言、この擁護は、二度なされます。すでに見たように、未来においては、人が聖霊の力で生きた人生の全体を土台として行われます。つまり、パウロが定義し直した意味での「行い」を土台として行われます。そしてパウロの神学の中心付近にあることですが、だれかが福音の招きに信仰の従順をもって応答し、イエスが主であり、神はイエスを死者の中からよみがえらせてくださったと信じるとき、その未来の判決を先取りするものとして、現在の義認が実現します。……そして……最終的な宣言は、ことばというより出来事に、つまりその人が復活のキリストの栄光のからだのようなからだに復活することにおいて、なされるのです……。[22]

この最後の文章は、最後の終末的な義認が、何が事実であるかを宣言するだけではなく、信仰者の救いを完成する出来事であるという事実を強調しています。[23] この出来事なしに最終的な救いはないのです。

悪しき者たち（すなわち、異邦人やユダヤ人の背教者）は最終的にさばかれ、罰せられます。神の忠実な民（すなわち、イスラエル、少なくともまことのイスラエル人）は罪なしとされます。イスラエル人の贖いは、政治的な解放……そして究極的には復活という目に見える具体的な形をとりますが、偉大な法廷での決着、偉大な裁判官の前における偉大な勝利として目撃されるでしょう。[24]

このように、ライトによれば、終わりの日の義認は、この地上の人生で最初に信じて受け取った過去の決定的な義の転嫁（これを私は後で主張します）を、公に確認する行為ではありません。最終的な義認は確認以上のものです。「現在における義認は……未来の無罪判決を先取りするものです。[25]」けれども、まさしくその未来の判決は結果を生み出すものなのです。それは、救いをもたらす働きであって、単なる告知や確認ではありません。

大いなる決着

ライトはこう言います。最終的な義認は神と悪の間で大いなる決着がつけられることです。私たちの永遠の運命がそれにかかっています。神が私たちに無罪判決を下せば、私たちは罰せられることはありません。そうでなければ、罰せられます。神の最終的な法廷が下す決定は、現在の義認の宣言が指し示していたものです。現在における義認は、私たちを契約の民とする行為ではありません。私たちがすでにその中にいると宣言するものです。「パウロにとって義認は、……人がどのように神の民に『加わるか』ではなく、だれかがすでに加わっているという神の宣言に関わるものです。[26]」しかし未来における義認は、悪に対して下す神の大いなる決着のことであり、救いの大いなるみわざです。最終的にだれが救いのうちにいるのか決定するのです。そこで、義認の最終的な意味を問うきわめて重大な問いは、私たちが神の御前で受け入れられる最終的な根拠は何になるのか、ということです。私たちは次章でこの問いに向かいます。

　第5章と第6章の結論は、「信仰義認の教理は、パウロが『福音』によって意味していることではない[27]」、「義認は、人がどのようにキリスト者になるのかということではない[28]」というライトの主張は誤解を招きやすいということです。ライトの思想の泉から湧いてくるたぐいの福音の説教は、おそらく世界的な視野を持つことになるでしょうが、キリストが人の罪をどのように扱ってくださったか、そして恐れおののく心が恵みの福音のうちにどのようにして安らぎを見いだすことができるか、明快に宣言して、罪に満ちた人の心を個人的に扱うことにはなりません。この恵みの福音は生きて働く恵みで、神による義認のみわざがそのすべてというわけではありませんが、義認を含むことは確かです。

注

1　繰り返し言うことになりますが、キリストにおける神の贖いのみわざが宇宙大の広がりを持つことを喜ぶ点では、私はライトと同じです。この点を批判しているわけではありません。第5章の注14、15を参照のこと。

2　Wright, *What Saint Paul Really Said*, p. 132.（邦訳『使徒パウロは何を語ったのか』）

3　Wright, *Paul in Fresh Perspectives*, p. 122.

4　Wright, *What Saint Paul Really Said*, p. 116.（邦訳『使徒パウロは何を語ったのか』）

5　Ibid., p. 125. 傍点は付加。

6　Ibid., p. 119.

7　キリスト教会に、ローマ八・三〇における召命と義認の順序を逆転させる教師がいるなどと聞いたことはありません。この部分のライトの分析が論争を呼ぶことはありません。もちろん、義認は神による有効召命の恵みに（直ちに）続くものです。召命によって信仰が目覚め、信仰を通して私たちは義と認められます。ライトが反対している義認の誤用は、義認と回心を極端に単純化して同じものとみなすことです。そのとおり、この二つは同義語ではありません。そしてライトが説明しているように、信仰を呼び覚ますものとしての神の「召命」は回心にとって重要です（Ｉコリント一・二四）。しかし、それだからといって、信仰に対して神が行う義認が、回心の欠かせない部分ではないとか、人を神の契約の家族の一員とするための神の必須の行為ではない、ということにはなりません。

8　Wright, *Paul in Fresh Perspectives*, pp. 121–122.

9　Wright, "The Shape of Justification."

10　Wright, "The Shape of Justification."

11　Wright, "New Perspectives on Paul," p. 261.

12　前述の第2章を参照。

13　N. T. Wright, "The Letter to the Galatians: Exegesis and Theology," in *Between Two Horizons: Spanning New Testament Studies and Systematic Theology*, ed. J. B. Green and M. Turner（Grand Rapids, MI: Eerdmans, 2000), p. 235.

14　Simon Gathercole, "The Doctrine of Justification in Paul and Beyond," p. 229. 前述の第2章を参照。

15　Wright, "New Perspectives on Paul," p. 258.

16　Wright, *Paul in Fresh Perspectives*, pp. 121-122.

17　正直なところ、前述のライトの説明（"New Perspectives on Paul," p. 258）が、"The Letter to Romans," p. 515で注解している「義認によって神との平和が与えられ、神の愛に満ちた顧みを得ることになる」という言葉と、どう両立できるのか、私には分かりません。ライトは、一方では、神の「召命」は神の「愛に満ちた顧み」の明快な行為であって、それゆえ私たちは神による召し／信仰という出来事において、神の顧みによりすでに神の家族の一員と「されている」のであり、それに義認と呼ばれる、神に受け入れられているという確信を抱かせる宣言が続く、と論じていると思われます。しかし他方、「義認によって……神の愛に満ちた顧みを得ることになる」（傍点は付加）と言っているように聞こえます。前者では、義認は何も生じさせず、ただ宣言するだけだ、と言っているように聞こえ、後者では、義認は何かを生じさせる、と言っているように聞こえるのです。

18　Wright, "Paul in Fresh Perspectives: Lecture 1."

19　Wright, *What Saint Paul Really Said*, p. 94.（邦訳『使徒パウロは何を語ったのか』）私が思うにパウロは、異教徒を信仰に導くために語ることと、その後に信仰によって安全な立場を得たことを確信させるために語ることとの間に、ライトがするような線引きをしていなかったでしょう。人が福音を良い知らせとして聞くために詳しく聞かなければならないのは、神の前で安全な立場にいることができるという希望です。「もしあなたが信じるなら、これこれのものがあなたのものになります」というのが、福音が未信者に語りかける語り方です。ここでライトが述べていることに合致しないパウロの説教の例が、前述の第5章にあります。

20　Wright, "The Shape of Justification."

21　Wright, "New Perspectives on Paul," p. 258.
22　Ibid., p. 260. 最後の傍点は付加。
23　厳密に言うと、ライトは最初と最後の義認のみわざの宣言的性格における並行性を保とうとしています。けれどもライトが、第二の宣言は出来事、特に復活という出来事を手段とする宣言であると語るとき、単なる宣言ではなく、もっと深淵なもの――何と言うべきでしょうか――形而上学的で、全体的で、救いをもたらし完成する義認の次元を導入しているのです。
24　Wright, *What Saint Paul Really Said*, pp. 33-34.（邦訳『使徒パウロは何を語ったのか』）
25　Wright, "The Shape of Justification."
26　Wright, "New Perspectives on Paul," p. 261.
27　Wright, *What Saint Paul Really Said*, p. 132.（邦訳『使徒パウロは何を語ったのか』）
28　Ibid., p. 125.

第7章　義認において私たちの働きが占める位置

義認に関するライトの見解をこれまで見てきたように理解すると、現在において、また終末において、義認の土台、あるいは根拠は何かという新たな問いが私たちに生じます。直ちに気をつけなければならないのは、土台という語が問題となることです。これから見るように、ライトによるこの語の使い方は厳密ではありません。その難しさにすぐ直面することになります。けれども、あえて私たちはこの問題に暫定的に答え、次に話が進むにしたがって必要なニュアンスを持ち込むことにしましょう。さて、土台についてのライトの答えはこんなふうになるでしょう。未来における最終的な法廷の場で、裁判官である神は、私たちが行ったわざ――私たちが送った人生――を土台として、無罪を宣告することになるが、現在においては、イエスを信じる私たちの信仰を土台としてその判決を先取りし、その判決がすでに正しいと宣言してくださる、といった具合です。[*1]

ローマ人への手紙の中で、義認についての最初の言及は、行いによる義認です。これは明らかにパウロが意図的に書いていることです（二・一三、「律法を聞く者が神の前に正しいのではなく、律法を行う者が義と認められるからです」）。この箇所を正しく理解する方法は、パウロが最終的な義認について語っていると見ることだと思います。……要は、だれが終わりの日に正しい者と認められ、復活にあずかり、契約の民であることが明らかにされるのかということです。多くのキリスト者でないユダヤ人も同意したと思いますが、パウロの答えは、終わりの日に正しい者と認められるのは、神がご自身の律法、トーラーをその心と生活に書き記した人々だ、ということです。手紙の後の方でパウロが明確にしているとおり、このプロセスはトーラーだけでは進められません。神はキリストにあって、また御霊によって、トーラーが望みながら、果たせなかったことを成し遂げました〔ライトは暗にローマ八・三〜四に言及しています[*2]〕。

言い換えれば、パウロは、すべての人が最後のさばき（法廷）に立ち、そこで行いによって「正しい者と認められ、復活にあずかり、契約の民であることが明らかにされる」、つまり義とされると信じています。パウロが「行いによって」と言うとき、その意味は律法主義や、功績や自分が獲得するものによるものではなく、信じる私たちの生活に聖霊が生み出す従順による、ということです。ライトはローマ人への手紙八章三〜四節を二章一三節にある「律法を行う者が義と認められる」の説明と見ています。「律法を行う者」は、八章三〜四節に描かれているクリスチャンのことなのです。

肉によって弱くなったため、律法にできなくなったことを、神はしてくださいました。神はご自分の御子を、罪深い肉と同じような形で、罪のきよめのために遣わし、肉において罪を処罰されたのです。それは、肉に従わず御霊に従って歩む私たちのうちに、律法の要求が満たされるためなのです。

「律法を行う者」とはクリスチャンのことか？

ライトによれば、「律法を行う者」とは「御霊に従って歩む」者たちのことであり、そのようにして「律法の要求」する義を満たす者たちのことです。それが可能になるのは、神がイエスの肉において罪を処罰されたからです。[*3] したがって、未来における最終的で完全な救いとともに実現する義認、現在においては先取りするという形で与えられる義認は、私たちが聖霊の力によって生きる従順な人生を土台として与えられることになります。

聖霊は、パウロが現在における信仰義認から未来におけるその人が生きた人生全体による義認へと進む際にたどる道です。ローマ人への手紙二章一～一六節において詳述されている行いによるさばきと、なぜ「メシア・イエスにある者たちが罪に定められることは決して」ないのかを説明するローマ人への手紙八章の壮大な描写の両側面から見ないかぎり、ローマ人への手紙三、四章における信仰義認を理解できません。[*4]

明らかにローマ人への手紙二章一三節は、ライトの義認理解にとって途方もなく重要な意味を持っています。パウロが記す救いの計画の決め手となる言葉として、ライトはこの箇所に何度も戻って行くからです。そこで、この箇所の文脈を詳しく検討し、パウロが何を言っているのか見ていくとよいでしょう。

ローマ人への手紙二章一三節の文脈

パウロはローマ人への手紙二章一～五節において、高い道徳的基準を持った当時の人々、とりわけ彼自身の同胞（ユダヤ人）の多くが、偽善の罪を犯していると指摘しています。彼らは（一・一八以下に挙げられているような）不道徳な異邦人を非難しますが、彼らも同じことを行っているので、非難することで自分たち自身を訴えていることになると、パウロは言います。

それからパウロは六～一〇節で、ユダヤ人と異邦人に対するさばきは、「行いに応じて」（κατὰ τὰ ἔργα αὐτοῦ）下されるのであって、彼らの民族的、宗教的優越性によるのではないと説明します。永遠のいのちを受けるか否かは、ユダヤ人も異邦人も同じ条件で決まるのです。行いが最後の審判において実際にどのような役割を果たすのか、パウロは明確にしていません。理論的には次の可能性があります。⑴行いが功績と認められて土台となる。⑵行いは聖霊が結ぶ信仰の実として土台となる。⑶行いは土台ではなく、罪の負債をすべて帳消しにしてくださったキリストを信じる信仰があることの証拠また確証である。⑷⑶の可能性を発展させて、私たちがキリストにあって、キリストの義により義とされる、そのような方としてキリストを信じる信仰の証拠また確証が行いであるという可能性もある。この箇所でパウロは、こうした四つの可能性のどれが正しいのか決着をつけてはいません。ここでパウロが言っているのは、ユダヤ人も異邦人も、民族的な違いに関わりなく、永遠のいのちか怒りか、いずれかに定められるということです。

一一節でパウロは、一連の議論の根底にある神についての信念、真理を語ります。「神にはえこひいきがないからです。」ですから神は、ユダヤ人と異邦人を彼らの外見や状況、文化的、宗教的優越性によってさばかず、もっと本質的なことによってさばくのです。これが神に関する根本的な事柄です。神は公平なお方なのです。

けれども、それに対する反論があり、答えなければなりません。そこでパウロは議論を次の段階に進めます。反論はこのようなものです。パウロよ、神はすべての人をその行いによってさばくことになるから、神は公平なのだ、とあなたは言う。けれども実のところ、神はユダヤ人にだけモーセの律法を与えた。だから、ユダヤ人は神がどんな行いを要求しているのか知ることができ、残りの世界は知ることができない。そこで、何を行うべきかを神が教えたのが一つの民族集団だけであるなら、行いによってさばく神が公平であるとどうして言えるのか。

これに対するパウロの答えの第一部が一二節にあります。神が公平であると分かる理由は、「律法なしに罪を犯した者（旧約聖書にあるモーセの律法を持っていない諸国民で罪を犯した者）はみな、律法なしに滅び、律法の下にあって罪を犯した者（モーセの律法を持っているユダヤ人で罪を犯した者）はみな、律法によってさばかれ」るからです。ここに反論への直接的な答えがあることが、私たちには分かります。やがて説明責任が問われる律法を知る機会が、同じように与えられているわけではない！　要するに、モーセの律法を知る機会がないまま罪を犯した人に有罪判決を下すのに、モーセ律法が持ち出されるわけではないのです。モーセの律法を知ることができた者たちをさばく場合にだけ、この律法は用いられるのです。

モーセの律法をまったく聞いたことがない人が滅びる場合、律法をまったく聞いたことがなかったからではありません。モーセの律法を聞いていないことが、だれかを有罪とするのではありません。また律法を聞いていることがだれかを救うのではありません。このことをパウロは、次の一三節で語っています。「なぜなら、律法を聞く者が神の前に正しいのではなく、律法を行う者が義と認められるからです。」言い換えれば、モーセの道徳律法を知る機会があり、聞いていることで、最後の審判の際、優遇されるわけではないのです。さばきにおける質問は、あなたは律法をどれほど聞きましたか、ではありません。質問は、あなたはそれを実行しましたか、なのです。

異邦人は律法の命じる行いが心に書き記されている

「律法を行う者が義と認められる」ということの意味について解説する前に、この段落におけるパウロの議論を最後までたどっておきましょう。一三節でパウロが述べたことに続いて、直ちに新しい反対論が現れます。だれかがこう言うのです。「律法を持たないため読むことも従うこともできないなら、どうやって律法の要求を実行することができるだろう。パウロよ、あなたは重要なのは行うことであって聞くことではないと言うが、それでも律法を持っている者たちが有利だ。自分たちが何をしなければならないか、知っているからだ。」

一四～一五節が、この反対論に対するパウロの答えです。「律法を持たない異邦人が、生まれつきのままで律法の命じることを行う場合は、律法を持たなくても、彼ら自身が自分に対する律法なのです。彼らは、律法の命じる行いが自分の心に記されていることを示しています。彼らの良心も証ししていて、彼らの心の思いは互いに責め合ったり、また弁明し合ったりさえするのです。」これが「もし神の要求する行いについて文書化された記録をユダヤ人は持っていて、異邦人は持っていないとすれば、私たちの行いによってさばく神はどうして公平であり得るのか」という問いに対するパウロの回答です。異邦人は実に律法を持っているというのが、パウロの答えです。神の道徳律法が要求する行い（「律法の命じる行い」一五節）が、彼らの心に記されているのです。すなわち、一四節にあるように「彼ら自身が自分に対する律法」なのです。それからパウロは一五節後半で、その証拠に、世界中のあらゆる種類の人々の道徳的ふるまいが、神によって与えられた正しい道徳的義務の多くを彼らが意識していることを示しているし、また、彼らの良心が、自らが絶え間なく生み出す自己弁護と自己非難のせめぎ合いをもって確証している、と語るのです。

律法の命じる行いが心に記されている異邦人とはだれか？

今日、Ｎ・Ｔ・ライト[*5]も含めて多くの者が、一四～一五節の「律法の命じる行いが自分の心に記されている」異邦人は、エレミヤ書三一章三三節にある新しい契約の約束の成就を経験している異邦人クリスチャンであると理解しています。私は、この問題をめぐる双方の議論の、トム・シュライナーによる注意深い分析に注目せずにはいられません。シュライナーは、ここで言われている異邦人がクリスチャンのことではなく、どのような特別啓示とも無縁の異教徒のことであれば、思想の流れは最も自然なものとなる、と指摘しています。一四節の主要な文章、「彼ら自身が自分に対する律法なのです」がこの箇所に欠かせないのはそのためであるし、しかも、もしこの異邦人がクリスチャンのことであるならば、この文章は実に場違いとなります。信者が「自分に対する律法」であると言うのは、大変奇妙なことでしょう。

そのうえパウロは、エレミヤ書三一章三三節のように、これらの異邦人が「律法を……心に……書き記」されているとは言っていません。パウロが言っているのは「律法の命じる行い（τὸ ἔργον τοῦ νόμου）が自分の心に記されている」（一五節）です。これはエレミヤ書三一章の表現と違いますが、異教徒の異邦人の心にあるものはモーセの律法そのものではなく、むしろ、律法が要求するたぐいの「行い」を実行しようとする衝動であるという論点にぴったり合います。

最後に、一五節で記されているような良心の機能は、もしそれが「律法を行う者」である信者について言われているなら奇妙な書き方をしていることになる、とシュライナーは指摘しています。「彼らの良心も証ししていて、彼らの心の思いは互いに責め合ったり、また弁明し合ったりさえするのです。」この文章についてシュライナーはこうコメントしています。「これを救いに至る服従と考えることは、この文章からはできません。『責める』という思想が顕著であることを、本文が強調しているからです。……実際、ἀπολογουμένων（弁明する）の前にある ἢ καί（さえ）という語句は、弁明するという思想が比較的まれであること、あるいは少なくともいつもあるというより例外的であることを暗に示しています。したがって、一四節で言われている律法の実行は、律法をいつも一貫して守っていることとして理解すべきではありません。」[*6]

断片を繋げる

そこで今、一一節以下の思想の流れ全体を自分たちの前に広げてみることにしましょう。最初にパウロは「神にはえこひいきがない」と語っています。それから、このことを擁護するために一二節で、神は人々がそれぞれ知り得る真理の基準にどう応答したかによってこの世界をさばくことになる、と語ります。そして、ユダヤ人の場合、律法をただ聞くだけではさばきの日に有利とはならないし、聞いていないことが異邦人にとって不利益とはならない、なぜなら聞くことではなく行うことが問われているからだ、と説明します（一三節）。そうして、律法はモーセの律法を持っていない人々にも事実上提供されている、なぜなら神は律法の要求することを心に記し、律法の道徳的知識に目覚めさせる良心を私たちの心に与えておられるからだ、と説明するのです（一四～一五節）。

こうした点を、パウロはすでにローマ人への手紙一章三二節（「彼らは、そのような行いをする者たちが死に値するという神の定めを知りながら」）、一章二六節（「女たちは自然な関係を自然に反するものに替え」）、一章二一節（「彼らは神を知っていながら」）で述べています。すべての人が真理を知りながら拒んでいますから（ローマ一・一八）、こうした指摘はすべて、人がみな神の前に明らかに有罪であり、有罪とされるにふさわしいことを強調するためです。知らされている真理にそって生きる者はだれもいませんし、自分の良心の要求にそって生きることさえできません。それでも、神に対する説明責任がすべての人にあり、さばきの日に弁解の余地はありません。すべてのユダヤ人、すべての異邦人が神に対する説明責任を問われ、罪の力に屈した者として神の御前に罪ある者とされるのです。

行いによる義認？

さて、そういうわけで、パウロが「律法を聞く者が神の前に正しいのではなく、律法を行う者が義と認められるからです」と語っている二章一三節について私たちがコメントする条件が整いました。繰り返しになりますが、六〜一一節で見たように、「律法を行う者」であることがどのように機能して終わりの日に義と認められるのか、パウロは語っていません。少なくとも、すでに述べたような四つの説明が可能ですが、そこにもう一つ加えることができます。律法を行うことは、(1) 功績と認められて義認の土台となりうる、(2) 聖霊が結ぶ信仰の実として義認の土台となりうる、(3) 義認の土台ではないが、すべての罪の負債を帳消しにしてくださったキリストという別の土台を信じる信仰の証拠また確証となりうる、あるいはこの(3)の可能性を発展させ赦しを超えて、(4) 赦しだけでなく、神の義も私たちのものとしてくださる方としてキリストを信じる信仰の証拠また確証となりうる、という四つの可能性があります。これらに加えて、(5) パウロは自分が認めてはいるが、罪深い人間に実現することは決してないと信じている原則を語っている可能性もあります。ジョン・ストットはそう理解し、こう語っています。「これは、もちろん、理論上の、あるいは仮説的な言明です。律法に完全に従うことのできる人間はいないからです（三・二〇を参照）。[*7]」

人は「行いによって」義と認められると、一三節で言われてはいません。パウロは、普通「行いを土台として（on the basis of works）」という英語の意味するところとほぼ同じであると思われる ἐξ ἔργων（「行いから」）という句を、「行いに応じて」（κατὰ τὰ ἔργα αὐτοῦ）という句に対立するものとして用いてはいません。[*8] パウロの理解は明らかです。「人はだれも、律法を行うことによっては神の前に義と認められないからです。律法を通して生じるのは罪の意識です」（ローマ三・二〇）[*9]。パウロはむしろ、「人は律法の行いとは関わりなく、信仰によって義と認められると、私たちは考えているからです」（二八節）と言っています。このことからすれば、「律法を行う者が義と認められるからです」（二・一三）という言明は、単に、異邦人は「聞くこと」もできないではないかという反論を除くために、聞くことに対抗して行うことの大切さを述べているだけでしょうか。

　すでに見てきたローマ人への手紙二章六〜一六節の議論の流れが求めていることからすると、この言明を無理やり押し進めて、行いによる義認を擁護することにまで発展させることができるかどうか疑わしい、と思います。この文脈でパウロが述べていることは、どのように行いが義認に関係するかということより、むしろ、（さばきの時に問題となるのは聞くことではなく行うことである、という）原則です。まして、キリストの行いが私たちの行いの欠けを補うかどうかといったことは語っていません。この一三節はそうした重い意味を持つものとして書かれていません。しかしながら、この節から、クリスチャンの従順は義と認められることとどのように関わるのか、という問いが生じ、それには答えなければなりません。

義認との関係で行いを私はどう見ているか

　ここで私の考えをはっきりと述べておきましょう。最終的に救われるすべての者にとって、信仰を通し聖霊の力によって変革されたイエスに従う人生が、終わりの日にその信仰が公に確認される証拠として必要であると私は信じています。言い換えれば、神が「一人ひとり、その人の行い（τὰ ἔργα αὐτοῦ）に応じて報いられます。忍耐をもって善を行い、栄光と誉れと朽ちないものを求める者には、永遠のいのちを与え」るということが（ローマ二・六〜七）、単に仮定として正しいだけでなく、事実として正しいと私は信じています。私は、「に応じて」（κατά）という言葉が「土台として」とは異なる意味であると理解しています。行いとは別に信仰による義認を教えるパウロの教えの様々な要素（ローマ三・二八、四・四〜六、一一・六、エペソ二・八）をまとめる最善の方法は、従順の必要性を、私たちの義認の土台の一部として理解することではなく、ご自身の血と義を私たちの義認の唯一の土台としてくださったキリストを私たちが信じる、その信仰の証拠また確認として厳密に理解することだと思います。まさにこうした服従を土台とすることなく信仰のみによって義と認められながら、従順が求められるのはどうしてなのか。このことは過去三十年間、私の説教と著作の主要なテーマの一つでした。[*10]

沈黙の謀議？

改革派の牧師や学者たちは義認と行いの関係に十分な関心を払わなかった、とライトは考えています。二〇〇三年に開催されたエディンバラ教義学会議で講演した際、ライトは当時以下の様なことがあったと思われると語りました。

パウロにとって（イエスにとってそうであったのと同様に）実に明白であったあることについて、沈黙する重大な謀議があったと思われます。パウロは、第二神殿時代のユダヤ教の主流に属する者たちと同様に、神による最後の審判は人が過ごした人生の全体に応じて、言い換えれば、行いに応じて行われると主張しています。この点をパウロは、ローマ人への手紙一四章一〇〜一二節とコリント人への手紙第二、五章一〇節で疑う余地のないほど明確に語っています。コリント人への手紙第一、三章では、教会を建て上げる者たちについて、恐れを覚えるような箇所で断言しています。けれども、問題となる主要な箇所は、もちろんローマ人への手紙二章一～一六節です。[*11]

エディンバラで沈黙の謀議があったかは別にして、宗教改革者たちの聖書理解の歴史において、あるいは宗教改革の諸信条において、沈黙の謀議がなかったことは確かです。行いをめぐる考察は続けられ、詳細に検討されました。最新の注意を払って、しばしば考察は深められていきました。こうした考察や釈義の果実は、諸信条のうちに見いだされます。

1　アウグスブルク信仰告白

歴史的なルター派のアウグスブルク信仰告白は、フィリップ・メランヒトン（一四九七～一五六〇年）によって執筆され、マルティン・ルターによって承認され、一五三〇年にドイツのプロテスタントからカール五世に献呈されました。この告白では、義と認められる信仰とそれに続く従順の生活との関係を以下のように説明しています。

第四条（私たちの諸教会は一致して）こう教える。人は自らの力、功績、行いによっては神の前に義と認められることはできない。むしろ……信じるとき、信仰によって、キリストのゆえに、価なしに義と認められるのである。

第六条　また、私たちの諸教会はこう教える。この信仰は必ず良い実を結ぶものであり、また神に命じられた良い行いを行うはずである。それが神の御旨であるからであって、自分たちの行いによって神の前に義と認められるに値すると確信するからではない。

このように、アウグスブルク信仰告白は簡潔に、義とされる信仰は「必ず良い実を結ぶ」と語っています。しかし第二〇条では、この関係をさらに掘り下げて説明しています。

第二〇条　信仰によって聖霊を受けるので、私たちの心は今や新しくされ、新しい思いをまとい、そうして良い行いを生み出すことができる。アンブロシウスも言っている、「信仰は良い意志と良い行為の生みの親である」と。……このゆえに、この（信仰のみによって義と認められるという）教理は、良い行いを禁じるものとして非難されるべきではなく、どのようにして良い行いをすべきかを教えるものとして、むしろ大いに称賛されるべきであると、だれにでも分かるであろう。なぜなら、信仰なしには、信仰なしには人間の本性は、十戒の前半も後半も決して実行することができないからである。信仰なしには、神を求めることができず、神に希望を抱くことができず、十字架を負うことができず、人からの助けを求め、人の助けに信頼するだけである。したがって、神に対する信仰と信頼がないかぎり、あらゆる肉の思いと人間的な考えが心を支配することになる。[*12]

信仰義認の教理は、「どのようにして（どのような方法で）良い行いをすべきかを教えるもの」です。アウグスブルク信仰告白が、良い行いを義とする信仰と並んで存在すると言うだけでは満足せず、良い行いがその信仰から生じることも言おうとしていることが、この言葉から分かると思います。「信仰は……良い行為の生みの親である。」「あらゆる肉の思いと人間的な考え」の力が、この信仰が存在するところでは打ち砕かれるのです。

2　スイス信条

第一スイス信条は、スイスの神学者たち（ハインリヒ・ブリンガー、シモン・グリナエウス、オズワルド・ミコニウス等）によって一五三六年にスイスのバーゼルで作成されました。この信条は、宗教改革の時代におけるスイスのすべての州の信仰を代弁するものです。一三条には「キリストの恵みと功績はどのようにして私たちに与えられ、どのような実を結ばせるのか」という題がつけられ、こう書かれています。「私たちは、神の恵みによる偉大で尊いわざと聖霊による真の聖潔に、自分たちの功績や力によらず、神の純粋な好意によって贈られた信仰によって、達するのである。」次いで一四条は、この信仰と行いとの関係をこのように説明しています。

この同じ信仰は、人が神から期待するすべての事柄の確実で堅固な、然り、疑う余地のない基盤であり、それを把握することである。信仰から愛が成長して実を結び、この愛によってあらゆる種類の徳と良い行いが生じる。そして、敬虔なる者と信じる者がそうした信仰の実を実践するとはいえ、我らはその敬虔や救いの達成を自分たちのわざに帰することなく、神の恵みに帰するのである。この信仰は、たとえ数えきれないほど良い行いを実践しても、自らの行いにではなく、神のあわれみに慰めを得る。このような信仰が神に喜ばれる真の礼拝である。[*13]

このようにスイス信条は、愛が信仰から成長してすべての徳を生み出すと断言しています。信仰は、単に従順という果実に並行して存在しているだけでなく、それ自体「数えきれないほど良い行いを実践する」ものなのです。

3　英国国教会三十九箇条

英国国教会の宗教に関する三十九箇条は、国教会内の改革主義信仰の表明として一五七一年に公表されました。そこでの義認と良い行いに関する教えは、すがすがしいほどに単純明快です。

私たちが神の前に義とみなされるのは、私たちの主であり救い主であるイエス・キリストの功績のゆえに、ただ信仰によるのであって、私たち自身の行いや価値によるのではない。それゆえ、私たちが信仰のみによって義とされるというのは、最も健全な教理であり、慰めに満ち満ちている。……良い行いは、信仰の実であり、義認の後に生まれるものであるが、私たちの罪を除き去ることはできないし、神のさばきの厳しさに耐えうるものでもない。にもかかわらず、良い行いは、キリストにあって神に喜ばれ、受け入れられ、真の生きた信仰から必然的に湧き出るものである。木がその実によって知られるように、生きた信仰は良い行いによって明らかに知られるからである。[*14]

神に従う生活は、真の生きた信仰から「必然的に湧き出る」ものです。良い行いは「信仰の実」です。義認をもたらす信仰は、単に良い行いに並行して存在しているだけでなく、良い行いを生み出すために神の恵みによって用いられる機関でもあります。こうして、良い行いは信仰が真正であることを証明するものなのです。

4　ウェストミンスター信仰告白

おそらく改革主義の信仰告白として最もよく知られているのは、一六四七年に英国で公にされたウェストミンスター信仰告白でしょう。その一一章にこうあります。

> (1) 神は、有効に召した人々を、また価なしに義とされる。それは、彼らに義を注入することによってではなく、彼らの罪を赦し、かつその人格を義なるものとして認め受け入れることによってである。また、彼らの中で、あるいは彼らによってなされる何かのゆえではなく、ただキリストのゆえによる。……(2) このようにキリストとその義を受け、これに拠り頼む信仰が、義認の唯一の手段である。しかも信仰は義とされた人物の中にそれのみで存在していることはなく、常にすべて他の救いの恵みを伴っている。信仰は死んだ信仰でなく、愛によって働く。[15]

ウェストミンスター信仰告白はこのように明快に、「義認の唯一の手段である」信仰が「愛によって働く」ことをもすると宣言しています。そして、義とする信仰はまた聖とする信仰でもあると断言します。それは「愛によって働く」のです。「愛によって働く」という表現がガラテヤ人への手紙五章六節（「キリスト・イエスにあって大事なのは、割礼を受ける受けないではなく、愛によって働く信仰なのです」）の引用であることを、この信仰告白は脚注で明らかにしています。こうして、義とする信仰と愛をもって神に従う生活の間に不可欠な繋がりがあることを明確にしているのです。人を義とする信仰は「常にすべて他の救いの恵みを伴っている。信仰は死んだ信仰でなく、愛によって働く」と言うのです。常に、という語から、義とされた聖徒の人生が、愛の生活のうちに恵みが働くことなしに維持されることはあり得ない、ということが分かります。[16]

こうしたことのゆえに、道徳的な変革が（特に愛の実が）最終的な救いに欠かせないとしているイエス、パウロ、ヤコブ、そしてヘブル人への手紙の著者、ペテロ、ヨハネのことばを[17]、宗教改革の伝統は擁護することができました。しかも、N・T・ライトと違い、宗教改革者たちは、一方にある、唯一私たちをキリストに結びつけて義とする信仰の欠かせない証拠としての行いを、他方にある義認の土台としての行いから明確に区別しようと、注意を払ってきたのです[18]。

私は、宗教改革の諸信条を、聖書と同等の権威があるものとして扱おうとしているのではありません。過去に教えられてきたことが、未来に教えるべきことを決定するわけではありません。正しく理解された聖書だけが、引き続きこうした事柄における唯一の誤りない権威です。しかし私が主張したいのは、義認を行いと関連させている聖書の本文は釈義的にも神学的にも厳密に扱われてこなかったという印象をライトが与えるなら、それは誤解を招くということです。実際、私が見たところでは、「人が生きた人生全体によって」あるいは「行いによって」得られる義認に対するライト自身の言及は、宗教改革による釈義の歴史と比べて理解が浅いと思われます。

未来の義認と行いに関するガフィンの見解

二〇〇五年一月、義認に関する諸問題を扱うためにルイジアナ州モンローで開かれた牧会者カンファレンスに、ライトはリチャード・ガフィンや他の者たちとともに参加しました。このカンファレンスでガフィンは、未来における義認の土台に関してライトとは異なる方向で、優れた釈義を発表しました。その後にガフィンはこの講演を『見えるものによらず、信仰によって……パウロと救いの順序』というタイトルで出版しました。ライトの見解に触れつつ論じたうえで、次のような結論に到達したのです。

クリスチャンにとって、行いに応じた未来の義認は、すでに信仰によって義と認められていることと別の原理によって行われるものではありません。違いは何かといえば、最後の審判は、現在得ている義認を公に表明するものだということです。……その未来のさばきにおいて、クリスチャンの従順や行いが土台や根拠となるわけではありません。神の承認を得るのに、信仰の不足を補うものとして、行いが（信仰と同等の）手段であったり、対等の手段となったりするわけではありません。行いはむしろ、信仰があることを示すきわめて重要で明確な判断基準なのです。「真の生きた信仰に欠かせない実であり、証拠」なのです。[19]

『見えるものによらず、信仰によって』におけるガフィンの釈義的努力、そのほか多くの学者たちの入念な研究、そして聖書を理解しようとする私自身の努力などを通して、これが、最後の審判において行いが果たす役割に関する真に聖書的な理解であると、私は納得しています。

ライトとガフィン（と私）はみな、（新約聖書の他の執筆者たちももちろんですが）使徒パウロの考えに一致して、真の倫理的な従順の重要性を十分かつ適切に強調したいと願っているので、かなり重なり合う部分があります。「私たちが今生きている人生は最後の審判には無関係だ、と言うことによって信仰義認を下支えしようとすることは、パウロ的ではないし、牧会的でもないし、究極的には神ご自身を辱めることになる[20]」とライトが語るとき、私はためらうことなく賛成します。この点で私たちは一致しているのです。けれども、ライトが最後のさばきにおける行いの役割を説明する時に、「土台」という言葉で言おうとしていることについて慎重な検討を進めるとき、はたしてどこまで一致し続けることができるでしょうか。その点にこれから向かいましょう。

注

1 ライトはその著作において、現在における義認は信仰のみによると断言しています。けれども彼の言葉が明快なものだとは思えません。その理由は、ライトが信仰を「忠実さ」、また時には「従順」として語っているからです。その結果、ライトが「信仰のみ」を通常の意味で言おうとしているかどうか不確かに思えるのです。この点は後で扱うことにします。第8章の「なおいっそう曖昧な信仰のみ」を参照。

2 Wright, *What Saint Paul Really Said*, pp. 126-127.（邦訳『使徒パウロは何を語ったのか』）

3 ライトはローマ八・一の「律法の要求」（τὸ δικαίωμα τοῦ νόμου）は「それらを行うなら、それらによって生きる」という神の義の命令〔訳注＝レビ一八・五等〕への言及であるととっています。「律法ができなくなったことを神がしてくださったとパウロが説明している主文は、次のように理解しなければなりません。神はイエスの肉において罪を処罰してくださった。それで律法が提供したいのちは、御霊に導かれる人々に正しくも与えられることが可能になりました、と。」Wright, *The Letter to the Romans*, pp. 577-578.

4 Wright, Wright, *Paul in Fresh Perspectives*, p. 148. 傍点は付加。

5 Wright, *The letter to the Romans*, pp. 441-442.

6 Thomas Schreiner, *Romans*, Baker Exegetical Commentary on the New Testament (Grand Rapids, MI: Baker, 1998), p. 124. 賛否両論が pp. 119-125 のセクション全体で扱われている。

7 John Stott, *Romans: God's Good News for the World* (Downers Grove, IL: InterVarsity Press, 1994), p. 86.
ダグラス・ムーはこう記しています。

> ここで（七〜一〇節のように）再び疑問が生じます。律法を行うことによってさばきの時に無罪とみなされる人々として、パウロはだれを想定しているのでしょうか。……したがって七〜一〇節と同様に、パウロはここで単に、人を義と認めて無罪判決を下すことになる基準を打ち出しているだけだ、と解するのがよい

でしょう。この節は、一二節後半でユダヤ人が糾弾されている理由を確定し、説明しています。それによって分かるのは、人がどのようにして義と認められるのかを示すのが目的ではなく、人が義と認められるために満たされなければならない基準を教えるのが目的だということです。この章全体を通してしているように、パウロは典型的なユダヤ人の教えを「福音に向けての備え」として役立てているのです。ユダヤ人は、すでに神との契約関係にあるので、律法を「行うこと」が、あるいはおそらく行おうと意図することが、最終的な救いに自分たちを導くと信じていました。パウロは、律法を行うことが救いにつながるという原則を承認しています。しかし、(1)律法を「行う」ことのできる者がいるということと、(2)ユダヤ人は、律法を守れない失敗の結果から身を守るのに、神との契約関係に依存できるということを、パウロは否定しています。

(Moo, *Romans*, NICNT〔Grand Rapids, MI: Eerdmans, 1996〕, pp. 147–148.)

8　パウロにおいて、ἐξ ἔργων という句が義認と結びついているときはいつでも、義認はこのように生じることはないという意味です。ローマ三・二〇、九・一一、三二、一一・六、ガラテヤ二・一六、三・二、五、一九、エペソ二・九、テトス三・五。マタイ一二・三七とヤコブ二・二一、二四〜二五では、「自分のことばによって」(ἐκ τῶν λόγων σου) あるいは「行いによって」(ἐξ ἔργων) 義と認められると言われています。文脈上の他の要因を考慮すると、これらの箇所でのイエスやヤコブのことばは、私たちの義認が私たちの義であるキリストを「土台としている」というのと同じ意味で私たちの行いを「土台としている」と語ってはいない、と思います。それはむしろ、私たちの行いがイエスを信じている信仰の確証となるので、イエスは私たちが神に受け入れられていることの唯一の土台であり続けてくださるのです。すなわち、イエスの死のみが私たちの罪を覆い、イエスの義のみが、神が私たちに要求する従順のすべてを提供するのです。それは、神が完全に私たちに味方してくださるからです。こうして「行いと関わりなく、神が義とお認めになる」(ローマ四・六)という句で明確に要求されているような完全な義を提供してくださるのです。マタイとヤコブは δικαιόω という語を、パウロとはまったく違った仕方で用いていると思われます（マタイ二二・一四、ローマ八・三〇で、マタイとパウロが καλέω を異なった意味で用いているのと同じです）。ですから、「行いによって」という句も、ヤコブとマタイはパウロとは違った意味で用いているのでしょう。パウロは現在の義認であれ将来のさばきであれ、この句を用いることは絶対にしないのに対して、ヤコブとマタイは、概念的にパウロと異なっていないにしても、パウロなら（概念的には）何かの考えを表現する際に決して用いない句を用いています。私は ἐξ ἔργων と κατὰ τὰ ἔργα という二つの句に、固有の定まった用い方があると言っているわけではありません。後者には時に「を土台として」の意味がありますが、常にそうだというわけではありません。したがって、義認に対する行いの役割をパウロがどう考えるかについては、語句そのものだけでなく、より広く、この使徒の教えを考慮して結論を下さなければなりません。

9　「『律法を行う者』とは『律法の行いを実行する』者のことで、それ以上でもそれ以下でもありません。『律法の行い』は人を義とすることができない、とパウロは主張しています（ローマ三・二〇、二八参照）」というダグラス・ムーの説明は正しいと思います。Moo, *Romans*, p. 147.

10　この問題について私が最も詳細に扱っているものとしては、*The Purifying Power of Living by Faith in Future Grace* (Sisters, OR: Multnomah, 1995) を参照。さらに以下のものも参照。"The Pleasure of God in Personal Obedience and Public Justice," in John Piper, *The Pleasures of God* (Sisters, OR: Multnomah, 2000, orig. 1991), pp. 233–257; "Fighting for Joy Like a Justified Sinner," in *When I Don't Desire God: How to Fight for Joy* (Wheaton, IL: Crossway Books, 2004), pp. 71–94; *What Jesus Demands from the World* (Wheaton, IL: Crossway Books, 2006). 特に pp. 174–180, 242–248; "Letter to a Friend Concerning the So-Called Lordship Salvation," http://www.desiringGod.org/ResourceLibrary/Articles/ByDate/1990/1496_Letter_to_a_Friend_Concerning_the_SoCalled_Lordship_Salvation/

11　Wright, "New Perspectives on Paul," p. 253.

12　Philip Schaff, ed., *The Creeds of Christendom* (Grand Rapids, MI: Baker, 1977, 原著 1877), 3:10–11, 24–25 より引用。

13　Ibid., p. 218 より引用。

14　Ibid., p. 494 より引用。

15　Ibid., p. 626 より引用。傍点は付加。

16　その点をロバート・L・ダブニーはこのように述べています。「もしキリストを受け入れるのに十分な生きた信仰なら、その同じ信仰は『愛によって働き』『私たちの心を清める』ことにも十分に生きています。これが、無代価の福音の特質であるので、救いの賜物を受け入れるまさにその信仰が、聖化の働きにおいて、必然的に神の力に満ちた従順の原理となるのです」（傍点は付加）。Robert L. Dabney, "The Moral Effects of a Free Justification," in *Discussions: Evangelical and Theological* (London: Banner of Truth, 1967, 原著 1890), 1:96.

17　マタイ六・一五、「しかし、人を赦さないなら、あなたがたの父もあなたがたの過ちをお赦しになりません」。ヨハネ五・二八～二九、「このことに驚いてはなりません。墓の中にいる者がみな、子の声を聞く時が来るのです。そのとき、善を行った者はよみがえっていのちを受けるために、悪を行った者はよみがえってさばきを受けるために出て来ます」。ローマ八・一三、「もし肉に従って生きるなら、あなたがたは死ぬことになります。しかし、もし御霊によってからだの行いを殺すなら、あなたがたは生きます」。ガラテヤ六・八～九、「自分の肉に蒔く者は、肉から滅びを刈り取り、御霊に蒔く者は、御霊から永遠のいのちを刈り取るのです。失望せずに善を行いましょう。あきらめずに続ければ、時が来て刈り取ることになります」。ヘブル一二・一四、「すべての人との平和を追い求め、また、聖さを追い求めなさい。聖さがなければ、だれも主を見ることができません」。ヤコブ二・一七、「同じように、信仰も行いが伴わないなら、それだけでは死んだものです」。Ｉペテロ三・九、「悪に対して悪を返さず、侮辱に対して侮辱を返さず、逆に祝福しなさい。あなたがたは祝福を受け継ぐために召されたのです」。Iヨハネ一・七、「もし私たちが、神が光の中におられるように、光の中を歩んでいるなら、互いに交わりを持ち、御子イエスの血がすべての罪から私たちをきよめてくださいます」。Iヨハネ二・四、「神を知っていると言いながら、その命令を守っていない人は、偽り者であり、その人のうちに真理はありません」。Iヨハネ三・一四、「私たちは、自分が死からいのちに移ったことを知っています。兄弟を愛しているからです。愛さない者は死のうちにとどまっています」。

18　このようなわけで、義認の教理を古典的に表現し直すなかで、ジェームズ・ブキャナンは、良い行いが信仰と義認に、それぞれどのように関わっているかを考察するよう勧めています。良い行いは信仰の結果です。そして、それ自体、信仰と義認の両方を証明するものです。良い行いが信仰の結果であることは明白です。「信仰から出ていないことは、みな罪です」（ローマ一四・二三）、「信仰がなければ、神に喜ばれることはできません」（ヘブル一一・六）、そして「この命令が目指す目標は、きよい心と健全な良心と偽りのない信仰から生まれる愛です」（Iテモテ一・五）とあるからです。同様に明らかなことは、良い行いが生きた真実な信仰の結果であるので、生きた真実の信仰の証拠でもあることです。「しかし、『ある人には信仰があるが、ほかの人には行いがあります』と言う人がいるでしょう。行いのないあなたの信仰を私に見せてください。私は行いによって、自分の信仰をあなたに見せてあげます」（ヤコブ二・一八）とあるとおりです。さらに、旧約聖書に登場する信仰者たちに帰せられているすべての良い行いをたどると、信仰の働きに到達します（ヘブル一一・四、七、八、二三、三二）。James Buchanan, *The Doctrine of Justification* (Edinburgh: Banner of Truth, 1961, 原著は 1867), p. 357.

19　Richard B. Gaffin, *By Faith, Not By Sight: Paul and the Order of Salvation* (Waynesboro, GA: Paternoster, 2006), p. 98.

20　Wright, "Paul in Different Perspectives: Lecture 1."

第8章　宗教改革の伝統が「転嫁された義」で言おうとしていることをライトは別の言葉で語っているのか？

最終的な義認が「人が聖霊の力で生きた人生の全体を土台として――つまり……『行い』を土台として行われる」[*1]とライトが語るとき、土台という語を、微妙な違いをもたらす神学的厳密さをもって使っていない事実を認識していなければならない、と私は第7章の冒頭で述べました。いずれそのことに直接向かい、ライトが用いる表現の多彩さに敬意を表することを約束しました。ライトが批判されやすいことを示しているようで、そうでないかもしれない、（土台といった）炎上しやすい用語を使っているからといって、私は彼を批判の炎にさらしたくはありません。全体として見ると、義認の最終的な土台に関するライトの立場は曖昧なのです。

ガフィン[*2]と違い、終わりの日の義認の「土台」が行い――私たちの人生の全体――にあると、ライトは繰り返し語っています。[*3]しかしながら、ライトはまた、「行いに応じた」さばきと義認という言い方を、「応じて」と「土台として」という用語を言い換え可能なものとして使っていると思いたくなるような仕方で、用いています。たとえば、ライトはローマ人への手紙二章一三節についてこう言っています。「ここは、ローマ人への手紙において初めて義認について語っている箇所です。そしてなんと驚くべきことに、行いに応じての義認を主張しているのです。[*4]」「パウロは、第二神殿期の主流派のユダヤ教徒とともに、神による最後の審判は、人が送った人生全体に応じて、言い換えれば、行いに応じてなされると主張しています。[*5]」

しかし、ライトは行いを土台とした、あるいは行いに応じての義認を論じるこれらの文脈で、「土台とした」と「応じて」の間にある見事な区別を論じることをしていません。ライトがこの違いを論じていたなら、最終的な義認において行いが実際に果たす役割に関するライトの見解はかなり明快になっていただろうと思います。しかし、来るべきさばきの土台を理解する手がかりを得ようと、ライトが繰り返し言及している箇所、つまりローマ人への手紙一四章一〇～一二節（「私たちはみな、神のさばきの座に立つことになるのです」）の注解に当たると、ライトはこう記しています。

> パウロは、この箇所と、今やキリストにある者が罪に定められることはないと語るローマ人への手紙八章一節が両立できないと考えてはいません。パウロはすでに二章一～一六節において、すべての人がさばかれる日が来ると指摘しています。その日キリストを信じる者は無罪判決を得る保証があるという事実は、コリント人への手紙第一、三章一〇～一七節がよく示しているようなさばきの深刻さを、少しも減じるものではありません。*6

ここで、重大で大切な問題が扱われていません。最後の審判の深刻さを裏づけるものとしてコリント人への手紙第一、三章一〇～一七節（一五節「その人自身は火の中をくぐるようにして助かります」）に言及していることが意味をなしません。熟考を要求している箇所において、パウロは、バプテスマを受け信仰を告白したクリスチャンたちに、最後のさばきの時にかろうじて救われるだけでなく、まったく救われないこともあると警告している（ガラテヤ五・二一、六・七～九、Ⅰコリント六・九）事実とライトは向き合っていないのです。パウロがどうしてこのように語ることができるのか、終わりの日に私たちの行いは実際にどのような役割を果たすのか、という問題全体が無視されています。義認の教理の理解にとって、問題点は非常に議論の余地があり、とても重要なのですから、ライトが詳細かつ正確に語るのを聞く必要が大いにある、そのところにおける沈黙です。私が知るかぎり、最後の審判において私たちの行いがどのような役割を果たすのかという複雑な問題については、前の章で言及したように、ライトよりも釈義の歴史から学べることがはるかに多くあるのです。

土台か、しるしか、証拠か？

しかし私たちは、最終的な義認において行いが果たす役割を説明するのにライトが用いている様々な用語を、できるかぎり注意深く精査しましょう。行いが信仰とキリストとの結合が本物であることを確証しているという、より伝統的なプロテスタントの見解のような語り方をライトがしている箇所が幾つかあります。たとえば、ローマ人への手紙二章一三節（「律法を行う者が義と認められる」）に再び言及して、こう語っています。

> クリスチャンが終わりの日にそれに応じて無罪とされるところの「行い」は、自己救済の道徳家が自力で実行する行いではありません。（安息日や食物規定、割礼という）ユダヤ人の民族的違いを示す境界線のマーカーの実行でもありません。むしろ、人がキリストにあることを示すものです。その人のうちに御霊が住んで働いてくださる結果、その人の生活に生み出されるものです。このようにして、ローマ人への手紙八章一～一七節はローマ人への手紙二章一～一六節に対して真の答えを提供しているのです。*7

これは、ガフィンや私、あるいはプロテスタントの伝統が語る語り方とよく似ています。聖霊が生み出す実である私たちの従順は、「人がキリストのうちにあることを示すもの」なのです。この示すという語の用い方と一致しているのが、ライトが以下の箇所で使っているしるしという語です。

(パウロは) 自分自身が成し遂げたことについて語る危険性を、私たちほど心配していません。――ただし、確かに時折、私の論点を証明してくれる添え書きを加えています。自分自身の力ではなく、神が自分のうちに与え、奮い立たせてくれた力によるのだ、という論点です (Iコリント一五・一〇、コロサイ一・二九)。しかし、パウロがもっとはっきり確信していることは、道徳的に、肉体的に努力して現在行っていることは、まさに、生けるキリストの御霊が自分のうちで働いておられることの有効なしるしなので、終わりの日に自分の功績に加えられるということです。[*8]

また別の箇所でライトは証拠という語を用いています。「終わりの日に最後の審判は、人が送った人生全体という証拠に基づいて下されます。[*9]」こうしてライトは、まさに歴史的なプロテスタントの見解に沿っているように思われます。その歴史的な見解では、最後のさばきにおける私たちの行いの役割は私たちがキリストにあることを示すことにあり、そうして私たちの「うちに生けるキリストの御霊が働いてくださったこと」の証拠またしるしとしての機能を果たすのであり、その結果、義認は、伝統的な否定的表現を用いれば、私たちの行いを「土台として」ではなく、むしろ私たちの行い「に応じて」なされるのです。

最後の審判において私たちの行いは何を示すのか？

私たちの行いが最後の審判にどう関わるのかについて、ライトの見解が歴史的なプロテスタントの理解と異なる主要な点は、行いがしるしとして指し示している現実がまさに同じではないことです。言い換えれば、終わりの日に、私たちの行いが「しるし」や「証拠」であり、すでにあった何かを「示すもの」として欠かせないとする点で、私たちは一致しているかもしれませんが、この「何か」が何なのかという点でも一致しているでしょうか。ライトが挙げていたことは二つです。一つは、私たちの行いが「人がキリストのうちにあることを示している」こと。もう一つは、私たちの行いが「生けるキリストの御霊が（私たちのうちで）働いておられるしるし」であること。私たちの行いは、この二つの現実があることを証拠づけなければなりません。ライトが言うには、これらの現実が私たちの最終的な義認の土台となるからです。

なぜ今や「罪に定められることがない」のでしょうか。それは、一方で、⑴神がキリストの肉において罪をさばかれたからであり……他方で、⑵聖霊が信じる者たちのうちに働いて、律法が成し得なかったこと――究極的にはいのちを与えること、現在において、からだの行いを死に至らせ、聖霊の導きに従順に従うことをもって働き始めているいのちを与えること――を行っておられるからです。[*10]

私たちの最終的な義認のために与えられている基盤は二つです。キリストがご自身の肉において、私たちが受ける有罪宣告を引き受けてくださったこと（ローマ八・三）、そして聖霊が私たちのうちで働いて、神に従順に従うようにしてくださったこと（四節）です。両方とも、「罪に定められること」がない（一節）理由です。これら二つの土台は二つの現実に対応し、その現実があるという証拠が私たちの行いなのです。その二つの現実とは、私たちがキリストにあり、それゆえ私たちのために刑死された死にあってキリストとともに死んだこと、そしてキリストの御霊が私たちのうちにおられて、従順の実を結んでくださることです。

しかし、この段階では、この二つの現実が互いにどのように関係して、私たちの最終的な義認を確保するのか、はっきりしていません。私たちの行い――私たちが生きた人生の全体――が、（もし私の理解が正しければ）私たちが「キリストに」あることを示すという意味で、義認の土台となるとライトが語るとき、終わりの日に私たちを義と認める根拠を提供する、キリストにあるという現実はいったい何なのでしょうか。そしてこのキリストにあるという現実が私たちの義認の保証なので、私たちの行い自体は単にその保証の証拠やしるしにすぎず、その一部ではないということは、どういうことでしょうか。ライトがこういう言い方をしたいかどうかは分かりませんが、現時点で、少なくとも私の立場から、ライトの見解を善意に解釈するようにしたいと思います。

転嫁の上に共通の基盤？

私たちが（完全な確信をもって答えられないにしても）この疑問と取り組むための助けとして、私が読んだライト著作のうち最も重要な箇所の一つを、長くなりますが、引用しましょう。なぜ重要かといえば、この著作でライトはキリストの義の転嫁という伝統的な理解を持ち続ける（私のような）者たちに語りかけ、可能なかぎり共通の基盤を見いだそうとし、私たちは同じことを違った仕方で語っているのだと述べているからです。

神による契約の計画には、大まかですが「参与主義者」の側面と呼べるようなところがあります。そして、すでにローマ人への手紙一五章から示したように、これも神の栄光をたたえることなのです。アブラハムの真の家族、神が彼に約束されたただ一人の「子孫」は、メシアに集約されています。この方の、まさしくメシアとしての役割は、ご自身にとって真であることは民にとっても真となり、その逆も同様となるように、とりわけ、神の民全体のアイデンティティをまとめることにあります。ここで私たちは福音の偉大な真理の一つに達しています。それは、イエス・キリストが成し遂げたことは「この方のうちに」ある者たちすべてに該当するとみなされるという真理です。これは宗教改革の伝統では「転嫁による義認」と表現されている真理です。イエス・キリストは道徳律法を完全に守ることによって、ご自分の民すべてに分け与えることができる「義」の立場を蓄積なさった、といった表現で語られてきました。他の幾つかの神学的問題と同様に、これは、基本的に正しいことを基本的に間違った仕方で語っていると、私は思います。そうするときの問題点は、方程式の両側にある事柄が、またそれを支持するものとして引用される聖書箇所が、歪められてしまうことです。

　中心的な聖書箇所は、実際、ローマ人への手紙六章です。宗教改革後の多くの神学はバプテスマに関するパウロの現実的な神学を真面目に取り上げるのを避ける傾向にあったので、パウロがこの章や他のところで説明していることを別の方法で達成しようと努めてきたと私は考えます。メシアが罪に対して死なれたことは、非常に重大な意味を持っています。私たちはバプテスマと信仰を通してメシアの内にあります。それゆえ私たちも罪に対して死にました。メシアはよみがえって、今「神に対して生きて」おられます。私たちはバプテスマと信仰を通してメシアの内にあります。それゆえ私たちはよみがえって、今「神に対して生きて」いるのです。これは、ガラテヤ人への手紙三章で、メシアにつくバプテスマを受けた人はみなメシアを着たのだと語り、私たちがそのようにしてメシアに属しているならばアブラハムの子孫であり、約束による相続人であると語るときに、パウロが言おうとしていることです。ここには確かに、すべての神の民、キリストにある者すべてに認められる立場があります。この立場が、ディカイオシュネー、「義」の立場であり、「契約共同体の一員」という立場です。そして、この契約共同体の一員となるためには、死んでよみがえらなければなりません。その経験をするまでは自分の罪の中にとどまっているからです。「しかし私は、神に生きるために、律法によって律法に死にました。私はキリストとともに十字架につけられました。もはや私が生きているのではなく、キリストが私のうちに生きておられるのです。今私が肉において生きているいのちは、私を愛し、私のためにご自分を与えてくださった、神の御子に対する信仰によるのです」（ガラテヤ二・一九～二〇）。もし、「転嫁された義」という句で言おうとしていることがこれであるなら、その中身について私は異論がありません。そればかりか、むしろこの箇所がパウロ神学の中心的で重要な部分であると強調したいと思います。私が反対したいのは、それが共通通貨になっている思想の世界で、イエスが何か「義」と呼べるものを獲得して、次にそれを（「キリストの功績」といったような表現で）ご自分の民にも当てはまるように認めてくださると言っているように聞こえてしまう名称で、その真理を呼ぶことです。それに対し、私がパウロを読むかぎり、イエスの「義」は、復活によってイエスがメシアであることを神が擁護されたことから生じたものです。また特にパウロが「神の義」について語る時、彼が言おうとしていることはこれです。その表現は、あたかも神の民が義認のおかげで得ている義の立場を指しているかのようですが、実のところその表現は、詩篇とイザヤ書以降、いつでもどの箇所でも、創造主であり契約の神である神ご自身の義を指しているのです。そして、これらすべての底流にあることですが、結果として生じるパウロの幾つかの重要な箇所の読み違いに私は反対するのです。その結果、パウロにとってきわめて重要でありながら、宗教改革の神学が何とか無視しようとしているテーマが脇に追いやられてしまいます。過ちは、私が見るところ、宗教改革者たちが、キリスト・イエスにおいて成し遂げられ、私たちに適用される何かについて持った適切な感覚と、正義（iustitia）というカテゴリーを何でも入るものとして強調し過ぎたことが結びついたことから生じたもので、その結果、私たちがメシアの死と復活にあずかるとパウロが繰り返し語っている神学を軽視し、また全被造物に対する神のご計画の大きな地図の上にパウロの救済論そのものを位置づけることをし損ねたのです。「神の義」を神ご自身の義として適切に強調し直せば、こうしたすべての問題が整理されるはずです。[*11]

ライトが表現する転嫁された義

キリストとの結合が終わりの日にきわめて重要なのはなぜか、という問いに対するライトの答えの核心は以下の部分です。

> （キリストの）まさしくメシアとしての役割は、ご自身にとって真であることは民にとっても真となり、その逆も同様となるように、とりわけ、神の民全体のアイデンティティをまとめることにあります。ここで私たちは福音の偉大な真理の一つに達しています。それは、イエス・キリストが成し遂げたことは「この方のうちに」ある者たちすべてに該当するとみなされるという真理です。

この部分でライトは、少なくとも二つ重要なことを語っています。一つは、信仰者がキリストと一つにされるとき、「ご自身にとって真であることは民にとっても真となり、その逆も同様」であること。もう一つは、「イエス・キリストが成し遂げたことは『このお方のうちに』ある者たちすべてに該当するとみなされる」ことです。ここでライトは、自分は「宗教改革の伝統では『転嫁による義認』と表現されている真理」を述べていると信じています。

キリストとの結合の一般的な仕組みについて語るかぎり、そのとおりです。つまり、イエスが成し遂げられたことはすべて私たちにも該当するとみなされるとか、ご自身にとって真であることは私たちにとっても真であるといった仕組みです。これ以上の細かい分析に進まなければ、まさにそのとおり、それが確かに伝統的な見解が述べていることだと言えるでしょう。けれども、もし踏み込んで、実際のところライトは、何が私たちに該当すると信じているのか、あるいは、実際のところ、キリストについての何が私たちにとっても真であるということなのかと問うなら、見解が分かれることになります。ライト自身、キリストの義の転嫁に関する自分の見解と伝統的な見解の違いを説明して、その点を明らかにしています。

ライトの理解する伝統的な見解は、「イエス・キリストは道徳律法を完全に守ることによって、ご自分の民すべてに分け与えることができる『義』の立場を蓄積なさった」[*12]ということです。ですから、伝統的見解では、キリストのうちにあることがきわめて重要です。それは今も、最後のさばきの時にも私たちが必要としている義を、イエスが持っておられ、そしてその義は、私たちが信仰だけでキリストに結びついたときに私たちに転嫁されるからです。

しかしライトによれば、こうした理解は、キリストの義とは何かという点を見落としているので、パウロを誤解しているのです。ライトは、「私がパウロを読むかぎり、イエスの『義』は、復活によってイエスがメシアであることを神が擁護されたことから生じたものです」と言います。言い換えれば、転嫁を考える場合、キリストの従順――キリストの道徳的な義、あるいは律法を成就したこと――ではなく、むしろ、贖罪の死の後に輝かしい復活のいのちに進むことでその正しさが証明されたキリストの立場を考えるべきだというのです。したがって転嫁されるのは、キリストとの結合によって私たちのものとみなされる道徳律法成就の「立場」ではなく、正しさが証明された立場、つまり契約共同体の一員とされたことなのです。

ここには確かに、すべての神の民、キリストにある者すべてに認められる立場があります。この立場が、ディカイオシュネー、「義」の立場であり、「契約共同体の一員」という立場です。そして、この契約共同体の一員となるためには、死んでよみがえらなければなりません。その経験をするまでは自分の罪の中にとどまっているからです。

転嫁の理解の違いが現れ始める

宗教改革の釈義とライトの釈義の間にある、転嫁の理解の違いがここで現れ始めます。歴史的な宗教改革の釈義は、(1) 人は信仰のみによってキリストと結びつく。この結合によって、(2) 信仰者はキリストとともに、(a) 神の怒りをなだめるキリストの死、(b) 御父に対するキリストの完全な従順、(c) キリストの正しさを証明する復活にあずかる。これらのすべてがキリストを信じる者にあるとみなされる――つまり転嫁される――のです。これを土台として、(3)「死んでいて」「義である」「よみがえらせられた」信仰者は、受け入れられ、最終的な無罪宣告と神との永遠の交わりが保証されるのです。

ライトの釈義では、第二段階の中ほどの要素⑵(b)が欠けています。ライトは、キリストの完全な従順が私たちに転嫁されると新約聖書が教えているとは、信じていないからです。そこで、ライトのパターンはこうなります。⑴人は（バプテスマで表される）信仰のみによってキリストと結びつく。⑵信仰者はキリストとともに、神の怒りをなだめるキリストの死にあずかり（キリストと一体とされて完全な従順にあずかったり、転嫁されたりすることはない）、キリストの正しさを証明する復活にあずかる。この二つがキリストを信じる者にあるとみなされる――つまり転嫁される。これを土台として、⑶「死んでいる」「よみがえらせられた」信仰者は、受け入れられ、最終的な無罪宣告と神との永遠の交わりが保証される。

まとめると、確かにかなり簡略化しますが、二つのパターンはこうなります。

【伝統的な宗教改革の釈義】
信仰／バプテスマ ＞ キリストとの結合 ＞ キリストの死、従順、復活の転嫁 ＞ 最終的な無罪の保証

【ライトの釈義】
信仰／バプテスマ ＞ キリストとの結合 ＞ キリストの死、……、復活の転嫁 ＞ 最終的な無罪の保証

どちらの立場も、配列に時間的な隙間があるという意図はありません。この略図ではオルド・サルティス（救いの順序）の要素で欠けているものがあることは、両者とも承知しています。この図の意図は、私たちの

立場がどれほど近いか、しかもおそらくは、どれほど違うかを適切に示すことにあります。

キリストとの結合——転嫁された新しさとして分与された新しさ？

ここで問うべきことがあります。ライトの体系に欠けている要素——キリストとの結合において私たちにもあるとみなされることの一部として、キリストの完全な従順の転嫁があること——は、その体系に何か重要な影響を与えているでしょうか。この問いに答えるには、上述の長い引用（"Paul in Different Perspectives: Lecture 1."「異なった視点でみるパウロ……講義１」）から、ライトが転嫁についての自分の理解を説明しようとして、ローマ人への手紙四章一～六節や同五章一二～一九節ではなく、同六章一～六節に言及しているのを見るのがよいでしょう。もう一度引用します。

中心的な聖書箇所は、実際、ローマ人への手紙六章です。宗教改革後の多くの神学はバプテスマに関するパウロの現実的な神学を真面目に取り上げるのを避ける傾向にあったので、パウロがこの章や他のところで説明していることを別の方法で達成しようと努めてきたと私は考えます。メシアが罪に対して死なれたことは、非常に重大な意味を持っています。私たちはバプテスマと信仰を通してメシアの内にあります。それゆえ私たちも罪に対して死にました。メシアはよみがえって、今「神に対して生きて」おられます。私たちはバプテスマと信仰を通してメシアの内にあります。それゆえ私たちはよみがえって、今「神に対して生きて」いるのです。

「転嫁された義」について歴史的プロテスタントの理解と共通の基盤を見いだそうとするライトの努力において、よく分からないのは、キリストとの結合に関するライトの見方が、新しい立場の転嫁と新しい性質の分与を混合する傾向にあるかどうかです。つまり、ライトが、キリストと結びつくことは、イエスが成し遂げられたことはすべて私たちにも該当するとみなされるとか、イエスにとって真であることは私たちにとっても真であると語るとき、この「イエスが成し遂げられたことすべて」と「イエスにとって真であるもの」には、正しさが立証されたイエスの法的立場の転嫁だけでなく、聖霊によるご自身の真の性質も含まれていて、その結果、「転嫁された義」によって私たちが言うべきであるとライトが考えていることには、聖霊による私たちの道徳性の変化も含まれているのでしょうか。

「宗教改革の伝統で『転嫁された義』と表現されている「中心的な聖書箇所」としてローマ人への手紙六章を選ぶことで、ライトは、「新しいいのちに歩む」（四節）真に新しい道徳的な性質が、キリストとの結合による「転嫁された義」の一部であると宗教改革者たちは理解している、という自身の考えを示しているようです。はっきりとしたことは分かりませんが、続く文章はこの方向を示しているように思われます。ガラテヤ人への手紙二章一九～二〇節を用いて「転嫁された義」が正確には何を意味するのか、自分の理解を明らかにしているのです。

「しかし私は、神に生きるために、律法によって律法に死にました。私はキリストとともに十字架につけられました。もはや私が生きているのではなく、キリストが私のうちに生きておられるのです。今私が肉において生きているいのちは、私を愛し、私のためにご自分を与えてくださった、神の御子に対する信仰によるのです」（ガラテヤ二・一九～二〇）。もし、「転嫁された義」という句で言おうとしていることがこれであるなら、その中身について私は異論がありません。そればかりか、むしろこの箇所がパウロ神学の中心的で重要な部分であると強調したいと思います。[*13]

「もし、『転嫁された義』という句で言おうとしていることがこれであるなら……」とライトが言うとき、「これ」が何を指しているのか、はっきりしませんが、ガラテヤ人への手紙二章二〇節で挙げられていることの主な事柄、つまり、神の御子を信じる信仰によってパウロがキリストにある新しいいのちを生きていることを指しているように思われます。ライトが、キリストにあって神の御前で正しいとされる私たちの転嫁された立場を、信仰によって生きる、私たちに分与された新しい性質と融合しているかどうかは、はっきりしません。私は、ライトがこうした区別を好むとは思いません。どちらもまったく、神の恵みの賜物ですから。しかし、伝統的なカテゴリーにおいて貧弱に表現されているとライトが考える転嫁された義に、釈義を通して導かれた人々と、自分がどの程度共通の基盤に立っているのか明らかにしたければ、まさにこの点をライトは説明しなければなりません。

同じ用語、違う意味

こうしたことすべての結論は、最後の審判との関係で私たちの行いを「人がキリストにあることを示すもの」とライトが表現するとき、彼は、たいていの宗教改革の釈義家が同じようなことを語る際に言おうとしたことを、語ろうとしてはいないという事実です。彼らが言おうとしていることは、必然的に生じる行い――不完全であっても真実な愛の人生――は，本物の信仰とキリストとの結合があったことを終わりの日に示すもので、そのキリストの贖いの死と転嫁された従順が、聖霊が可能にするが不完全である私たちの行いによる基礎づけとは別に、私たちが受け入れられ、無罪を宣告されるための唯一の基盤である、ということです。これまで見てきたようにライトは、キリストの従順のこのような転嫁をパウロが教えたと、信じていません。

ですから、たとえライトが、最後の審判において私たちの行いは「それに応じて」（あるいは、時には「それを土台として」）私たちが義とされる「しるし」ないし「証拠」となると説明しても、彼はその言葉を、より伝統的な意味での「転嫁される義」という真理を保持しようとして用いてはいません。それではライトの体系の中で、行いを「しるし」と描写することは何を指しているのでしょうか。明らかにそれは、信仰によってキリストと結びつくことが、無罪とされる私たちの立場——私たちの功績や「自助努力による道徳性」ではなく、ただキリストとの結合によって得られる立場——を保証するという事実を指しています。けれどもこのことが、私たちの最終的な無罪宣告の根拠あるいは土台として、キリストの死と復活とともに働く、聖霊がもたらす「キリストにある」変化も指しているかどうかは、あまり明確ではありません。

確かにライトは、終わりの時にこうした行いが「生けるキリストの御霊が人のうちで働いてこられたしるし」となると語りますし、「罪に定められることは決してありません」（ローマ八・一）ということの根拠をキリストの死と私たちの変化との両方に（どのように置かれるのか区別することなく）置いています。「なぜ今や『罪に定められることがない』のでしょうか。それは、一方で、(1)神がキリストの肉において罪をさばかれたからであり……他方で、(2)聖霊が信じる者たちのうちに働いて、律法が成し得なかったこと——究極的にはいのちを与えること——を行っておられるからです[*14]。」

キリストの従順の転嫁を否とすると、どうなるのか？

私たちは前にこう問いました。この要素――キリストとの結合によって私たちに与えられるものの一部である、キリストの完全な従順の転嫁――が欠けていることは、ライトの体系に何か特別な影響を与えているでしょうか。私の答えは、以下のような影響が生じているように思われるということです。

1　無罪の立場という賜物が、転嫁された真の完全な従順という基盤を欠いたままになります。[15] 私たちには差し上げる完全な従順がないことになります。ライトは、キリストの従順が私に転嫁されることはないし、その必要もないと言うでしょう。キリストの従順の転嫁が聖書の教えの範疇であるとライトは信じていないのです。ですから、私たちは無罪とされる立場（つまり義認）の基盤となる完全な従順を持っていないことになります。

2　このように真の完全な従順にある私たちの無罪宣告の基盤が欠けている結果、真空状態が生じ、聖霊が、可能にするが不完全である私たち自身の従順が、イエスの贖いの死と並んで、基盤、基礎、土台の一部となってそれを満たすことになると思われます。「思われます」と私が言うのは、この点に関してライトが、それは自分の信じていることではないと自身の読書層に向けて明らかにしてくれればよいと思っているからです。[16]

3　「未来の義認」において行いがどのような役割を果たすかが曖昧なため、現在の義認における行いの役割も不確かなままになっています。ライトは、現在の義認が「信仰のみ」によるものであることを、特に強調しています。

「信仰による義認」とはいったいどういうことでしょうか。終わりの日に出される判決の現在における先取りである、というのがパウロの答えです。……ですから、神がそう宣言してくださるので、彼らは「義」であるのですが、その意味は、契約という点では、神がアブラハムに約束された一つ家族の一員であるということ、法廷という点では、彼らの裁判において神の法廷がすでに無罪判決を下しているということ、終末的な意味では、この判決が終わりの日に確認のために出される判決の先取りであるということです。[*17]

しかし、「最終的な義認」において私たちの行いがどのような役割を果たすのか曖昧なままで、現在の義認を「最終的な義認」の先取りと呼ぶことは、現在の義認は聖霊が可能にする変化を基盤としていないことを私たちに納得させる方法として有効ではありません。[*18] 以下のような文章には当惑させられます。「信仰による義認、つまり将来において人生全体に基づいて下される判決の先取りとして、現在において福音を信じる信仰に基づいて下される判決は、こうして、現在も未来もアブラハムに約束された一つ家族の一員であることを示す確かな保証となります。[*19]」現在における「福音を信じる信仰に基づいて下される判決」を未来における「人生全体に基づいて下される判決」と関連づけることが、信仰のみによる義認としての現在の義認の土台を浸食するように思われることが、ライトにもきっと分かるはずです。

同様に、ローマ人の手紙八章三～四節の注釈において、ライトはこう言っています。「これは決して、現在の（現在だけの？）信仰義認を損なうものではありません。ここで言われているのは未来の判決、終わりの日、パウロが（ローマ人への手紙）二章一～一六節で説明している『日』の判決です。その判決は現在の判決と一致し、パウロがここで語っている聖霊に導かれた人生から当然出てくる（その人生によって獲得されるとか、その功績によってとかいう意味ではなく）ものです。[20]」この説明を読むと、「信仰による」のは現在の義認であって「未来の義認」ではないとすべきだとライトは言っていると、どうしても聞こえてしまいます。未来の義認は御霊に導かれた私たちの人生「から当然出てくる」ものだということに、どのような意味を持たせるにしても、どう見てもライトは私たちに、この未来の義認を信仰のみによる義認と区別してほしいようです。そこで、私はもう一度問いたいのです。現在の義認を最終的な義認の先取りと呼ぼうとすることで、現在の義認が「信仰のみ」によるという真理がいつのまにか損なわれることになるのではないでしょうか。

ライトは、現在の義認を未来の義認の「先取り」であると表現しています。しかも、二つの義認に二つの異なった基盤があるようです。[21] 繰り返しになりますが、「ようです」という言葉を私が使うのは、ライトが自分の立場を私たちが明瞭に理解することを望むなら、自分でもっと厳密に説明してほしい、と呼びかけたいからです。

なおいっそう曖昧な信仰のみ

義認において私たちの行いがどのような役割を果たすのか、曖昧であるのに加えて、ライトは、一方では「信仰」を、他方では「真実さ」（あるいは真実な従順）を明らかに合成させています。一方でライトはこう言います。「福音を信じる者はみな〔神の家族に〕属しています。そして、あなたが語ることができるのは――その人々の両親がだれかということによってでもなく、その人々がどれほどよく律法を（あるいは他の道徳的な決まりを）守ったかといったことでもなく――それだけです。[22]」この言い方からすると、どのような種類の従順も信仰の一部にはなり得ないとライトが信じているように聞こえます。どんな「道徳的な決まり」も「福音を信じること」の一部ではないのです。しかしながら、他方でライトはこう言います。

> パウロを理解するのに欠かせない言葉の一つが「信仰の従順」です。信仰と従順は正反対のものではありません。二つはまさしく一緒のものなのです。実際、「信仰」という言葉それ自体、しばしば「真実」と訳すことができますが、その訳もまた信仰の意味を明らかにしています。もちろん、その訳が裏口からこっそりと「行い」を持ち込んで、福音や義認を損なうことはありません。万が一、私がこれまでずっと論じてきた再編成を把握していなければ、そうした事態も起こるかもしれませんが。信仰は、こうした積極的な意味においてさえ、人間の側から提供されたものとして、神の家族に加えられるための資格や、家族であり続けるための資格とはなりません。信仰は、神から与えられた神の家族のメンバーシップの記章で、それ以上でもそれ以下でもありません。[*23]

これは意味がよく分かりません。しかし、ライトはこう言いたいのだと思います。真実な従順は「神から与えられたもの」であって、「人間の側から提供されたもの」ではないのだから、信仰を真実な従順と定義しても「行い」をこっそりと持ち込むことにならない、と。しかし、それが問題ではありません。行いが、半ペラギウス的に私たちが生み出すものなのか、神が絶対的な恵みによって与えてくださるのか、それが問題点ではありません。問題は、信仰による義認が、神が提供するにせよ、人が提供するにせよ、何らかの行いによる義認を実際に意味しているのかどうかです。それが問題点で、ライトが信仰のみによる現在の義認を語るとき、「信仰」という用語に人の変化と聖霊がもたらす従順の行為を含んでいるという印象が、再び私たちに残るのです。

この章の結論は何か？

ライトが組み立てるパウロ神学が宗教改革の伝統と同じことを言っていると見ようと努めれば努めるほど、私にはそのように思えません。共通の基盤に立つとライトが期待を込めて主張している箇所をもう一度引用します。

> ここで私たちは福音の偉大な真理の一つに達しています。それは、イエス・キリストが成し遂げたことは「この方のうちに」ある者たちすべてに該当するとみなされるという真理です。これは宗教改革の伝統では「転嫁による義認」と表現されている真理です。イエス・キリストは道徳律法を完全に守ることによって、ご自分の民すべてに分け与えることができる「義」の立場を蓄積なさった、といった表現で語られてきました。他の幾つかの神学的問題と同様に、これは、基本的に正しいことを基本的に間違った仕方で語っていると、私は思います。そうするときの問題点は、方程式の両側にある事柄が、またそれを支持するものとして引用される聖書箇所が、歪められてしまうことです。

義認の意味と土台[*24]についてのライトの立場は、宗教改革の伝統が、キリストの血と義だけを通し、「信仰のみ」を土台とする「転嫁された義」によって主張してきたことと、「基本的に」同じではないということが私の結論です。もちろん、それで自分が間違っていることの証明にはならない、とライトは言うでしょう。決め手となるのは伝統ではなく、聖書です。私もそう思います。本書の許すかぎり、聖書の釈義を提示し、他の人々の釈義も参照して、それが抗しがたいことを証明したいと思います。

注

1 Wright, "New Perspectives on Paul," p. 260. 傍点は付加。

2 第7章の注19を参照。

3 「(ローマ二・一四〜一六と八・九〜一一によれば)未来の義認が人生全体に基づいて公に表明することを、現在の義認は信仰に基づいて宣言するのです」Wright, *What Saint Paul Really Said*, p. 129.(邦訳『使徒パウロは何を語ったのか』)

4 Wright, "New Perspectives on Paul," p. 253. 傍点は付加。

5 Ibid., p. 253.

6 Wright, *The Letter to the Romans*, p. 738.

7 Wright, "New Perspectives on Paul," p. 254. 傍点は付加。

8 Ibid. 傍点は付加。パウロの行いが「終わりの日に自分の功績に加えられる」と語るとき、自分が曖昧な言い方をしていると、ライトはもちろん分かっています。ライトは、私たちの人生には貸方と借方があり、私たちの良い行いによって貸方が増えると、厳密な意味で言おうとしているのでしょうか。そういう印象を与えます。しかし、そうではないでしょう。しかし、聖書的にも歴史的にも意味の詰まった用語をこのように曖昧に使うなら、ライトの立場は明らかになりません。

9 Wright, "Paul in Different Perspectives: Lecture 1." 傍点は付加。同じようにライトは、ポール・バーネットとの論争においてこう言いました。「最後の審判において義と認められる際、良い行いが果たす役割に関する私の見解は、ローマ二・一～六、ローマ一四章、Ⅱコリント五章でパウロが述べていることと同じであるよう、私は願っています。それらの箇所において、現在クリスチャンが御霊の力によってキリストへの従順として行う事柄が、終わりの日に提出される証拠の一部を成すことは明らかです。これは、普通、行き渡っている意味における行いによる義とは関係なく、クリスチャンを現時点でディカイオス（義）とする、現在における信仰義認に貢献するものではありません。」Tony Payne, "The Wright Stuff," *The Briefing*, Issue 334 (July 2006) : 6 からの引用。この説明が明らかでない理由は以下のとおりです。⑴ライトは何の「証拠」であるか語っていません。ライトは私たちの行いが、それによってキリストの従順が私たちに転嫁されるキリストとの結合の証拠であると語っていません。この問題を考察してきた歴史が多くの著述家たちのうちに生み出してきた正確な説明が、この時点でライトから失われています。⑵ライトは、私たちの行いが「現在における信仰義認に貢献する」ものではないと語っています。これは、現在とは別に未来において、良い行いが何らかの形でまさしく「貢献する」ことになると言いたい、という含みがあるように思われます。そして根拠という語のライトによる多用は、「信仰義認」が私たちの最終的な義認にふさわしい表現であるのは、私たちの現在における義認の体験と同じ仕方であると示唆しているように思われます。

10　Wright, "New Perspectives on Paul," p. 254.

11　Wright, "Paul in Different Perspectives: Lecture 1."

12　私は、ここでライトは厳密ではなく、大ざっぱに語っていると思います。伝統的な見解が強調したいことは、イエスが「蓄積なさった」ものは単なる「立場」ではなく、事実としての完全な従順に生きた生涯――その意味での義――だからです。これが私たちに転嫁されるのであって、単なる立場や地位ではありません。もちろん、それはライトが意味する義ではありません。二つの見解のおもな違いの一つがここにあります。

13　Wright, "Paul in Different Perspectives: Lecture 1." 傍点は付加。

14 Wright, "New Perspectives on Paul," p. 254.

15 完全の要求は、「あなたの目は、悪を見るにはあまりにきよく」（ハバクク一・一三）と言われている神のきよさに暗に示唆されています。このことは聖書全体を通して明らかです。たとえば、ヤコブ二・一〇、「律法全体を守っても、一つの点で過ちを犯すなら、その人はすべてについて責任を問われるからです」、ヘブル二・二、「御使いたちを通して語られたみことばに効力があり、すべての違反と不従順が当然の処罰を受けたのなら……」、ヘブル一〇・一～四、「律法には来たるべき良きものの影はあっても、その実物はありません。ですから律法は、年ごとに絶えず献げられる同じいけにえによって神に近づく人々を、完全にすることができません。それができたのなら、礼拝する人たちは一度できよめられて、もはや罪を意識することがなくなるので、いけにえを献げることは終わったはずです。ところがむしろ、これらのいけにえによって罪が年ごとに思い出されるのです。雄牛と雄やぎの血は罪を除くことができないからです」、レビ二六・一四～一六、「しかし、もし、あなたがたがわたしに聞き従わず、これらすべての命令を行わないなら、また、わたしの掟を拒み、あなたがた自身がわたしの定めを嫌って退け、わたしのすべての命令を行わず、わたしの契約を破るなら、わたしもあなたがたに次のことを行う。わたしはあなたがたの上に恐怖を臨ませ……る」、ガラテヤ三・一〇、「律法の行いによる人々はみな、のろいのもとにあります。『律法の書に書いてあるすべてのことを守り行わない者はみな、のろわれる』と書いてあるからです」。パウロのこの重要な言葉については、トム・シュライナーの詳細な扱いを参照。シュライナーは、律法が要求するすべてに従うことを求めているものとして、この箇所を理解することを擁護しています。Tom Schreiner, *The Law and Its Fulfillment: A Pauline Theology of Law* (Grand Rapids, MI: Baker, 1993), pp. 44–59. もちろん、旧約も新約も共に、こうした要求を守ることができない者たち（すべての人間）の必要のために備えをしています。しかし、その備えの性格そのもの（身代わりの犠牲）だけでは、信仰による完全な従順の要求を満たすに足りないことを証明しているのです。

16　ライトはおそらく抗議するでしょう、「このことは結局、神が最初に『義』を私の内に注入し、次いで、見たものについてこれで良いと宣言するような、ある種の半ペラギウス主義を意味するのでしょうか。私たちは福音が私たちの外にあること（*extra nos*）を放棄することになるのでしょうか。そんなことは決してありません。これは、私の言ったことを取り上げ、それを、私が注意深く排除している『義』という用語の古い誤解のフィルターにかけていくことです。」Wright, "Paul in Different Perspectives: Lecture 1." ライトがどれほど「注意深く」誤解を排除してきたかを、私が保証できたらと思います。ライトが語っている他のことを考慮すると、彼のこの抗議が事を鎮めることになるかどうか、依然として曖昧だと私は思います。

17　Wright, "Paul in Different Perspectives: Lecture 1." 傍点は付加。

18　以下のような文章を読んでも、聖霊に導かれての行いが義認においてどのような役割を果たすのかを明確に理解する助けにはなりません。「聖霊は、パウロが現在における信仰による義認から将来における人生全体による義認へと思いを進める際にたどる道である。」Wright, "Paul in Fresh Perspective," p. 148. 傍点は付加。

19　Ibid., p. 148.

20　Wright, *The Letter to the Romans*, p. 580. 傍点は付加。

21　ライトは、現在の義認をもたらす信仰についてこう語ります。「この信仰は、神の目的に従順に信頼し（ローマ五・一九、ピリピ二・六）、自らに関する何かよりも神の目的により頼んだキリストにおいて、神が成してくださったことを振り返るのです。」Wright, "The Shape of Justification." しかし、このことは、最後の日に法廷に進み出る私たちにも当てはまるでしょうか。人は「自らに関する何か」に拠り頼まないでしょうか。キリストは私たちが生きた道を指し示さないでしょうか。そして、もし指し示すとしたら、現在の義認がどうして最終的な義認の単なる「先取り」となるのでしょうか。信仰による義認が行いによる義認を先取りするのでしょうか。そうしたら、今の義認がどうして「自分に関する何か」に本当に拠り頼んでいないことになるのでしょうか。

22 Wright, *Paul in Fresh Perspectives*, p. 121.

23 Wright, *What Saint Paul Really Said*, p. 160.（邦訳『使徒パウロは何を語ったのか』） 傍点は付加。

24 特に上記第6章を参照。

第9章　パウロと第二神殿時代のユダヤ教には、構造的な連続性があるのか？

義認とその義認において行いの果たす役割についてのライトの理解をより一層明確にするために重要なのは、ガラテヤ人への手紙の背後にいる「扇動者たち」（と呼んでいる者たち）についてライトがどう理解しているか、またパウロのユダヤ教的背景全般をどう理解しているかを徹底的に調べることです。ライトによれば、「律法の行い」（ἔργα νόμου, ガラテヤ二・一六、三・二、五、一〇）という用語は、一般的な意味で律法を守ることではなく、割礼や安息日順守や食事規定を守ることを指しています。[*1] ライトの説明によれば、こういったことを実践するのは、神の前で正しいとされたり、救われたり、契約の民に加わったりするためではなく、むしろ、こうした「律法の行い」を実行する者たちが終わりの日に、神の恵みにより、神の民に属していることが明らかになることを示す「記章」として行うのです。パウロが問題としているのは、このユダヤ人たちが自分たちの行う義によって神に受け入れられようとしていることではなく、自分たちが召されているのは諸国民に恵みをもたらすためであることを見失い、代わりに、自分たちの「記章」を契約から異邦人を排除するために用いていたことです。彼らは、今やイエスにおいて、ユダヤ人も異邦人もただ一つのしるし、イエスを信じる信仰によって刻印づけられるという仕方で、異邦人も契約に入れられるべきことが分からなかったのです。

ユダヤ教との構造的な連続性を保つ

言い換えれば、ライトは、扇動者のうちに自民族中心主義だけを見、「律法主義」を見ないことによって、パウロと彼のユダヤ教的背景の間により多くの構造的な一致を見ることが可能になります。つまり、パウロは自らの新しいキリスト教信仰を律法主義から解放されたもの、以前信じていた自らのユダヤ教信仰を律法主義に満ちたもの、として提示していません。どちらも恵みに根ざしたものなのです。こうしてライトは、一世紀のユダヤ教とキリスト教の間に、基本的に構造上の連続性があると見ています。「パウロは、第二神殿時代のユダヤ教の主流に属する者たちと同様に、[2]神による最後の審判は人が過ごした人生の全体に応じて、言い換えれば、行いに応じて行われると主張しています。[3]」 第二神殿時代のユダヤ教とのこうした連続性は、しばしば言われるように、このユダヤ教が律法を守ることによって神から救いの恵みを得たり、保とうとしたりせず、むしろ無条件の選びゆえの神の好意を前提とし、恵みに拠り頼んで律法を守っていた、という確信の上に構築されています。こうしてライトはE・P・サンダースに同意して、「ユダヤ人は感謝の思いから、恵みに対するふさわしい応答として律法を守るのです[4]」と言います。

したがって、ユダヤ教とキリスト教の間にある構造上の連続性は、パウロとユダヤ教の両者が救いを形の上では同じように理解していたことを意味します。この構造は次の頁のように描けるでしょう。

契約に、恵みにより無代価で入る

＜

この恵みへの感謝から、神に対する従順な人生

＜

人が生きた人生の全体を土台とした最終的な義認

これはもちろん、とても単純化したものであり、内容の違いを問わずに、純粋に構造だけを取り上げています。しかし、ライトがパウロを第二神殿時代のユダヤ教の広い文脈の中でどのように見ているかを理解するのに、重要な意味があります。

クムランを背景としてパウロを見る――構造的類似性

こうした形式上の類似にもかかわらず、パウロとその時代のノン・クリスチャンのユダヤ人の違いは重要です。ライトは自身の論文、「4QMMTとパウロ――義認、『行い』、終末論」において、パウロとクムランをより詳しく比較対照して、共通点と相違点の両方に光を当てています。[*5]

このクムラン文書で鍵となる箇所には、以下のように書かれています。

26–29 さて、私たちはあなたに、律法の行いのうちの幾つかを、あなたとあなたの民とに有益であろう

と判断したものを書き送った。なぜなら、あなたがたが律法についての洞察と知識を有していることが、
私たちに分かったからである。これらのすべてを理解せよ。そして、自分の計画が正しさを保てるよう神
に願い求めよ。そうして、悪しき思いやベリアルの計画から遠ざかれ。**30** そうすれば、終わりの時に、
私たちのことばが本質的に正しかったことを知って、喜ぶことであろう。**31 32** そしてあなたが神の御前
で正しく善であることを行ったので、それがあなたにとって義とみなされ、あなた自身とイスラエルの益
になろう。[*6]

ライトは、この本文に関する自らの議論を六つのポイントで要約しています。

(1) 鍵となる文章Ｃ31（上述の引用の31）が最もよく理解できる文脈は、明らかに契約に関わるもの、終末に関わるものである。

(2) 本文に提示されているユダヤ教の規定（ハラカー[*7]）は、終末における神の民を指し示し、その境界線を示す役割を果たすためにある。これが、「終わりの時」を先取りする、現在における「行いによる義」の意味である。

(3) パウロは間違いなく、同じ契約的・終末的思考体系に立った一つの見解を保持していた。しかしパウロの体系においては、ＭＭＴが「律法の行い」に与えていた位置は「信仰」に置き換えられている。

(4) パウロの教理は、ＭＭＴのそれに似て、「入ること」に関するものではなく、共同体の定義に関するものである。

(5)（そう呼んでよければだが）、パウロのハラカーは彼の共同体の定義において、ハラカーがＭＭＴで果

> たしているのとはかなり違った役割を担っている。
>
> ⑹　ＭＭＴはパリサイ派によって書かれたものではないし、パリサイ派のために書かれたものでもない。命じられている「行い」はパリサイ派のものではないので、その義認の教理の形式や構造も、パリサイ派やガラテヤの「扇動者たち」やガラテヤ人への手紙二章のペテロのものと、同じであるとか、類似しているとか決めてかかることはできない。*8

そういうわけで、パウロとクムランとの間には一種の構造的な類似性がある、とライトは主張しています。どちらも義認を契約共同体の一員であるという観点から、また終わりの時という観点から考えているためです。さらに、最後の審判が契約共同体の一員であるという最終的な判決を下すことになります。そして、この判決を契約共同体のある種の境界線のしるし、あるいは記章によって今知ることができます。クムランにとって、境界線は「ハラカーの教え」、つまり律法を土台とした倫理的教えです。「境界線のしるし」が意味することは何でしょうか。

要点は、これらの教えを読む者たちが、その教えを守ることによって、自分たちは他のユダヤ人より道徳的・倫理的に優れていると示すことではないし、*9 道徳的な努力によってより多くの功績を獲得しているということでもありません。むしろ、律法（トーラー）をこのように行うことが、彼らが捕囚から戻った真のイスラエルの契約の民であることを現在において明示するので、教えを守るのです。これらの「行い」によって、彼らは終末における神の民の一員となる資格を得るわけではありませんが、神の民であることが明らかにされるのです。ここで鍵となる文章はＣ28〜29の文脈に続くＣ30です。

28 ……これらのすべてを理解せよ。そして、神があなたの意志を強め、29 あなたから悪しき計画
とベリアルの企てを取り去ってくださるよう神に願い求めよ。30 そうすれば、終わりの時に、私た
ちの実践を選び取ったことが正しかったと分かり、あなたは喜ぶことであろう。

言い換えれば、祈りと神が与えてくださる道徳的な力によって（C28～29）、これらの教えを守るなら、終わりの日に、与えられていた助言、命令の選択は正しかったと分かり、喜ぶことになります。それが（C31）「神の御前で正しく善であることを行ったので、それがあなたにとって義とみなされる」時なのです。この文脈での「義」は、引用した聖書箇所と同様、単なる「道徳的ないし高潔な実践」以上のものを意味しているはずです。MMTが全体として言おうとしているのは、勧められている教えを守る者たちは、それによって神の契約の民であり、捕囚から戻った真の終末的共同体に属していることが明示されるということです。こうした解釈にしたがって律法を実践することは、現在において実践者たちがこの意味で「義」であることを示すことになるでしょう。この人々はイスラエルの神が契約を結ばれた者たちであり、ダビデのように、その罪が赦された者たちです。これが「義認」という主題についてMMTが言うはずのことです。[*10]

ライトは、（境界線のしるしの内容という点からではなくても）構造的には、義認の終末的な文脈についてのパウロの理解も似ている、と言いたいのでしょう。この点でライトは、自らが構造的には、キリスト教の伝統の主流よりもクムランにより多く一致していると見ているのでしょう。

この文脈で「義認」の語を用いつつ、私たちは、この語が特に宗教改革以降のキリスト教神学の議論の

主流における通常の指示対象とは別の何かに言及しているのを見てきました。

　従来の伝統では、「義認」は、時にはより狭い意味で、また時にはより広い意味で理解されたりしますが、人々がクリスチャンになる出来事やプロセスを指しています。けれども、クムラン文書で「義とみなされる」ということは、人がどのようにして宗団の一員となるかについてではありません。人がすでにその一員であることの認識であり、表示です。それは、だれかが部外者から内部の人間に、（その宗派の目から見て）背教のユダヤ人であることから終末的な民の一員に、すでに移行していることを示すものなのです。[*11]

　ライトによれば、パウロとクムランのもう一つの類似点は、「律法の行い」という語が、神に受け入れられるための努力を表すものではなく、神が慈しみをもって選ばれた民を現在において区別するためのしるしとして理解されていることです。

　言い換えれば、ここで「律法の行い」は、すでに説明している契約的・終末的な広い枠組みの中で機能しています。その枠組みから取り出して無時間的なハラカーの、より一般化されたシステムの中に、あるいは、宗教改革の伝統的な意味におけるパウロの義認の教理が、対立しているとみなされる、広い意味での「律法主義」の中に置くことはできません……。

　したがって、ＭＭＴで推奨されている「行い」は、申命記の最終的な成就が始まっているが、まだ完結していない、現在という時において、神の真の民のしるしを示すためのものなのです。「そうすれば、終わりの時に、私たちのことばが正しかったことが分かり、あなたは喜ぶことになる」（C30）ために、つまりあなたが「義とされる」ために行いがあるのです。それで契約の中にあったことが証明されました。これら聖書外資料にある命令は、この党派が終わりの日の無罪宣告を先取りすることを可能にするのです。*12

クムランとパウロにおける行いによる義認

こうしたすべてのことが構造的にパウロと同じであり、主要な違いはパウロが現在における「行いによる義認」を主張していない点にある、とライトは論じています。すなわち、クムランでは（そしてガラテヤの敵対者たちにおいては）、「律法の行い」は、自分が今、真の契約の民に属していることを示すことができる境界線のしるし、あるいは記章なのです。しかし、それをパウロがきっぱりと否定している、とライトは言います。「律法を行うことによる義認」をパウロが拒否しているのは、この点なのです。メシアが来られ、死んでよみがえり、支配しておられ、こうした境界線のしるしはすべて、特にユダヤ人と異邦人を分けるものは何であれ、境界線のしるしとして廃止され、それに代わって一つのこと、イエスに対する信仰によって置き換えられました。これがキリスト教共同体における唯一の境界線のしるし、あるいは記章なのです。

こうして私たちはMMTとパウロの重要な比較に導かれました。パウロは間違いなく、MMTと共通した契約思想・終末思想の枠組みの一つを持っていました。しかしパウロの枠組みでは、MMTで「律法の行い」が占めていた場所を「信仰」が占めているのです。*13

言い換えれば、ライトの主張はこうです。

枠組みの形は同じですが、中身が違います。それは、次の図で示すことができるでしょう。

◆クムランの義の教師

申命記の約束 ＞ 樹立された共同体 ＞ 神による最終的な擁護

↙　↘　↙　↘

現在の「行い」によって表される現在の捕囚状態

◆メシアなるイエス

アブラハムへの／申命記の約束 ＞ 樹立された共同体 ＞ 最終的な救い

↙　↘　↙　↘

現在において信仰によってメシアが現されるまでの捕囚状態

パウロの教理は、MMTのそれとまったく同じ形をしています。（MMTは使わないが、パウロが稀にだけ使う簡略表現を使うなら）義認は神による無罪判決、終わりの日の判決です。この判決は現在に持ってくることができます。確かな境界線のしるしがあれば、前もって判決を知ることができるのです。言い換えれば、そのしるしを証拠に、だれが未来において義とされるのか、現在において分かるのです。MMTにとって、その証拠は特定のハラカーを採用していることです。パウロにとっては、イエス・キリストに対する信仰です[14]。

……パウロの神学は、MMTの神学と同じように、形としては契約的であり終末的です。けれどもその形の中には、根本的に異なった内容があるのです[15]。

パウロが目指していることはMMTの中心的な関心と正反対です。イスラエルと異邦人世界の違いをはっきりさせたり、ユダヤ教の一つの宗派を他の宗派と区別させたりする法的な教えを強調する代わりに、パウロは、聖書の約束そのものによってアブラハムの家族を区別する方法を見いだしたと主張します。その方法では、その家族を区別しつつ、信じるユダヤ人と信じる異邦人を一緒に受け入れる場所を作るのです（たとえばローマ四・九[16]）。

ライトによれば――もちろん、パウロが見いだしたのは、イエスがメシアであり主であるということでした。それゆえ、すべての「法的な教え」に代わって、イエスを信じる信仰が神の真の契約の民の記章となりました。すなわち、あらゆる「律法の行い」に代わって、信仰のみがキリスト教会を定義するしるしとなったのです。こうして、パウロは、そうしたキリスト教の主流の伝統が考えたような仕方で「律法の行い」（ἔργα νόμου, ローマ三・二〇、二八、ガラテヤ二・一六、三・二、五、一〇）に反対しませんでした。旧約聖書の命令それ自体として、あるいは、神の好意を得るために律法を行おうとする努力としての律法の行いに反対しませんでした。パウロが反対したのはあまりに狭く排他的なものとしての律法の行いでした[17]。律法の行いが異邦人を排除し、またイエスを主とする告白から出て来たものではなかったからです。

同じようにパウロは、そうしていたとキリスト教の主流の解釈が考えていたような仕方で、「行いによる義認」に反対したのではありません。「両者（MMTとパリサイ派）は共に、パウロが『行いによる義認』として認識していた（そして拒絶していた）何か、すなわち特定のハラカーによって終末的な神の民を定義することを信じていたのです。しかし、こうした行いが正確には何であるかについては互いに意見が分かれていたと思われます。[18]」

「行いによる義認」の定義に注意しましょう。それは、パウロの考えでは、行いによって神の前で正しい者となろうとする、あるいは神の好意を得ようとする努力のことではありません。むしろ、「特定のハラカーとの関連で終末的な神の民を定義する」努力です。たとえば、パウロがガラテヤで直面した問題は、敵対者たちが神から何かを得るに値する者となろうとしていたことではないし、その人々が契約に「入ろう」としていたことでもありません。問題は、契約の民を定義する現実としてイエスを認めることに失敗していたこと、異邦人を加えることができる契約の「しるし」ないし「記章」、つまり、イエスを信じる信仰を受け入れることに失敗していたことでした。[19]

以上のようにライトは、４ＱＭＭＴのうちに、パウロのものと同じような義認の終末論的構造を見ています。「パウロとＭＭＴの接点は、ある者が主張する『行い』や、別の者が反対する『行い』のうちにではなく、それぞれの終末論的枠組みの形式と構造のうちに見いだすべきです。[20]」この構造には、どちらの場合もある種の「開始された終末論」が含まれています。しかしながら、クリスチャンになる前のパウロと「ガラテヤの扇動者」のどちらかが、通常のユダヤ教の義認の終末的構造にあるこの追加の特徴を共有していた、とライトは提案してはいません。しかし、この要素を除けば、パウロとクムランにおける義認の終末論的構造は、ユダヤ教に共通した見方であるということです。[21]

両者に共通の見方は、前に見たように、おおよそ次頁のようなものです。

契約に、恵みにより無代価で入る
<
この恵みへの感謝から、神に対する従順な人生
<
人が生きた人生の全体を土台とした最終的な義認

クムランとの構造的な共通性が意味すること

一世紀のユダヤ教をこのように理解することは、ライトの体系にとって不可欠な要素です。もしこれが不正確であると判明したなら、ライトの体系の多くの側面がこれに結びついているので、多くの事柄を隅々まで考え直す必要が生じるでしょう。これまで見てきたことから、こうした側面の幾つかを次のように要約することができるでしょう。

1　ユダヤ教は恵みの宗教であり、律法主義ではない。救われて神との正しい関係に入るのは、行いによって価値が認められるからではなく、賜物として受け取り、感謝をもって応答するものである。

他の点がすべて従属している、〔サンダースの〕主要な論点は、かなり単純に言い表すことができます。

パウロ時代のユダヤ教は、これまで常に考えられてきたような律法主義的な、行いによる義の宗教ではな

かったということです。それがユダヤ教だと思い込み、そうであるかのようにパウロがユダヤ教を攻撃していたと私たちが考えるなら、ユダヤ教も、パウロもひどく曲解することになります。……ユダヤ人は感謝の思いから、恵みにふさわしい応答として律法を守るのです。言い換えれば、契約の民の中に入るためではなく、そこにとどまるために律法を守るのです。「契約の民の中にある」ことはそもそも神の賜物です。よく知られているように、サンダースはこのシステムに「契約遵法主義（covenantal nomism）」というラベルを貼りました（律法を意味するギリシャ語の「ノモス」から来ています）[22]。

２　ガラテヤの扇動者たちがクリスチャンに要求している「行い」は、神の好意を得るのに自らを高め、自分自身の功績に拠り頼むことに駆り立てるものではなく、ユダヤ教の慣習を通して民族的に限定された形で契約の民を明確にしようとするものでした。しかし、その行いは、それでも恵みに対する感謝の応答でした。「割礼について語るガラテヤ人への手紙三章は、その点を明らかにしています。パウロは割礼を、人が自分の力による道徳主義の一部として行う『良い行い』と見ることをまったくせずに、いつでも民族的な記章として見ているからです[23]。」

３　ユダヤ教やパウロにおいて、「律法の行い」という用語は、神の好意を得るための、あるいは獲得するための道徳的努力のことではなく、だれが契約の民であり、だれがそういうものとして最後のさばきの時に無罪であることが判明するかを示す、感謝の指標なのです。

割礼は「道徳」問題ではありません。道徳的な努力や良い行いによって救いを獲得するということとは関係ありません[24]。

神がご自分の義を、ご自分の契約の責務を実現して最終的に動かれるとき、正確にはだれが正しいとされるのか、現在言うことができるでしょうか。パウロの時代の多くのユダヤ人は、「できる」と答えます。私たちが未来において正しい者とされるための現在のしるし〔つまり「記章」あるいは「指標」〕は、神が私たちに課した契約の責務に対して私たちが現在忠実であるということです。私たちの「律法の行い」〔割礼その他〕が、神が働かれるときに私たちが神の民であると見られることを、現在において証明しています。こうして　パウロが打破するのに苦心した「行いによる義認」の神学が生じるのです。[*25]

4　こうしてパウロが「行いによる義認」に反対していたのは、それが十分な行いをした者たちを顧みる神のみわざであると考えられているからではなく、たとえば、割礼、食物規定、安息日の順守といった行いの記章を付けている者たちがご自分の民であると神が宣言しておられるという、誤った理解があったからです。パウロはこれに反対し、行いが占めていた場所に、別の記章、イエスを信じる信仰を置いたのです。

5　したがって、「信仰による義認」はイエスを信じる者たちを顧みる神のみわざではありません。人は義認によって神の好意にあずかるようになるわけではありません。むしろ、「信仰による義認」は、だれかがすでに神の好意にあずかっている――契約の中にいる――のかを明らかにする神の宣言です。それは「終わりの日に出される判決の現在における先取り」なのです。[*26]「(ローマ二・一四〜一六と八・九〜一一によれば) 未来の義認が人生全体に基づいて公に表明することを、現在の義認は信仰に基づいて宣言するのです。[*27]」

6　福音は、キリストが神の恵みの表現と基盤になられたので、ユダヤ人が恵みに基づいて自分たちが行うわざによって神から受けることを期待していた赦しが、今やイエスを通して与えられるという告知です。[*28] イエ

郵便はがき

恐縮ですが
切手を
おはりください

164-0001

東京都中野区中野 2-1-5

いのちのことば社

出版部行

ホームページアドレス　https://www.wlpm.or.jp/

お名前	フリガナ	性別	年齢	ご職業
		男・女		
ご住所	〒	Tel.　　　(　　　)		
所属（教団）教会名		牧師　伝道師　役員 神学生　CS教師　信徒　求道中 その他 該当の欄を○で囲んで下さい。		

WEBで簡単「愛読者フォーム」はこちらから！

https://www.wlpm.or.jp/pub/rd

簡単な入力で書籍へのご感想を投稿いただけます。

新刊・イベント情報を受け取れる、メールマガジンのご登録もしていただけます！

ご記入いただきました情報は、貴重なご意見として、主に今後の出版計画の参考にさせていただきます。その他、「いのちのことば社個人情報保護方針（https://www.wlpm.or.jp/about/privacy_p/）」に基づく範囲内で、各案内の発送などに利用させていただくことがあります。

スが復活し、すべてのものの主となられたので、あらゆる民族的限界はクリスチャンにふさわしくない「記章」となっています。今やイエスを信じる信仰だけが、だれが契約の民かを明らかにする記章なのです。したがって、この記章は、すべての民族的グループに対して扉を開くのです。

ライトの理解は正しいか？

一世紀の文脈におけるライトのパウロ理解のこうした六つの側面は互いに織り合わされています。その結果、一世紀ユダヤ人の体験を神の恵みの上に築かれた生活と見るライトの評価、ガラテヤにおけるパウロの敵対者たちを当時の一般的な経験の代表者と見るライトの評価が、体系全体を一つに支える最も重要な織り糸の一つになっています。私たちはこれから、パウロのユダヤ教との関係についてのこうした独特の構造を評価することに向かいましょう。

注

1　N. T. Wright, *Paul for Everyone: Galatians and Thessalonians* (Louisville: Westminster John Knox, 2004), p. 32.

2　「第二神殿期ユダヤ教」の語で言及しているのは、第二神殿時代（前五一五年～後七〇年）のユダヤの宗教のことです。

3　Wright, "New Perspectives on Paul," p. 253. 傍点は付加。ライトは、クムラン共同体における義認の研究（特に4QMMTの研究）において、この共同体の資料には「パウロの時代のユダヤ人の特徴と考えられていた自己義認や高慢な『律法主義』は何も見いだせない」と語っています。“4QMMT and Paul: Justification,‘works’ and Eschatology,” p. 106. 注＝4QMMTは通常MMTと略記されます。

4 Wright, *What Saint Paul Really Said*, p. 19.（邦訳『使徒パウロは何を語ったのか』）

5 注3より引用。この資料（4QMMT）はクムランの洞窟から発見された断片的な写本の一部です。一九九四年に公式に出版され、学者たちは紀元前一世紀か二世紀のものと想定しています。

6 4QMMT C26–32.

7 ハラカーとは、ヘブル語正典の律法の実際的な適用を記した文書集です。

8 Wright, “4QMMT and Paul: Justification, ‘Works,’ and Eschatology,” p. 112.

9 これは、受け入れるのが難しい言明です。おそらくライトは「優れている」という語を高慢という否定的な意味で使っているのでしょう。というのも、人にどう生きるかを教える際に間違いなく大切なのは、劣った人生を避けるように、ということだからです。

10 Wright, “4QMMT and Paul: Justification,‘Works,’ and Eschatology,” p. 116. 私の批評は後述します。しかし、これら幾つかの文に、それが明確に言っている以上のことをライトが読んでいることは、ここで少なくとも指摘しておくべきです。「正しく善であることを行ったので、それがあなたにとって義とみなされる」と実際にあるのですが、普通に読めば、ここでの「義」の意味は「神が契約を結んでくださった民」を意味するというより、「正しいことを行った」という意味であると容易に分かるでしょう。

11 Ibid., p. 117.

12 Ibid., pp. 117–118.

13 Ibid., p. 118.

14 Ibid., pp. 120–121.

15　Ibid., p. 122.
16　Ibid., pp. 123–124.
17　「それでは、パウロが『律法の行い』というラベルで攻撃しているものは何でしょうか。原ペラギウス主義とでも呼べるもの、つまり助けなしで行う良い行いによって義認と救いを得なければならないとする信仰でないことは、強調しておかなければなりません。」Ibid., p. 124.
18　Ibid., p. 128.
19　「別の言い方をすれば、信仰は神に受け入れられるために人が『行う』何かではありません。信仰は神の賜物です。そして、真にアブラハムの家族の一員であることのしるし――ただ一つの本物のしるし――なのです。」Ibid., p. 123.
20　Ibid., pp. 125–126．傍点は付加。
21　「ＭＭＴはパリサイ派が書いたわけではないし、パリサイ派のために書かれたわけでもありませんが、その義認の教理の（契約的であり終末的である）形は、パリサイ派のそれと類似していると言えるでしょう。ＭＭＴは、すでに見たように、構造的な面ではパウロが展開している義認論とかなり一致しているし、パウロはパリサイ派の思考形態を、そこに新しい意味を込めてはいますが、保持しているように思われるからです。……クリスチャンになる前のタルソのサウロは、神の真の民が終わりの日に無罪宣告を受けること、そしてこの真のイスラエルであることが現時点で分かる方法は聖書の律法全体を守ることであると（ガラテヤ五・三）、確かに信じていました」Ibid., pp. 128–129.
22　Wright, *What Saint Paul Really Said*, pp. 18–19.（邦訳『使徒パウロは何を語ったのか』）
23　Wright, Paul in Fresh Perspective, p. 148.
24　Wright, *What Saint Paul Really Said*, p. 120.（邦訳『使徒パウロは何を語ったのか』）

25 Ibid., p. 99.

26 Wright, "Paul in Different Perspectives: Lecture 1."

27 Wright, *What Saint Paul Really Said*, p. 129.（邦訳『使徒パウロは何を語ったのか』）

28 「MMT C24～26において、赦しは義の王たち全体、とりわけダビデとの関連で語られています。その著者は、人々は自分の行いによって赦されると言います。パウロは、違う、行いが欠けているにもかかわらず赦されるのだ、と言います」とライトは述べています。Wright, "4QMMT and Paul: Justification, 'Works,' and Eschatology," p. 123.

第10章 「民族の記章」と「自力で救いを得る道徳主義」の単一の根、自己義認が義認に対して持つ意味

ライトは、一世紀のユダヤ教、クリスチャンになる前のパリサイ人パウロ、ガラテヤにおけるユダヤ人扇動者たちの体験を「恵みへのふさわしい応答としての感謝」の人生として描いていますが、その点で成功しているでしょうか？　私には成功しているとは思えません。以下、成功しているとは思えない理由を幾つか挙げ、それから、そうした考えがパウロにおける義認についてのライトの理解にどのような影響を与えているかを明らかにしたいと思います。[*1]

「律法の行い」とは民族の記章に過ぎないのか？

「律法の行い」という用語の理解は、クムランのような外的資料に基づくだけではなく、パウロ書簡の釈義にも基づくものである、クムランが主要な資料であることさえない、とライトは言うでしょう。ライトは律法の行いを、神の好意に値することを示すためになされる行為というより、人が契約の中にいることを示すために付けている民族の記章と見ています。この見解を支持する主要な釈義的議論の一つはローマ人への手紙三章二七～三〇節に関するものです。

「それでは、私たちの誇りはどこにあるのでしょうか。それは取り除かれました。どのような種類の律法によってでしょうか。行いの律法でしょうか。いいえ、信仰の律法によってです。人は律法の行いとは関わりなく、信仰によって義と認められると、私たちは考えているからです。それとも、神はユダヤ人だけの神でしょうか。異邦人の神でもあるのではないでしょうか。そうです。異邦人の神でもあります。神が唯一なら、そうです。神は、割礼のある者を信仰によって義と認め、割礼のない者も信仰によって義と認めてくださるのです。」

この箇所から、ライトは次のように論じます。

「それでは、誇りはどこにあるのでしょうか」とパウロは三章二七節で尋ねています。「それは取り除かれました。」取り除かれた誇りとは、成功した道徳主義者の誇りではありません。二章一七〜二四節にあるようなユダヤ人の民族的誇りです。そうでなければ、三章二九節（「それとも、神はユダヤ人だけの神でしょうか。異邦人の神でもあるのではないでしょうか」）は、つじつまが合いません。パウロはこの箇所で、原ペラギウス主義〔訳注＝自らの力で救いが達成できるという考え〕を追い払うことなど夢にも考えていなかったし、とにかくパウロの時代の人々は、原ペラギウス主義の罪を犯しているわけではありませんでした。ガラテヤ人への手紙やピリピ人への手紙と同様に、ローマ人への手紙においても、パウロは、ユダヤ人の民族的特権を土台にして契約のメンバーシップを持つことはできないと宣言しているのです。[*2]

パウロは、神はイエスを信じる者を義とする方である、と直前に語ったばかりです（ローマ三・二六）。それから、信仰によるこの義認は誇りを取り除くと主張し、誇りを除く根拠を二八節で繰り返しています。「人は律法の行いとは関わりなく、信仰によって義と認められると、私たちは考えているからです。」言い換えれば、誇りを除くのは、律法の行いと関わりない信仰による義認なのです。

ここに論争を呼ぶ「律法の行い」という表現があります。「律法の行いとは関わりなく」という言葉は「成功した道徳主義者」を目指すものではない、とライトは主張します。すなわち、パウロは、神の好意を得、また保つための土台としてわざを行うという問題を取り上げているわけではない。むしろ、パウロが取り上げているのは民族的な誇りという問題であり、「私たちは神の民の一員である記章を持っているが、あなたがたは持っていない」というようなことである。もしこのことが「律法の行い」によってパウロが言おうとしていることでなければ、二九節はつじつまが合わなくなる、というのがライトの議論です。

しかし逆に、私は、この箇所の論理について、「律法の行い」を民族の記章と見ることに依存しない、文脈に注意を払った、抗しがたい解釈があるという事実を主張したいと思います。たとえば、文章をさかのぼりながら、以下のように考えてください。「神は唯一」であるという言明が、「神は、割礼のある者を信仰によって義と認め、割礼のない者も信仰によって義と認めてくださる」という結論に至ります（三〇節）。言い換えれば、神が唯一であることが、神がユダヤ人と異邦人を義とする方法における唯一性を、つまりどちらも（律法の行いではなく）信仰によって義と認めるということを示唆しているのです。そしてこの一つの点――唯一の神がすべての人を義とする道の唯一性を示唆していること（三〇節）――が二九節（「それとも、神はユダヤ人だけの神でしょうか。異邦人の神でもあるのではないでしょうか。そうです。異邦人の神でもあります」）を説明する土台（εἴπερ,「～なら、そうです」）となっています。言い換えれば、私たちは神が一つの民族にご自身の救いの恵みや権利を限定なさる民族神ではないことを知っていますが（二九節）、それが分かるのは、神は唯一の方なので、すべての人々を救う唯一の道を用意されたからなのです（三〇節）。
次いで、「それとも」で始まる修辞疑問文（「それとも、神はユダヤ人だけの神でしょうか」）は二八節を根拠づけるもので、[*3]義認は律法の行いとは関わりなく信仰によるという主張を支えています。神の唯一性は、すべての民の間で人が義と認められる方法の唯一性を示唆しています（三〇節）。それが今度は、神がすべての民を義と認める普遍的で単一の方法を根拠づけるものとなっています（二九節）。それが今度は、パウロが三〇節で明らかにしているように（「……割礼のある者を信仰によって義と認め、割礼のない者も信仰によって義と認めてくださるのです」）、人を義とする際の単一の方法とは行いによるのではなく、信仰によることである、という言明（二八節）を根拠づけているのです。

人を義と認めるこの単一の方法が、ユダヤ人と異邦人の双方が抱く厚かましい誇りのすべてを断ち切ります。それは、信仰の本質そのものが、信仰自体からも目を離して、自分の行いではなくイエスに目を向ける（二六節）からです。議論は主として「律法の行い」にではなく、だれにでも開かれ、だれをもへりくだらせる義認の方法としての信仰に集中しています。もちろん、自民族中心主義の誇りは排除されていますが、同時にパウロは、それを守ることによって義認を得る自己推薦の手段として、律法を（あるいはいかなる道徳的規定も）利用することも非難しています。ライトの結論とは正反対になりますが、パウロは「成功した道徳主義者の誇り」を念頭に置いている可能性はきわめて高いのです。この種の誇りが（以下において見るように）自民族中心主義と実質上切り離すことができないのだと思われます。[*4]

恵みを信じれば律法主義は排除されるのか？

ライトは、4QMMTについて自分の読み方だけが唯一の読み方ではないことを自覚しています。それでもライトは、4QMMTの教えは「パウロの時代のユダヤ人の特徴と考えられていた自己義認や自慢に満ちた『律法主義』について何も示していない」と主張しています。[*5] しかしながら、これから見るように、彼の主張は疑わしいものです。ライトは、MMTの著者が弟子たちに律法の行いを守る力を神が与えてくださるよう祈れと教えている事実に基づいて、このように主張します。「これらのすべてを理解せよ。そして、自分の計画が正しくあり、悪しき思いやベリアルの計画から守ってくださるよう神に願い求めよ」という教えです（セクション28～29）。しかし、このあと見るように、こうした祈りがあるからといって、恵みがもたらす義を信じることが律法主義を排除するという結論が保証されるわけではありません。パウロは、たとえ律法の行いを実行するための助けを神に祈り求めていたとしても、最終的に義と認めてもらうために律法の行いに頼ることは絶望的であり、キリストを辱めることであると考えたことでしょう。神が祈りに答えて「律法の行い」を実行できるよう助けてくださるとクムランが信頼していた事実に訴えても、それだけで「律法主義」と「自己義認」がなかったことの証明にはなりません。[*6]

ライトにとって、4QMMTの中でも最も重要な箇所は、次の部分です。「そしてあなたが神の御前で正しく善であることを行ったので、それがあなたにとって義とみなされ、あなた自身とイスラエルの益になる」（C31～32）。しかしこの箇所はライトの義認理解を明確に支持しているわけではありません。より自然な読み方は、「善であることを行ったことが」という箇所を、従順な宗派の者、つまり律法の要求に対する単純な服従が義とみなされることを意味していると、理解することでしょう。義認は契約の民にだれが属しているかを宣言するものであるとする自らの理解に、こうした言葉を利用しようとするライトの努力は、否定しがたいものとは思えません。「正しく善であることを行ったこと」で義と認められるだろうという思いで、終わりの日に神のみ前に立つ人は、むしろ、イエスに告発される候補者にふさわしいのです。彼らは「自分は正しいと確信していて」、たとえ「神よ。私がほかの人たちのように……でないことを感謝します」と言っても、告発されるのです（ルカ一八・九、一一）。

ライトは、人が神の恵みに頼ってわざを行い、その行いが終わりの日に自分が義と認められる土台となることを期待するところには、律法主義も自己義認もありえない、という仮定で論を展開しているように思われます。しかし、その仮定は証明済みではありません。実のところ、（実行する力として恵みがあってもなくても）何らかの行いに期待して義認の土台として差し出すことは、望みのないことであり、キリストが獲得し分け与えることができるものを辱めることになるでしょう。

すでに前章で私たちは見ました。単純にローマ人への手紙二章一三節に訴え、「律法を行う者が義と認められる」という表現に訴えるだけでは、パウロの神学において良い行いが最終的に義認とどう関わるのか、その複雑さを説明できないことが分かりました。自分の働きにせよ聖霊による働きにせよ、私たちの内にあるあらゆる従順から目を離し、神が要求する罰と完全であるイエスの血と従順に目を向ける信仰の真正性を証明するものが、これらの良い行いであると、私は論じました。ライトが４ＱＭＭＴを取り上げて議論しても、彼の主張は説得力を増すことにはならなかった、と私は思います。

律法主義的ではなく、単なる自民族中心主義か？

ライトは、ガラテヤの「扇動者たち」の立場を明らかにし、ひるがえってパウロの義認理解に光を当てることで一世紀の状況の再構成を行っているわけですが、そのことのもう一つの問題点は、彼が自民族中心主義の意味するところを若干見落としているように思われることです。パウロに敵対するユダヤ人たちがしたように、割礼や食物規定、安息日遵守といったユダヤ人の記章を異邦人に強制することは、律法主義ではなく自民族中心主義である、とライトは言うでしょう。こうした敵対者たちが問題なのは、彼らが神の民となる（それは恵みによる選びの結果生じたこと）ための記章に拠り頼んでいることではない。彼らの問題は、その神との関係を自分たちの間だけに限定しようと欲したことだった、とライトは言うのです。

パウロの思想の背景のこのような再構成に歴史的・釈義的な反対論を唱える学者たちの間で、[*7] それほど語られてこなかった一つのことは、ライトをはじめパウロ研究をめぐる新しい視点の代表者たちによる、自民族中心主義のルーツについての分析が不十分ではないか、という疑問です。たとえば、律法主義の悪と愛の欠如という悪との間に線を引くことができるでしょうか。

パウロに敵対する者たちは、恵みに拠り頼む人々ということでいったい何を信じていたのでしょうか？　彼らは「律法の行い」によって自分たちが契約共同体の一員になると信じていたわけではなく、むしろ、神の恵みによってすでにその一員となっていることを、その行いが示しているのだと、ライトは答えます。

私たちの「律法の行い」〔割礼等〕は、やがて神が働かれるときに私たちが神の民であることが明らかになることを、現在において証明するものです。ここからパウロが打破するのに苦心した「行いによる義認」の神学が出てくるのです。[*8]

しかし、とライトは強調します。パウロが「行いによる義認」を打破しようとしたのは、それが律法主義的だったからではなく、すなわち、「律法の行い」が契約共同体の一員となる土台であるとみなされたからではなく、これら「律法の行い」（割礼や食物規定等）が恵みを基盤とした生活の誤った記章であったからだ、とライトは強調します。彼らユダヤ人は自民族中心主義だったのです。今やメシアが来られたからには、キリストを信じる信仰だけが、恵みに拠り頼む契約共同体の一員にふさわしい唯一の記章なのです。イスラエルの誤りは、神に関わる方法（恵みか行いか）にあったのではなく、異邦人に対する態度にあったのです。「ユダヤ人のための、ユダヤ人だけのための義の立場、契約共同体の一員であるという立場を確立しようとすることで、イスラエルは神の義に従うことをしませんでした。[*9]」

ライトにとっては、排他主義がパウロの敵対者たちの主な問題でした。しかし構造的には、敵対者たちも、恵みや服従、行いによる最終的な義認の理解をパウロと共有していたとします。これらの反対者たちは、おそらく、ダマスコ途上の出来事以前のパウロ自身がそうであったように、律法主義的ではなく、恵みに根ざしたシャンマイ派のパリサイ人でした。ライトは「彼のトーラーに対する熱心は、自力で救いを得ようとする道徳主義というペラギウス的な宗教から生まれたものではありません」と言うのです。[*10]

ライトは（すべての点ではありませんが、この点に関しては）E・P・サンダースに従い、[*11]一世紀のパリサイ主義は恵みを土台とした宗教であったのに、大いに誤解され、不当にも非難されてきたとしています。

私がかつて考えていたサウロは、ペラギウスの先駆者のような人物で、道徳的な努力によって自らを高めることができるという考えの人でした。サウロの関心事は、「道徳主義」、「律法主義」と表現できる救いのシステムを理解し、信じ、実行することでした。それは、約束された祝福、とりわけ、死後にあずかる天国の至福として理解された「救い」と「永遠のいのち」を受け取るために自らを接続する、時間を超えた救いのシステム、ということでした。

私は今、このようなパウロ理解は根本的に時代錯誤であり（このような考え方はサウロの時代には存在しませんでした）、文化的にも受け入れ難いものである（これはユダヤ人の思考法ではありません）と思っています。その意味で、私はエド・P・サンダースは正しいと確信しています。もしも私たちが初期ユダヤ教、特にパリサイ主義をペラギウス主義の初期の形であると考えていたなら、それは誤審だったのです。[*12]

こうした主張における問題点の一つは、完成したペラギウス主義を明確に提示して、それが神との関係で自己義認の罪を犯していると言う必要がないことです。[*13] パリサイ人やクリスチャンになる前のパリサイ人パウロ、そしてパウロの反対者たちのことをより深く理解するために、私たちはパウロやイエスに助けてもらう必要があります。そこにあるのは、完成したペラギウス主義の形をとっていない、いろいろな種類の自己義認と微妙な形の律法主義[*14]なのです。

クリスチャンになる前のパウロのビジョンは、恵みに対する感謝で形成されていたか？

クリスチャンになる以前のパウロはその時代の典型的なパリサイ人であった[*15]とすれば、その姿は最近の見方が示唆しているような恵みに基づくものではありません。本人の証しによれば、パリサイ人サウロは、恵みに基づいて神の好意を得て歩む人生を送ってはいませんでした（ピリピ三・五）。パウロは、自分もキリストを拒んだ他の者たちもみな「背きの中に死んでいた」（エペソ二・五）と語りました。パウロは明らかに自分を告発状の中に加えて、こう述べています。「私たちもみな、〔不従順の子らの中にあって〕、かつては自分の肉の欲のままに生き、肉と心の望むことを行い、ほかの人たちと同じように、生まれながら御怒りを受けるべき子らでした」（エペソ二・三）。

　回心してイエスを信じる前の自分についてパウロ自身が述べているのは、謙虚に恵みを願い求める者ではなく（たとえ彼の神学がそれを主張したとしても）、自分が神に仕えているということを傲慢に誇る冒瀆者でした。「私は以前には、神を冒瀆する者、迫害する者、暴力をふるう者（βλάσφημον καὶ διώκτην καὶ ὑβριστήν）でした」（Ⅰテモテ一・一三）。クリスチャンになる以前のパウロの宗教は、明らかに彼を神の怒りのもとに置いていました（「ほかの人たちと同じように、生まれながら御怒りを受けるべき子らでした[*16]」）。彼は神の友、神に従う者ではありませんでした。契約の神に忠実ではなかったのです。

　もちろんパウロは、自分は神に忠実であると考えていたし、恵みによる選びについて確かに語っていたことでしょう。しかしイエスは多くのパリサイ人たちが神を父とするのではなく、悪魔を父としていると語られました（それは、エペソ二・二〜三におけるパウロ自身の証言と一致します）。

イエスは言われた。「神があなたがたの父であるなら、あなたがたはわたしを愛するはずです。わたしは神のもとから来てここにいるからです。わたしは自分で来たのではなく、神がわたしを遣わされたのです。……あなたがたは、悪魔である父から出た者であって、あなたがたは父の欲望を成し遂げたいと思っ

ています。悪魔は初めから〔使徒九・一で回心前のパウロがそうであったと記されているように〕**人殺しで、真理に立っていません。彼のうちには真理がないからです**」（ヨハネ八・四二〜四四）。

これは、回心前の自分はパリサイ人として「空中の権威を持つ支配者……に従って」いた、つまり悪魔に従っていたというパウロ自身の証し（エペソ二・二）にぴったり合います。パウロがクリスチャンになる前、パリサイ人としてトーラー遵守に献身していたことを悪魔的であったとしていることに、私の知るかぎり、ライトはなんら驚きを表していません。まさにパウロの神に対する奉仕において、彼は神を冒瀆していたのです。パウロは自分のかつての宗教を、傲慢（ὑβριστήν，Ⅰテモテ一・一三〔訳注＝新改訳では「暴力をふるう者」〕）という途方もなくひどい言葉で表現しています。

パリサイ派についてのイエスの評価とパウロの告白

おおかたのパリサイ人についてイエスが自らの経験から教えていることを拒否する理由はありません。本人の証言に基づくパウロの姿は、まさにその典型です。[*17]「彼らがしている行いはすべて人に見せるためです。彼らは聖句を入れる小箱を大きくしたり、衣の房を長くしたりするのです。宴会では上座を、会堂では上席を好み、広場であいさつされること、人々から先生と呼ばれることが好きです」（マタイ二三・五〜七）。言い換えれば、彼らがトーラーを実行するのは神への感謝からではなく、人間的な栄光を渇望してのことでした。そのために、彼らはイエスを信じられなかったのです。「互いの間では栄誉を受けても、唯一の神からの栄誉を求めないあなたがたが、どうして信じることができるでしょうか」（ヨハネ五・四四）。彼らが信じていると言うことと、彼らの心の真の状態を、イエスは区別されました。

パリサイ人がひたすら取り組んでいたのは、たとえそれを可能にするのは神の恵みであると信じていると主張したとしても、自分自身の義を打ち立てることでした。そしてその「義」の意味の最も自然な理解は、神に栄光を帰す目的で、律法に単純に従うことです。しかしイエスは、それが外面的なことにすぎず、したがって偽善であると言われました。「おまえたちは杯や皿の外側はきよめるが、内側は強欲と放縦で満ちている。……おまえたちは白く塗った墓のようなものだ。外側は美しく見えても、内側は死人の骨やあらゆる汚れでいっぱいだ。同じように、おまえたちも外側は人に正しく見えても、内側は偽善と不法でいっぱいだ」（マタイ二三・二五、二七〜二八）。彼らは金銭を愛する者たちであり（ルカ一六・一四）、そのことや他のことによって彼らは「姦淫の」時代であったのです（マタイ一二・三九、一六・四）。

パリサイ人の義に対する熱心には、人を改宗させようとする熱心も含まれていました。「わざわいだ、偽善の律法学者、パリサイ人。おまえたちは一人の改宗者を得るのに海と陸を巡り歩く。そして改宗者ができると、その人を自分より倍も悪いゲヘナの子にするのだ」（マタイ二三・一五）。したがって、彼らが自分たちについてあらゆる面で正反対の理解をしていたにもかかわらず、イエスは、こうしたユダヤ人の指導者たちは（すべてのユダヤ人ではなく！）最後のさばきにおいて義とされることにはならない、と言われました。「蛇よ、まむしの子孫よ。おまえたちは、ゲヘナの刑罰をどうして逃れることができるだろうか」（マタイ二三・三三）。

イエスもパウロ自身も、回心前のパウロは神を憎み、人を憎んでいたと言うでしょう。もちろん、回心前にパウロがそう理解していたということではありません。しかしイエスは、人がイエスご自身に対して示す態度が事実を明らかにしていると語られました「わたしを憎んでいる者は、わたしの父をも憎んでいます」（ヨハネ一五・二三）。パウロもまた、クリスチャンとなって後の見地から、自分は実際に人々を憎んでいたと告白していまます。「私たちも以前は、愚かで、不従順で、迷っていた者であり、いろいろな欲望と快楽の奴隷になり、悪意とねたみのうちに生活し、人から憎まれ、互いに憎み合う者でした」（テトス三・三）。

パリサイ人に対するイエスの鋭く痛烈な告発を考慮し、その集団の一員であったというパウロの証言（ガラテヤ一・一三、ピリピ三・六、エペソ二・二～三、Iテモテ一・一三～一四、テトス三・三）を考慮すると、クリスチャンになる以前のサウロや、後にガラテヤでパウロに反対した者たちが、神を真に愛し、神の恵みの泉から飲んで、それゆえ、神に対する心からの感謝とともにトーラーを誠実に守るという人々であったと描写するのは、歴史的な幻想と思われます。そのように恵みに拠り頼み、感謝に促されて生きるユダヤ人がいたことは疑いありませんが、そうした人々のうちに、パウロや、イエスが知っておられたパリサイ人たちや、ガラテヤでのパウロの反対者たちが入っていたかどうかは疑わしいことです。私がここで言いたいのは、ガラテヤにおけるパウロの論争相手についてライトがバラ色の絵を描いているということではありません。むしろ私の意図は、その絵がバラ色でなかったこと、また、「律法主義」が問題でなかったと言うことで、律法主義の最深部とその他の罪の深い関わりという、明確になっていない事柄を見落とすことになるかもしれない事実を明らかにすることにあります。[*18]

自民族中心主義にある悪の深み

クムラン共同体と一世紀のパリサイ主義から目を転じて、自民族中心主義の問題についての不十分な分析と思えるものに焦点を当てることにします。ライトは、一方には行いを律法主義的に誇る悪があり、他方には民族的特殊性を愛のないまま誇る悪があって、両者には重大な違いがあるかのように語っています。パウロや他のユダヤ人がイエスを拒絶した根本的な理由は、イエスが彼らの自民族中心主義に対する脅威となったことにあり、いわゆる「自力で救いに得ようとする道徳主義」に対する脅威となったことにはない、とするのです。

パウロの同胞であるユダヤ人がイエスを拒み（パウロ自身も初めはそうでした）、パウロが伝えたイエスに関するメッセージを拒み続けるとき、パウロにはその根本的な理由が分かっています。自分がそうであったようにユダヤ人もまた、そのメッセージが、ユダヤ人のもの、ユダヤ人だけのものである契約のメンバーシップという概念を捨てることになると考えたのです。*19

そのとおりです。しかしそれはイエスが暴き、パウロが告白した悪の氷山の一角にすぎません。イエスは言われました。「わざわいだ、偽善の律法学者、パリサイ人。おまえたちは人々の前で天の御国を閉ざしている。おまえたち自身も入らず、入ろうとしている人々も入らせない」（マタイ二三・一三）。パリサイ人が、自分たちが設けている律法の要求によって他のユダヤ人たちを排除することに、ここで直接言及している事実は、問題ではありません。彼らの原則は同じで、宗教的な誇りに根ざした排他主義は変わりません。イエスはパリサイ人の民族的な排他性を、非難に値する道徳的誇り――つまり、自己義認――に深く根ざしたものと見ておられます。「あなたがたは、人々の前で自分を正しいとするが、神はあなたがたの心をご存じです。人々の間で尊ばれるものは、神の前では忌み嫌われるものなのです」（ルカ一六・一五）。イエスにとって、民族的誇りと道徳的誇りの間の境界線は消えています。自民族中心主義と自己義認は道徳という点で切り離せないのです。

どのような神学を公に表明していたとしても、こうした心では、律法の使用は必然的に自己義認になります。自分自身の義を確立しようとする者たちとの闘いにおいて、パウロは自民族中心主義だけでなく、どんなものでも神と人に対して自己推薦できるものとして使おうとする心を問題としているのです。

さらに二つの問題が

第二神殿期のユダヤ教に関するライトの基本的な考え――つまり「ユダヤ人は感謝の思いから、恵みに対するふさわしい応答として律法を守るのです[20]」――という考えは、さらに少なくとも二つの問題に直面することになります。第一は、一般的にパリサイ人たちがどのようにしてあわれみを経験し、他の人に表していたか、イエスが語っておられることを無視しているように思われることです。そして第二に、民族的な誇りの根は律法主義、つまり自己義認と同じ根であるという事実、またこの根から神の恵みを鼻にかける枝が生じ得るという事実を見落としているように思われることです。

「わたしが喜びとするのは真実の愛。いけにえではない」

第一の問題ですが、パリサイ人のトーラー追求を導く聖書解釈についてイエスが述べておられる基本的なことは、「『わたしが喜びとするのは真実の愛（訳注＝新改訳の欄外に「あるいは『あわれみ。』」とある）。いけにえではない』とはどういう意味か、行って学びなさい」です（マタイ九・一三、一二・七）。言い換えれば、パリサイ人は「恵みにふさわしい応答」をしていないので、トーラーを誠実に扱っていないのです。パリサイ人は、神のあわれみという尊い現実とそれが聖書の読み方と人々への接し方に対して持つ意味をとらえていません――もっと決定的なことは、神のあわれみとその意味するところにとらえられていないのです。自分たちは恵みに頼っていると、彼らは言うかもしれません。しかしイエスは、彼らが頼っていないと言われたのです。

イエスは、「赦すことをしないしもべのたとえ」（マタイ一八・二三〜三五）で、負債の返済を容赦なく求める者は神の恵みを真に経験していないことを明らかにされました。一般的に言って、これがパリサイ人に当てはまることの証拠は、「また彼らは、重くて負いきれない荷を束ねて人々の肩に乗せるが、それを動かすのに自分は指一本貸そうともしません」という言葉（マタイ二三・四）です。これは「恵みへのふさわしい応答としての感謝」の行いではありません。「赦されることの少ない者は、愛することも少ないのです」（ルカ七・四七）。

律法主義と自民族中心主義は自己義認という根を共有している

「ユダヤ人は感謝の思いから、恵みへのふさわしい応答として律法を守る」[*21]という全体的な見方に対する第二の異議については、イエスの視点から見て、人間関係における排他主義（民族的なものであれ、他のものであれ）の根には自己義認があり、したがって自民族中心主義と律法主義は同じ根を持っていることを知ることが重要です。こうした自己義認と排他主義の結びつきは、「自分は正しい（δίκαιοι）[*22]と確信していて、ほかの人々を見下している人たちに、イエスはこのようなたとえを話された」（ルカ一八・九）と始まるイエスのたとえの要点の一つです。（民族的には同じである取税人であろうと、民族的には異なる異邦人であろうと）「ほかの人々を見下している」ことの深い根は、「自分は正しいと確信して（τοὺς πεποιθότας ἐφ᾽ ἑαυτοῖς ὅτι εἰσὶν δίκαιοι）」いたことです。言い換えれば、他の人を排他的に扱うのは、自分は律法を守っていると信じている自己義認の一つの現れです。律法主義と自民族中心主義は根を共有しています。両者はたましいの別々の状態ではありません。

イエスが語られたパリサイ人と取税人のたとえがもう一つ示していることは、この排他的な自己義認の根から生じる枝から、驚くべきことに、すべては恵みによるという趣旨の主張や祈りが出てくることです。このパリサイ人はこう祈ります。「神よ。私がほかの人たちのように、奪い取る者、不正な者、姦淫する者でないこと、あるいは、この取税人のようでないことを感謝します」（ルカ一八・一一）。これは、第二神殿期のユダヤ教に恵みに拠り頼む言葉を見いだしても、そうした言葉を語る者たちの心の根底に自己義認がないことの証明になるわけではないという、私たちに対する明らかな警告ではないでしょうか。

このようなわけで前に私たちは、クムランのうちに存在していた可能性のある律法主義についてのライトの見方が不十分だと言ったのです。ライトは、4QMMTの教えは「パウロの時代のユダヤ人の特徴と考えられてきた自己義認や自慢に満ちた『律法主義』について何も示していない」と主張していました。[*23] しかし、クムランの著者が弟子たちに、律法の行いを守るために神の恵み深い助けを祈り求めよと教えていた（「これらのすべてを理解せよ。そして、自分の計画が正しさを保てるよう神に願い求めよ。そうして、悪しき思いやベリアルの計画から遠ざかれ」MMTの段落28〜29）と言うことで、ライトの主張の擁護に成功するわけではないことは、今見たとおりです。イエスはルカの福音書一八章一一節で、そうした祈りが、たとえ自分は恵みに頼っているという主張が含まれていても、律法主義の根源である自己義認の不在を証明するものではないことを明らかにしておられます。[*24]

無意味な区別

そのようなわけで、民族的な誇りは、律法主義者にとって根本的な問題である自己義認に根ざしているので、ユダヤ人の「民族的な誇り」を「成功した道徳主義者」の誇りと区別しようとするライトの努力は効果なく、結局のところ無駄であると思います。ライトは言います。「（ローマ三・二七で語られている）取り除かれた誇りとは、成功した道徳主義者の誇りではありません。それはユダヤ人の民族的な誇りです。[*25]」しかし、人が自分に固有なものを誇ることは――それが民族的なものであれ、文化的なものであれ、道徳的なものであれ――その根が自らを義として信頼することにある、とイエスは私たちに示されたのです（ルカ一八・九）。このことは、自分に固有な事柄が神からの贈り物と考えられている場合でも、真理です（同一一節）。民族的な誇りと道徳的な誇りの両者が示しているのは、人が恵みについて何を信じていても、その心は恵みの神に正しく憩う――つまり、私たちの外から、私たちのために神が与えてくださる従順をもって憩う――のではなく、自らを信頼していること（おそらく、たとえその自分が、神が恵みをもって創造されたものであると信じていたとしても）なのです。

恵みの記章が自分を誇ることに変わる時

イエスとパウロの両者は、パリサイ人のうちに、また含みとしてはガラテヤでのパウロの敵対者たちのうちに、こうした深刻な問題を見て取っていました。問題は、自分が恵みに信頼していることを示すためにユダヤ人の記章を身につけるべきなのか、あるいは恵みに信頼していることを示すためにクリスチャンの記章を身につけるべきなのか、ということではありませんでした。問題は、ユダヤ人の記章自体（割礼や食物規定等）が多くのユダヤ人にとって（イエスのたとえの中のパリサイ人のように）信頼すべきものとなり、それによって神ではなく（たとえ、人によっては神の恵みに感謝しているとしても）自らを称える手段となり、それゆえに他の人たちを軽蔑するようになり、その結果、道徳的に間違った形の律法主義となっていたことです。

「ユダヤ人は、自分たちが原告で、異邦人が被告になる大いなる法廷、大いなる裁判を待望してきたが、その待望は恐ろしいほど間違った方向に進んでしまいました[*26]」とライトが言うのは正しく、そのとおりです。そして、恐ろしいほど間違った方向に向かったのはどうしてか、私たちはイエスとパウロから学ぶことになります。それは単に、神の恵み深いみわざを誤った記章にしたという「間違い」だけではありません。恵みによる国民の選びを民族的、また道徳的な優越感に転換し、諸国の民の排斥に至った間違いでした。このすべての根は自らを称えることであり、そこには神に選ばれ、トーラーを守り、おそらく聖霊に助けられている義なる自己が含まれています。こうした考え方を律法主義から切り離そうとの努力は、成功していないし、有益でもありません。それどころか、この考え方そのものが律法主義の一つの形なのです。

民族的誇りと自分の力で救いを得ようとする道徳主義

パウロが対決していたのは「ユダヤ人の民族的特権[*27]」であって、「自力で救いを得ようとする道徳主義[*28]」ではない、とライトが繰り返し主張するのは、誤解を招く無用な区別です。何かが「恐ろしいほど間違った」方向に進んでしまいました。民族的な特権は、そのすべての記章とともに、「自力で救いを得ようとする道徳主義」と倫理における双子です。両者とも恵みを無にしました。両者とも人間に固有なもののゆえに（片方はこれらが神から得たものであると主張し、双方ともあたかも自分はそうでないかのように振る舞うのですが）自らが正しいという自信の表現でした。どちらも自らを称え、神の前で誇り、「私たちは取るに足りないしもべです。なすべきことをしただけです」（ルカ一七・一〇）というイエスの言葉の精神を言い表すことはありませんでした。こうした自己賛美は、自分たちが優位な立場を得たと考えることから生じていますが、その優位性が（十戒のような）道徳的実践によるものなのか、（割礼のような）宗教的実践によるものなのか、神の恵みによってある集団に生まれたことによるものなのかは、道徳的には関係ないことです。

救いの希望としての自己義認が、義認が扱うこと

したがって、パウロが自らの義認の教理をはっきりと述べたとき、彼は深刻な律法主義と対決していたと言って、誤解を招くことはありません。この律法主義の根は、民族的な装いを帯びているにせよ、道徳的な装いを帯びているにせよ、自己義認です。自己義認は必然的に、自分自身の道徳的状態が土台となって、自らを称えて人との関係では排除を、神との関係では自らの受容の期待を意味することになります。ユダヤ人として生まれること――したがって恵みによってユダヤ人であること――は、パウロにとって救いの範疇ではありません（ローマ九・三、六～八）。滅びるか救われるかは、人が自分の道徳的状態に頼るか（自己義認）、代理者なる方の道徳的状態（キリストの義）に頼るかにかかっています。私たちが正しいとみなされ、それゆえに神とともにある永遠の喜びに入れられる土台はどちらであろうか（Ｉペテロ三・一八）。これこそ、義認が扱うことなのです。

さて、私たちは最後に、キリストにあって、信仰のみにより、現在も永遠までも、神の義が私たちに転嫁されるという教理の聖書的基盤を示すことに向かいましょう。

注

1　私の結論は、他の人々の結論と変わりません。批評家たちの見解の要約の一つが James M. Hamilton Jr., "N. T. Wright and Saul's Moral Bootstraps: Newer Light on 'The New Perspective,'" in *Trinity Journal*, 25NS (2004) にあります。ハミルトンの結論はこうです。「E・P・サンダースによるパレスチナのユダヤ教の再構築に基づいたライトの壮大な構想から与えられるものには、失望させられます。ライトがサンダースから得た礎石は、その時代の文献と比較すると、体を成していません。アベマリーは、サンダースの叙述がタンナイム〔訳注＝紀元一世紀から三世紀にかけてのユダヤ教の知恵の言葉〕の文書資料と合致しないことを明らかにしています。エリオットは、ライトの研究がクムラン文書や偽典と一致しないことを証明しました。ガンドリー、シュライナー、ダス、キム、ギャザーコール、そのほか（サンダース自身も含めて）多くの者たちは、パウロ文書がサンダースの提示するユダヤ教の記述と合わないと主張しています。ガラテヤ三章に関する私自身の簡単な考察も同じです。ですから、パウロの回心の性格と義認理解に関するライトの結論がサンダースの描くユダヤ教に依っているかぎり、そこに描かれている像は歪んでいるのです。」

2　Wright, *What Saint Paul Really Said*, p. 129.（邦訳『使徒パウロは何を語ったのか』）

3　これが、パウロが修辞的疑問文で「それとも」という語を使う普通のやり方です。ローマ二・四、七・一、Ⅰコリント六・二、九、一六、一九、一一・二二、Ⅱコリント一三・五。

4　「律法の行い」を、割礼や食物上の規定といった民族的な記章とするよりも、一般的な意味で律法を守る行為とすることを支持するもう一つの議論を短く紹介しておくべきでしょう。ローマ四・六にこうあります。「同じようにダビデも、行いと関わりなく（χωρὶς ἔργων）、神が義とお認めになる人の幸いを、このように言っています。」　これは、パウロが引用している詩篇三二篇の文脈において、ダビデがしたことを「罪」「不法」として言及するものです。したがって、ダビデが関わりを持っていない「行い」とは、彼が破った道徳的な行いのことです。ダビデの過ちは儀式的なものではありません。それゆえ、ローマ四・一〜六は、三・二〇、二八で「律法の行い」について語ったことを補強し、説明しているのですから、この「律法の行い」がローマ四・六における意味よりも狭い意味であると考えるべきではありません。たとえば、Simon Gathercole, *Where Is Boasting?*, 247 もこう述べています。「パウロ研究の新しい視点による四・一〜八の解釈が、このところで崩れることを認めることは重要です。ここでは、ダビデが割礼を受け、安息日を守り、食物規定を順守していたにもかかわらず、その不従順のゆえに働きの無い者として描かれているのですから」（傍点は本人による）。「律法の行い」という表現を単に律法を守ることとする理解は広く擁護されていますが、私はここで他の人々の研究に頼っています。特に以下の資料を参照していただきたい。Douglas Moo, *The Epistle to the Romans*, pp. 206–210 にある要約と擁護、それに続く pp. 211–217 の補遺（“Excursus: Paul, ‘Works of the Law,’ and First-Century Judaism”）、そして彼の論文“‘Law,’ ‘Works of the Law,’ and Legalism in Paul,” *Westminster Theological Journal* 45〔1983〕: pp. 73–100, and “Review of D. P. Fuller. Gospel and Law: Contrast or Continuum? The Hermeneutic of Dispensationalism and Covenant Theology,” Trinity Journal 3〔1982〕, pp. 99–102. さらには以下、他の著者の著作や論文も参照。T. R. Schreiner, “‘Works of the Law’ in Paul,” *Novum Testamentum* 33〔1991〕: pp. 217–244, and *The Law and Its Fulfillment*, pp. 179–204; Stephen Westerholm, *Perspectives Old and New: The “Lutheran” Paul and His Critics* (Grand Rapids, MI: Eerdmans, 2004), pp. 300–321; and Moisés Silva, “The Law and Christianity: Dunn's New Synthesis,” *Westminster Theological Journal* 53〔1991〕: pp. 339–53, and “Faith Versus Works of Law in Galatians,” in *Justification and Variegated Nomism*, ed. Carson et al., Vol. 2 (Grand Rapids, MI: Baker, 2004), pp. 217–248.

5　Wright, “4QMMT and Paul: Justification, ‘Works,’ and Eschatology,” p. 106.

6　トム・シュライナーは、恵みを伝える公式の言明と人々が実際に生きる生き方を区別していますが、その区別は理解の助けとなります。「たとえ理論の上では恵みが吹聴されていたとしても、律法主義も現実に存在し得るのです。信仰心に篤い人々は恵みこそ第一と安易に宣言しますが、実際には、事を決するのは人間の努力であるかのように生きてしまうものです。キリスト教会の歴史は、恵みの神学が現実において律法主義の発生を妨げていない事実を、大いに証明しています。もしユダヤ教が同じ問題に悩まされなかったとすれば、驚きです。律法主義は、恵みの神学を支持する人々さえも脅かしています。それは、プライドと自慢が人間の性質に深く根を張っているからです。……」「神学は……公式の表明だけではなく、実際に何を強調しているかによっても測られます。神の恵みを強調していると主張しても、あまりそれに言及しない神学、人間の責任を詳細にわたって論じる神学は、理論上は違っても実際上は律法主義的になることは避けられません。」Schreiner, *Law and Its Fulfillment*, pp. 115-116. シュライナーは、ライトが *The New Testament and the People of God* (p. 222)（邦訳『新約聖書と神の民』）で次のように語っていることに言及しているのです。「パリサイ人は、父祖たちの伝承に対する忠実という自分たちのブランドは、律法を強化し、そうしてイスラエルを救う手段とするようにと神が定めた計画であると信じていました」（傍点は付加）。

7　注5を参照。たとえば、サイモン・ギャザーコールはユダヤ教の資料を広く分析した後でこう結論します。

　ローマ四・二（「もしアブラハムが行いによって義と認められたのであれば、彼は誇ることができます。しかし、神の御前ではそうではありません」）でパウロが要約しているユダヤ教の解説的伝承の主張から、行いが、それによってアブラハムが（さらにイスラエルが）義とされ、神の友であると宣言される手段であったことが分かります。従順は単に契約共同体の一員であることを示すものではありません。Ｉマカベヤ書二・五二（ダマスカス文書を参照）において、「義とみなされる」という動詞句の主語であるのは、アブラハムが「試みにあって忠実であったこと」です。「行いによって」「信仰によって」という句の両方において、前置詞（ἐκ, ἐξ）は義認の手段、あるいは土台を示しています。〔ギャザーコールの書の〕一～四章にあるユダヤ教の文書の釈義は……交換可能な義という見地からローマ四・二と四・四を理解することを完全に妥当であるとしています。義とされる手段として律法に従うことと、義なる者を区別する律法の要素の間に、〔リチャード〕ヘイズ、〔ジェームズ〕ダン、そしてライトが構築している対立は間違っています。交換可能な義と契約のしるしの区別は、パウロにとってまったく無縁なものです。(*Where is boasting?*, pp. 248–249.)

8　Wright, *What Saint Paul Really Said*, p. 99.(邦訳『使徒パウロは何を語ったのか』)

9　Ibid., p. 108. ローマ一〇・三~四の「自らの義を立てようとして」と「神の義に従わなかった」についての私の理解は、ローマ九・三〇~一〇・四を扱っている補遺1を参照。

10　Ibid., p. 35.

11　先駆的な書は、E. P. Sanders, *Paul and Palestinian Judaism: A Comparison of Patterns of Religion* (Minneapolis: Fortress, 1977) でした。

12　Wright, *What Saint Paul Really Said*, p. 32.(邦訳『使徒パウロは何を語ったのか』)

13　トム・シュライナーはロバート・スタインの助けを借りて、律法主義は人間精神に広く見られるものであり、特定の宗教に限定されるものではない、と警告しています。「私の同僚、ロバート・H・スタインは、もしユダヤ教が全く律法主義的でないとしたら、行いによる義に傾く人間の傾向から解放されている、歴史上唯一の宗教ということになるだろう、と述べています。」*The Law and Its Fulfillment*, p. 115.

14　二〇〇六年十月十二日にマット・パーマンが送ってきた個人的なメールに、きわめて示唆に富む言葉があったので、ここで引用しておきたいと思います。「私がE・P・サンダースを読んできわめて印象的だったのは、律法主義ではないことを証明しようとしてサンダースがユダヤ教から引用するほとんどの箇所が、律法主義であったことです。律法主義とは何かをサンダースは分かっていないのではないか、という思いが私のうちで鮮明になりました。実際、それは『パウロ研究をめぐる新しい視点』のほとんどの研究について言えるようです。この立場の人々は、厳格な律法主義だけを想定しているように見えます。つまり、自分の行いによって神を買収しようとか、自分の努力によって自分で行いを生み出したのだといった考えです。けれども、詳細に調べるなら、厳格な律法主義だけで律法主義を定義し尽くすことはできません。穏健な律法主義もあるのです。神から力をいただいて実行する従順によって自分が神の前に義とされるという考え、あるいは、信仰によって『救われる』が、神によって生み出される行いによって『救いにとどまる』という考えです（これには、最終的な義認は従順を土台としているという考えも含まれます）。実際サンダースは、一世紀のユダヤ人が、恵みによって契約に入るが、行いによって契約の内に『とどまる』と信じていた、と認めています。けれども、彼はそれが律法主義であると理解し損ねたのです。『新しい視点』の人々と、最初のヒントをそこから得た人々は、律法主義とペラギウス主義をおおむね合成しています。彼ら一世紀のユダヤ人はペラギウス主義ではないから、それゆえ律法主義者ではあり得ないと考えているようです。律法主義とペラギウス主義は別々の問題であることを明確にしておく必要があります。ペラギウス主義を完全に拒絶しながら、しかも律法主義者であり得るのです。カルヴァン主義の律法主義者であることも、アウグスティヌス的な律法主義者であることも、恵みによって神からいただく力でわざを行うと信じる律法主義者であることも可能なのです。たぶんこれが議論の中心にある問題です。そしておそらくは、人々が間違いを犯す理由の大きな部分を占めています。律法主義の本質は、自分たちの行いが、神の前での自分たちの正しい立場の土台であり、手段である、それを支えるものである、と信じることです。そうした行いが、自らが生み出すものか（厳格な律法主義）、あるいは自分の内に神の恵みが完全に生み出すものか（穏健な律法主義）は関係ありません。……このことに関連して、ある人たちは宗教改革が主としてペラギウス主義に関わることであると考え、あたかもローマに対するカルヴァンとルターの論争点が、自分が生み出す行いをめぐるものであったかのように考えています。けれども宗教改革は何よりも律法主義に関するもので、自らの行いが自分を義とすることができるかどうかについてです。その行いが恵みによって力を得てのことであるかどうかは関係ありません。ペラギウス主義と律法主義とを区別することはきわめて重大です。……たとえ重なり合うにしても、ペラギウス主義と律法主義とは別の問題なのです。」さらに後述の注24も参照。

15　本人の証しによれば、パウロはかつて異常なほどに熱狂的なパリサイ人でした。けれども他のパリサイ人たちと波長は合っていました。ただ、彼ら以上だったということです。「ほかのだれかが肉に頼れると思うなら、私はそれ以上です」(ピリピ三・四)。

16　もちろん、イエスやパウロの時代にも、アンナやシメオン、ザカリヤやエリサベツのように(ルカ一・五〜六、二・二五〜三八)、謙遜に約束に信頼し、神の国を求め、メシアが来られた時には認める用意のできていたユダヤ人はいました。しかしパウロは、自分をそうした人々の一人とは見ていませんでしたし、イエスもほとんどのパリサイ人をそのように見ておられませんでした。クリスチャンになる前のパウロの「非難されるところがない」という状態(ἄμεμπτος)(ピリピ三・六)とザカリヤやエリサベツの「落度なく」と形容される状態(ἄμεμπτοι)(ルカ一・六、新改訳2017欄外では「あるいは『非難されるところなく』」)との間には、重大な違いがありました。この違いをダグラス・ウィルソンは鋭く説明しています。

> さて、ザカリヤが赦しを必要としている罪人であったことは私も認めます。けれども私は、ルカがザカリヤについて非難されるところがないと記していることをストレートに受け取り、ザカリヤが契約共同体の忠実なメンバーであったことを意味している、と理解しています。契約の取り決めの中に定められている、罪を処理する手段を誠実に実行していた、ということです。しかし、私の見るところ、サウロはまったく異なった領域にいました。回心前のサウロは激情的な偽善者であり、ザカリヤとはまったく違いました。キリストが来られる前にサウロとザカリヤが同じトラックに跳ねられたら、ザカリヤは救われ、サウロは滅びることになったでしょう。これは、ダビデが救われ、コラが滅んだと私たちが信じるように導かれるのと同じ原

則によることです。これは曖昧なことではありません。そのことをサウロは幾つもの箇所で伝えており、いま論じているピリピ人への手紙のこの箇所もそうです。そこで彼は、明らかに自分自身を蔑んでいます。自らのいわゆる「非難されるところがない」状態を語るすぐ前のところで、かつての自分と同じような考えを今もしている者たちを犬、悪い働き人たち、肉体を傷つけるだけの者たちとみなしているからです（ピリピ三・二）。パウロは自分のことを、非難されるところのない犬、非難されるところのない悪い働き人、非難されるところのないアブラハムのしるしを身に刻む者、と考えてほしいのでしょうか。

(http://www.dougwils.com/Print.asp?Action=Anchor&-CategoryID=1&Blog ID=1617)

17 ニコデモもパリサイ人でしたが、別の精神を持っていたと思われます。その事実は、一般的な告発にも例外があったことを示しています（ヨハネ三・一、七・五〇、一九・三九）。

18 もし（N・T・ライトではなく）「新しい視点」を擁護するだれかが、このパリサイ人像をイエスにではなく、のちのキリスト教共同体に帰すなら、自分たちがイエスについてこの共同体以上に知っているというだけでなく、まさにこの共同体の内外にいたパリサイ人たちについて当の共同体以上に知っていることも前提としなければなりません。私がこのパリサイ人たちの状態について信ずべき証言を、どちらか選ばなければならないなら、二十一世紀の学者たちによる再構成ではなく、初期のクリスチャンたちの証言を信ずることを選ぶでしょう。現代の学者たちなら、その先入観が初期のクリスチャンたちのそれに比べて危険でないとは言えないからです。

19 Wright, *What Saint Paul Really Said*, p. 108.（邦訳『使徒パウロは何を語ったのか』）

20 Ibid., p. 19.

21 Ibid.

22 ここでの「義」の意味は、単に、神がご自身の栄光のために求めておられることにしたがって行う、道徳的に正しいふるまいのことです。その意味は、たとえば、マタイ六・一の「人に見せるために人前で善行をしないように（新改訳２０１７欄外注「自分の義を行わないように」）気をつけなさい」という言葉にも見いだされます。

23　Wright, "4QMMT and Paul: Justification, 'Works,' and Eschatology," p. 106.

24　ステファン・ウェスターホルムは、ヘイキ・レイセネンに一部頼りつつ、私たちが一度すでに見た重要な区別（前述の注14）、つまり厳格な律法主義と穏健な律法主義の違いに注意を払うよう促しています。

〔レイサネンは〕こう記しています。律法主義には「救いは戒めを守ることにある」という見方が含まれますが、自慢や自己義認が、いつでもというわけではないにしても、この考えにつきまとうかもしれません。自慢や自己義認がなければ、私たちは律法主義の「穏健な」あるいは「律法中心の」形を語ることができるかもしれません。自慢や自己義認があれば、「厳格な」あるいは「人間中心の」律法主義ということになります。これに加えて私たちはこう言えるでしょう。自分たちが神の律法に従うよう神が命じられたと信じるゆえに、律法に従おうとする「穏健な」律法主義者は、それによって自分たちの救いを「獲得している」と信じていないかもしれません。まして、自分たちの「功績」にもとづいて神に対する要求を確立するなどとは信じてはいないでしょう。神に対する愛、あるいは、神のさばきに対する恐れさえも、神の命令に従う適切な動機であるのは確かです。宗教的な人々が、神が自分たちに命じていると信じることを行おうとする理由を説明するのに、偽善や自己追求、功績の宣伝、神に対するあからさまな反抗といった説明を引っ張り出す必要はありません。これと違った考え方をすることは、たとえば、詩篇一一九篇は偽物の宗教を表現していて、申命三〇・一六はその宗教を命じている、と主張することです。

不幸なことに、新約学者たちによる律法主義の定義の大半は、「穏健な」律法主義の可能性を考慮すらしていません。クランフィールドにとって「律法主義者」とは、「神に対する要求を確立し、そうして自らの自己中心性を守り、神に対するある程度の独立性を主張するための手段として」律法を使おうとする者のことです。「律法主義者は、自らに対する義務を神に負わせることができると思い込んでいます。すなわち、律法の要求を十分に満たすことができるので、神の前で義の立場を獲得することができると思い込んでいるのです。」　モールにとって律法主義とは「自らの義を確立することにより神の好意を要求しようとする意志」です。ヒュブナーにとっては、義を行いによるものと考える者たちは自分自身の実践をもって自らの存在を定義し、神を無視して、事実上「自分自身を自らの創造者と見ている」のです。〔ダニエル〕フラーの理解では、律法主義は『何かが足りないかのように、人の手によって仕えられる必要も』ない主に（使徒一七・二五）、それにもかかわらず、人が際立った行いをすることによって賄賂を贈ることができ、祝福を与えざるを得なくすることができる、と想定している」のです。

こうした定義は、この種の「律法主義者」が、申命三〇・一六を神の律法に従うことがいのちへの道であったと教えているものと解釈する者たちの一部を代表しているにすぎない、という認識を伴っているなら、問題ないでしょう。しかしながら、こうした認識が欠けていることが非常に多いのです。信仰に代わるものは、（パウロの場合のように）、たとえその行いが「良いものであれ、悪いものであれ」――こういう言い方は「穏健な」律法主義と「厳格な」律法主義の両方を含んだ表現です――単なる「行い」ではありません。パウロは、キリストを信じる信仰を「律法の行い」と対比することができ、後者は律法によって命じられている行い以上のものではないとすることができるのですが、ある学者たちの頭の中では「行い」という概念そのものが、あまりに密接に自己義認やプライドと結びついているため、（すでに見たように）「律法の行い」は罪深いものとしか考えられません。当然ながら、そうした学者たちにとって、その行いが罪深いものとみなされる「律法」は神的であり得るはずがなく、必然的に律法主義的に歪められた形の神の律法となります。それがパウロの時代のユダヤ人の間に広がっていたと私たちは確信をもって告げられています。しかし――この点を強調しなければなりません――パウロが論じているのは、どんな種類のものであれ、人を義とすることのできない人間の行為であって、単なる「律法主義の精神によって」なされる行為ということではありません。義認は律法とその行いによらないというパウロの言葉を、律法の誤用だけに適用するなら、まさにパウロが強調している点を見失うことになります。（Stephen Westerholm, *Israel's Law and the Church's Faith: Paul and His Recent Interpreters*〔Grand Rapids, MI: Eerdmans, 1988〕, pp. 132-134)

25 Wright, *What Saint Paul Really Said*, p. 129.（邦訳『使徒パウロは何を語ったのか』）

26 Ibid., p. 127. 傍点は付加。

27 「パウロはこの段落〔ローマ三・二七～二九〕で原ペラギウス主義を払いのけることなど考えていませんでした。とにかくパウロの時代の人々は、原ペラギウス主義の過ちを犯しているわけではなかったのです。ガラテヤ人への手紙やピリピ人への手紙と同様にローマ人への手紙においても、パウロは、ユダヤ人の民族的特権を土台にして契約共同体の一員になることはできないと宣言しているのです。」Ibid., p. 129. 傍点は付加。

28 「パウロは割礼を、人が自力で救いを得ようとする道徳主義の一部として行う『良い行い』とはまったく見ていませんでした。常に民族の記章として見ていたのです。」Paul in Fresh Perspective, p. 148.「しかしながら、〔サウロの〕トーラーに対する熱心は、自力で救いを得ようとするペラギウス的な宗教ではありませんでした。」Wright, *What Saint Paul Really Said*, p. 35.（邦訳『使徒パウロは何を語ったのか』）「したがって、〔ローマ一・一六～一七〕の意味は、『信仰義認によってユダヤ教の自己努力による道徳主義と対立する真の救いの計画を、福音が啓示した』ということではありません。」Ibid., p. 126.

第11章　「この方にあって私たちが神の義となるために」

神の義の私たちへの転嫁が無意味になるような、神の義の定義の仕方はいろいろあります。神の義についてのN・T・ライトの扱い方は、確かに風変わりというわけではありません。神の義をおもに契約に対する神の誠実さととらえる理解は、この四十年ほど学者たちの新しい伝統になりました。三十五年前、学術文献に没頭していた時、私はこの理解にそれほど魅力を感じませんでした。そして、説教のために聖書本文を理解する努力を三十年続けてきて、今はさらに魅力が薄れています。この数十年、義認の理解にもたらされた混乱はかなり、学問の世界のこの新しい、時に当然とみなされている合言葉に由来しています。

神の義に関するライトの理解は単純ではありません。ライトは、神の義の契約的な描写と法廷的な描写の間を注意深く行き来します。その理由はこうです。「契約とは何よりもまず世界の罪を扱うものとして存在しています。そして、（ヘブル的考え方では）罪を扱うのは法廷であり、罪人を断罪し、正しい者を『義とする』、つまり無罪判決を言い渡す、あるいは正しいと認めるのです。[*1]」けれども、契約に関連する言語が用いられるにしろ、法廷に関連する言語が用いられるにしろ、神の義の概念を、私たちに転嫁されるもの、私たちのものとみなされるものととらえることを、ライトは好意的に見てもカテゴリー的な誤りと考えています。これは、法廷の場での転嫁についてライトが説明していることから明白です。

「もし私たちが法定用語を使うのであれば、原告や被告に対して、裁判官が義を転嫁するとか、授けるとか、残すとか、伝達するとか、あるいは何らかの方法で自分の義を移譲するとかいったことを語ることは、まったく意味をなしません。義は、法廷を横切る物体でも物質でも気体でもありません。[*2]」

私たちが必要とする神の義

神の義についてのライトの理解が、パウロによる神の義の理解に非現実的な制限を加えていることを、私は示そうとしてきました。[*3] 神の義についてパウロが思い描いているのは、契約に対する神の真実さ、あるいは法廷での公平さと同じではありません。義はこの両者よりも深い意味をもっています。両者は、義が行うことの一部であって、義が何であるかではありません。人の誠実さがその人の契約遵守によって定義されないのと同様に、神の義も契約遵守で定義されるわけではありません。誠実さに促されて人が行うことは、契約を守ること以外に百もあります。また、ご自身の義に促されて神が行うことは、契約を守ること以外に百もあるのです。こうしたすべてのことを生じさせる、すべてを統合する根源的な義は、契約以前に、契約に限定されたり、定義されたりすることなく、存在したのです。

神の義とは、すでに論じたように、[*4] 正しいことを実行する神の決意です。あるいは、何が「正しい」のか神が定義なさる基準を理解しようと表面下に迫るなら、最も深いところで義は、神の自らに対する揺るぎない忠実さにあります。「キリストは……ご自分を否むことができない」（Ⅱテモテ二・一三）。神の義は、ご自身の栄光を守ろうとする揺るぎない決意です。それが神の義の本質なのです。

そこで、神が私たちに要求なさる道徳的義も同様で、私たちが揺るぎなく神の栄光を愛し守ることです。神は、私たちがある時間だけ神の栄光を現すようにとか、かなりの熱心さで栄光を現すようにとか、命じてはおられません。神が要求しておられるのは、心とたましいと思いと力における、揺るぎなく完全な忠誠です。[*5] けれども私たちはすべてにおいて失敗してしまいました。私たちの不義とはそういうことです。「人々のあらゆる不敬虔と不義に対して、神の怒りが天から啓示されているからです。……彼らは……神を神としてあがめず(新改訳2017欄外注「神に神としての栄光を帰さず」)……朽ちない神の栄光を……替えてしまいました」(ローマ一・一八、二一、二三)。そのために私たちは神の法廷でさばきを受けるのです。私たちは神の栄光を偶像に替え、神に栄光をお返しし感謝することをせず、律法を破ることによって神の栄光を汚し(同二・二三)、神の御名が諸国民の間で汚されるに任せました(同二四節)。それで、私たちはだれ一人として義人ではありません(同三・一〇)。これが、すべての人間に対する告発です。

そこで、私たちが前に示した問いはこれです。さばき主が私たちに無罪判決を下すとき、求められている神の栄光を現す道徳的な義を、心と思いと行動における揺るぎない忠誠を、私たちが持っているとみなされるのでしょうか。そして私たちが義とみなされれのは、私たち自身の心と思いと行動において神に栄光を帰す完全な忠誠という要求を私たちが満たすからでしょうか、それとも、神の義がキリストにあって私たちのものとみなされるからでしょうか。私はこの問いに戻って自分の答えを述べることにしたい、と申し上げました。

そうです。義認において起きると私が信じているのは後者です。私たちがただ信仰だけでキリストに結び合わされるゆえに、神はキリストにあってご自身の義を私たちが持っているとみなしてくださるのです。すなわち、私たちは完全に神に栄光を帰し、神の栄光を現しているとみなされるのです。これが神の義の本質であり、律法の完全な成就でもあります。これが、罪のない生涯を送り神の栄光を完全に表したキリストに私たちがあるゆえに、神が私たちに転嫁してくださるもの、そして私たちが所有しているとみなしてくださるものなのです。これはナンセンスなことではありません。言葉では言い表せない真実であり、大切なことなのです。

ライトの線に沿うと説教はどこに行く？

神の義の転嫁を語る最も重要な聖書箇所の一つを、ライトに応答しながら見ていく前に、何が問題なのかを確認しておこうと思います。N・T・ライトの義認理解に従うなら、その結果は教会を混乱させるある種の説教が生まれるだけでしょう。こうした説教では、すでに見たように、最終的な義認を「その人が生きた人生の全体による」もの、すなわち「人生全体を土台とした」ものとして語ることになります。[*6] それから、ローマ人へ手紙八章一～一一節からこのような仕方で語ることを擁護しつつ、説教は「このようなわけで、パウロが未来を展望し、当然のことながら、終わりの日に神は何と言われるだろうかと問う時に、自分の喜び、冠として挙げるのは、イエスの功績と死ではなく、自分が開拓し、福音に忠実であり続けている教会なのです」[*7] と語ることになります。

これが、ライトの影響に沿った説教の向かうところです。ライトが実際にこうした表現を用いていることは驚きです。ライトは、私たちの行動を土台とした未来の義認という自らの理解を支持するものとして、テサロニケ人への手紙第一、二章一九節を理解し、説教します。この箇所にそれを裏づける根拠はありません。さらにライトは、パウロが終わりの日に訴えるのは「イエスの功績と死ではなく」という否定の言葉を述べて、自分の主張を強調することまでしています。その聖書箇所はこう語っています。

それで私たちは、あなたがたのところに行こうとしました。私パウロは何度も行こうとしました。しか

し、サタンが私たちを妨げたのです。私たちの主イエスが再び来られるとき、御前で私たちの望み、喜び、誇りの冠となるのは、いったいだれでしょうか。あなたがたではありませんか。あなたがたこそ私たちの栄光であり、喜びなのです。（Ⅰテサロニケ二・一八～二〇）

「パウロが未来を展望し、当然のことながら、終わりの日に神は何と言われるだろうかと問う時に、自分の喜び、冠として挙げるのは、イエスの功績と死ではなく……」とライトが言っていることは驚くべきです。この「イエスの功績と死ではなく」という否定は、重大な誤解を招きます。意味が詰め込まれていて知ってのとおり曖昧な「功績」という語は別として、「イエスの……死ではなく」という否定表現に焦点を絞りましょう。終わりの日に神がお尋ねになることをパウロが考えた時、イエスの死を取り上げないということが、本当にあるのでしょうか。

いいえ、ありません。パウロがテサロニケの人たちに宛てた第一の手紙で、自分が神の怒りを免れる根拠を考察した時に、目を向けているものはまさしくキリストの死です。テサロニケ人への手紙第一、五章九～一〇節でパウロはこう語っています。「神は、私たちが御怒りを受けるようにではなく、主イエス・キリストによる救いを得るように定めてくださったからです。主が私たちのために死んでくださったのは、私たちが、目を覚ましていても眠っていても、主とともに生きるようになるためです。」言い換えれば、パウロが終わりの日に神の怒りから自分が免れる土台について明らかに考察している時に、言及しているのは、自分が実現するよう神が力を与えた教会開拓のことではありません。言及しているのはキリストの死なのです。

テサロニケ人への手紙第一、二章一九節の意味を明らかにしてくれる類似の箇所はコリント人への手紙第一、三章六～八節です。「私が植えて、アポロが水を注ぎました。しかし、成長させたのは神です。ですから、大切なのは、植える者でも水を注ぐ者でもなく、成長させてくださる神です。植える者と水を注ぐ者は一つとなって働き、それぞれ自分の労苦に応じて自分の報酬を受けるのです。」この最後の言葉が教えていることは、クリスチャンに与えられる報いは様々だということです。もしそうならば、テサロニケ人への手紙第一でパウロが回心者たちのことを喜んでいるのは、彼らがコリント人への手紙第一、三章六節で語られているのと同じ神の恵みを意味しているからでしょう（「成長させてくださる神です。……それぞれ自分の労苦に応じて自分の報酬を受けるのです」）。ここで言われていることは、最終的な義認ではなく、義とされた者が受ける報酬なのです（Ⅰコリント三・一四〜一五）。

テサロニケ人への手紙第一、二章一九節でパウロは、この教会が「主イエスが再び来られるとき、御前で私たちの……誇り（καυχήσεως）の冠となる」と表現しています。パウロはガラテヤ人への手紙六章一四節で十字架以外に誇りとする（καυχᾶσθαι）ものはないと語っていますから、テサロニケ人への手紙の「誇り」は十字架の価値を反映したり際立たせたりする何かであると私は理解しています。このような言い方をしたのは、おそらくこのテサロニケの聖徒たちが十字架の力によって存在するようになったからでしょう（Ⅰコリント一・一七〜一八、二四、二・四〜五）。テサロニケ人への手紙第一、二章一九〜二〇節には、聖徒たちのうちにあるパウロの働きの実が、私たちがライトと同じように義認を理解し語るよう促すといった示唆は何もありません。パウロが開拓した諸教会における働きの実は、⑴パウロが忠実に宣教に取り組んだ証拠、また神の恵みの証拠、それゆえにパウロが報いを受けることになる理由であるか、あるいは、⑵パウロがキリストを信じていることの目に見える証拠であり、それによってパウロの信仰が本物であるとみなすことのできる理由、ということでしょう。自らが導いた回心者たちを喜びとすることを、パウロは自身の義認と結びつけていませんし、テサロニケ人への手紙第一、五章九節でキリストの死を結びつけているような形で、怒りを免れることにも結びつけてはいません。ライトのテサロニケ人への手紙第一、二章一九節の扱い方が、彼の影響下で説教がどこに向かうのかを示しているように思うので、私はこの書を著しました。これから、もうひと仕事、別の面に向かいましょう。

キリストにある神の義の転嫁を支持して

鍵となる問いはこれです。ただ信じるだけでキリストにある者たちは、キリストの従順を転嫁されると、パウロは信じ教えているのでしょうか。私はすでに義の転嫁を擁護する小著を書いています。また、ローマ人への手紙の講解を二百以上ネットに上げています。*8 ですから、ここではパウロの鍵となる聖書箇所を示し、拙著にあるより詳しい釈義上の議論を紹介するにとどめておきましょう。私がN・T・ライトに議論に加わってもらいたいのは、主として、神の義の転嫁を語るパウロにおける最も重要な箇所の一つ、すなわち、コリント人への手紙第二、五章二一節です。

ローマ人への手紙四章三〜八節

転嫁について聖書的な表現が際立って見られるのは、おそらくローマ人への手紙四章三〜八節でしょう。そこでパウロは、転嫁に当たる表現を創世記一五章六節から引用し、解説を加えています。ギリシャ語のλογίζομαιは「認める」「みなす」「転嫁する」〔訳注＝「ある人の勘定の中に、実際には無いものを入れて、あるものとする」という意味で「転嫁する」という概念を理解すると良いでしょう〕と訳すことができます。この語が以下の箇所で五回出てきます。

3 聖書は何と言っていますか。「アブラハムは神を信じた。それで、それが彼の義と認められた（転嫁
された、みなされた、ἐλογίσθη）**とあります。4 働く者にとっては、報酬は恵みによるものではなく、当
然支払われるべきものとみなされます**（λογίζεται）。**5 しかし、働きがない人であっても、不敬虔な者を
義と認める**（δικαιοῦντα）**方を信じる人には、その信仰が義と認められます**（λογίζεται）。**6 同じようにダ
ビデも、行いと関わりなく、神が義とお認めになる**（λογίζεται δικαιοσύνην）**人の幸いを、このように言っ
ています。**
7「幸いなことよ、
不法を赦され、罪をおおわれた人たち。
8 幸いなことよ、
主が罪をお認めに（λογίσηται）**ならない人。」**（ローマ四・三〜八）

この箇所で、五節前半の「義とする（δικαιόω）」という語は「義を転嫁する」（五節後半）という言葉で説明されています。「働きがない人であっても、不敬虔な者を義と認める（δικαιοῦντα）方を信じる人には、その信仰が義と認められます（あるいは「転嫁されます」、λογίζεται）。」そこで、義認は「義とみなす（を転嫁する）」という表現で理解されています。義認は最終的な法廷を想起させるものでなければならないというライトの強調と違い、このケースでは、パウロはむしろ、個人の「報酬」が「勘定に入れられる」出納簿のことを考えています。語られていることの中心は、行うことではなく信じることが、結果として義をもたらし、その義が私

たちの口座に加えられる、ということです。

ギャザーコールの積極的義認

サイモン・ギャザーコールは、E・P・サンダース、ジェームズ・ダン、そしてN・T・ライトを最も徹底的に批判した書の一つを著しています。ローマ人への手紙四章一～八節に記されている積極的転嫁に関するギャザーコールの要約的なコメントをここで紹介することは有益でしょう。

> パウロ研究の新しい視点による四章一～八節の解釈が、このところで崩れることを認めることは重要です。ここでは、ダビデが割礼を受け、安息日を守り、食物規定を順守していたにもかかわらず、その不従順のゆえに働きの無い者として描かれているのですから。*9
>
> しかしながら、私たちはさらに進んで、パウロが語る義認の教理に対するこれらの節の積極的な貢献を指摘しなければなりません。ここで赦しが義認の重要な構成要素であると見られていることは……印象的です。このことはまた、義認のさらに広い文脈において見ることができます。すると、赦しとは正反対の判断から離れて、ご自身のみこころを実現する神の創造的な行為、宣言と見ることができます。神がダビデを「行いと関わりなく」義とお認めになったことは、同じコインの両面である二つの要素から成っています。両方から、ヨベル書三〇章にあったような、「天の帳簿」のイメージが浮かびます。そこでは、義認と天の帳簿が切り離せない密接な関係にありました。罪と義との両方が記録されている各人の出納簿を思い浮かべることができます。罪について、パウロはダビデにならい、出納帳の「罪」欄がきれいに消さ

れていることに祝福があることを認めています。ダビデは罪人の典型で、その罪は四章七～八節が三重に明言しているように、赦されること、覆われること、罪として「認められないこと」が必要です。神が罪人を義と認め宣言する行為には（四・五）、罪を「お認めにならない」という行為が必要です（四・八）。しかしながらこれは、出納帳のもう一方の欄で、神が積極的に義と認めること〔すなわち積極的転嫁！〕と同時に起こるものです。繰り返しになりますが、義のなかったところ、ダビデが「働きがない人」であったところに、神は義を創造的に「認めて」くださいました。これが、パウロの信じる神、「不敬虔な者を義と認める方」なのです。*10

ローマ人への手紙五章一八～一九節

ローマ人への手紙五章一八～一九節も同じ方向を示しています。私たちのものとみなされる義がキリストの従順であることをパウロが明示しているのは、この箇所だけです。

18 こういうわけで、ちょうど一人の違反によってすべての人が不義に定められたのと同様に、一人の義の行為によってすべての人が義と認められ、いのちを与えられます。19 すなわち、ちょうど一人の人の不従順によって多くの人が罪人とされたのと同様に、一人の従順によって多くの人が義人とされるのです。

拙著 *Counted Righteous in Christ*（『キリストにあって認められる義』）で、私はこの箇所について以下のような結論を記しています。

一八節で語られている義認について、その主なポイントに注目しましょう。アダムに結びついていた者たちが罪に定められることになったのと同じようなことが、キリストに結びついているすべての者に起こるということです。どのようにしてでしょうか。アダムが罪を犯し、私たちはアダムに結びついていたので、アダムにあって私たちは罪に定められました。キリストは義を行い、私たちはキリストに結びついているので、キリストにあって私たちは義と認められます。アダムの罪が私たちのものとみなされます。キリストの「義の行い」が私たちのものとみなされます。

この主要なポイントを私たちが間違いなくつかむようにと、一九節は別の言い方でこの点に根拠を与えています。「すなわち、ちょうど一人の人の不従順によって多くの人が罪人とされた（κατεστάθησαν, カテスタテーサン）のと同様に、一人の従順によって多くの人が義とされるのです（κατασταθήσονται, カタスタテーソンタイ）。[11]」

κατασταθήσονται の可能な意味について格闘して得た私の結論はこうです。「文脈全体が一九節の καθίστημι（カティステーミ）に通常の意味、つまり『定める』という意味を要求しています。ひとりの方の従順を通して、多くの者が義に定められる、あるいは義と認められるのです。[12]」

パウロが言おうとしているポイントは、神の御前における私たちの義、私たちの義認の土台が、私たちがしたことではなく、キリストがなさったことにあるということです。キリストの正しい行い、キリストの従順が私たちのものとみなされるのです。私たちはキリストにあって義であると認められ、定められるのです。これは現実の義であり、私たちのものですが、私たちのものとなるのは、ただ転嫁によるものです。あるいは、パウロが手紙の前の方で使っている表現を用いるなら、神が私たちに、行いと関わりなく（四・六）「義を転嫁してくださる」のです。あるいは信じる者たちに「義が転嫁される」のです（四・九）[*13]。

パウロがローマ人への手紙五章一九節で「一人の人の不従順によって多くの人が」有罪とされたと言っていないことは大切です。有罪とされたことは事実なのですが、パウロが実際に言っていることが何かを知ることは重要です。パウロが言っているのは、「一人の人の不従順によって多くの人が罪人（ἁμαρτωλοί）とされた」ということです。このことが重要なのは、アダムの罪の転嫁が「立場」の転嫁以上のものだからです。私たちは、アダムにあって罪を犯したとみなされています。したがって、パウロがさらに続けて「……と同様に、一人の従順によって多くの人が義人とされるのです」と語る時、それは単にキリストの立場が私たちに転嫁されたと言っているだけではありません。むしろ、キリストにあって私たちは神が要求なさるすべての義を行ったとみなされるのです。転嫁は、実際に転嫁される道徳的な義という基盤を抜きにして、立場だけを与えることではありません。私たちには無かった、現実の、道徳的な、完全な義、つまりキリストの義を私たちのものと認めるのです。

ピリピ人への手紙三章九節

パウロが持っている（ἔχων）義について、ピリピ人への手紙三章九節は、自分たちは「キリストにある（ἐν αὐτῷ）」者なので、「自分の義ではなく（μὴ.. ἐμὴν）」「神から与えられる義（τὴν ἐκ θεοῦ δικαιοσύνην）」を持っていると語っています。

……私はすべてを損と思っています。……それは、私がキリストを得て、キリストにある者と認められるようになるためです。私は律法による自分の義ではなく、キリストを信じることによる義、すなわち、信仰に基づいて神から与えられる義を持つのです。（ピリピ三・八〜九）

パウロが「神から与えられ」て持っているとみなしている義を、「キリストにある者と認められる」ことを切望しつつ追求していることに注目しましょう。パウロが持っている義が彼のものであるのは、パウロが「キリストにある者と認められる」からです。この「キリストにある」という言い方は位置を示すものです。信仰によってキリストにあるとは、「自分の義」ではないのに、神の義が私の持っている義とみなされる場を示しています。[14] こういうわけで、「キリストにある者と認められる」ことが、自分のものではない義を持つ道なのです。確かに、この箇所は、キリストの義が私たちに転嫁されると明白に語っているわけではありませんが、この箇所と拙著『キリストにあって認められる義』に提示されている他の証拠を考慮すれば、この節は義の転嫁を言おうとしていると考えるのが自然でしょう。[15]

コリント人への手紙第一、一章三〇節[16]

ライトはコリント人への手紙第一、一章三〇節について、「この箇所は、何かが『転嫁されるキリストの義』と呼ばれている、私の知る唯一の箇所です。新約聖書よりも宗教改革後の神学と敬虔の中にずっとひんぱんに見いだされるこの表現は、聖書のテキストに根拠があります」と述べています。[17] この（聖書のテキストに根拠があるという）譲歩した発言の持つ意味は、特に、私たちは「キリスト・イエスのうちに」あるのでキリストが私たちの義となられたという事実を考慮すると、小さくありません。

「キリストのうちに」いるという現実が、義認の理解にきわめて重要です。後ほど見ますが、コリント人への手紙第二、五章二一節には「私たちがこの方にあって（ἐν αὐτῷ）神の義となるためです」とあり、ピリピ人への手紙三章九節には「キリストにある」（ἐν αὐτῷ）者として私たちは神から与えられる義を「持つ」とあります。ガラテヤ人への手紙二章一七節でパウロは、私たちは「キリストにあって義と認められ」る（δικαιωθῆναι ἐν Χριστῷ）と、はっきり語っています。これらの箇所が示していることは、キリストとの結合が私たちを神の義に結びつけているということでしょう。この真理のゆえに、コリント人への手紙第一、一章三〇節の重要性が増します。

> **しかし、あなたがたは神によってキリスト・イエスのうちにあります**〔ἐξ αὐτοῦ δὲ ὑμεῖς ἐστε ἐν Χριστῷ Ἰησοῦ〕。**キリストは、私たちにとって神からの知恵、すなわち、義と聖と贖いになられました。**

ここに、キリストが「私たちにとって……義……になられました〔ἐγενήθη... ἡμῖν... δικαιοσύνη〕」という明らかな言明があります。これは注目すべき言葉です。何らかの意味でキリストが私たちの義となってくださったのです。それに加えて、私たちがキリスト・イエスのうちに（ἐν Χριστῷ Ἰησοῦ）いることにより、キリストは私たちにとって（ἡμῖν）義となってくださったという事実があります。それからさらに注目したいのは、ガラテヤ人への手紙二章一七節でパウロが、はっきりと「義認」は「キリストにあって」であると語る語り方です。確かにこの箇所が強く示唆しているのは、キリストが私たちにとって義と「なられた」、あるいは義で「ある」（動詞 ἐγενήθη にはその意味も可能）ことが義認——私たちが義とみなされること——と関わっている事実です。

C・K・バレットはこう論じています。

> この思想の根底にあるのは法廷の概念です。人は神の法廷に召喚され、自分自身が生み出すことができない義を提示しなければ裁判官を満足させることはできません。……キリスト自身が人のために義となられるので（Ⅱコリント五・二一）、裁判官である神は、人をその人自身としてではなくキリストにある者と見てくださるのです。[*18]

キリストが私たちにとって聖となられたことは、転嫁される現実ではなく、私たちのうちでなされる働きであるから、キリストが私たちにとって義となられたことが転嫁された義であると、どうして仮定しなければならないのかと、反対する者がいるかもしれません。それに対する答えですが、私は*仮定している*わけではありません。そうではなく、義を「キリストのうちに」あることと結びつけている他の箇所が、義認と関係があり（ガラテヤ二・一七）、「自分の義ではない」義を語っていること（ピリピ三・九）、さらに「私たちが……神の義となる」のはキリストが罪とされたのと同じ仕方による、つまり転嫁によるということ（後述のⅡコリント五・二一を参照）を述べているのです。

それから私の見たところでは、キリストが私たちのために義と「なる」必要があるのは、キリストが知恵と聖と贖いになられるのとまったく同じであると、考えなければならない理由はありません。そのことは言われてもいないし、暗示されてもいません。[*19] 実際、キリストが私たちのために「なられた」四つの現実に、自然な発展を見るのがもっともなことです。私たちがキリストと結びつくことで、キリストは私たちのために「知恵」となられ、私たちを盲目にし鈍感にし、十字架の栄光を見させなくしている無知を克服されます（Iコリント一・二四）。次にキリストは私たちのために義となられ、私たちの罪責と有罪判決を克服されます（ローマ八・一二）。次にキリストは私たちのために聖となられ、私たちの腐敗と汚染を克服されます（Iコリント一・二、エペソ二・一〇）。最後に、キリストは私たちの贖いとなられ、復活においてこの世でのすべての悲惨、痛み、無益、死を克服されるのです[20]（ローマ八・二三）。この箇所を無理に解釈し、キリストが私たちのためにこの四つのすべてに、まったく同じ方法で、つまり転嫁によって、なってくださるという意味であるとする理由はありません。キリストは私たちのために、この四つのそれぞれに、それぞれの現実が要求する仕方で、なることができます。

この四つの発展という考えがパウロの心にあろうとなかろうと、コリント人への手紙第一、一章三〇節は、私たちが神により、信仰を通してキリストに結びつく時に私たちのものとなるキリストの義を指し示すシグナルとして有効です。したがって、すでに見てきた他の箇所に関連して、キリストを信じる信仰により私たちに転嫁されるキリストの義を語ることは、根拠のあることなのです。

コリント人への手紙第二、五章二一節

パウロがキリストの義の信仰者に対する転嫁を語っている箇所は他にもありますが[21]、歴史的に重要な箇所とみなされてきたのに、N・T・ライトが前代未聞の解釈を行い低く評価している箇所に、今は向かいます。この節は、キリストに結びつくゆえに信じる者に神の義が転嫁されることを語る、最も注目すべき箇所の一つで

す。「神は、罪を知らない方〔キリスト〕を私たちのために罪とされました。それは、私たちがこの方にあって神の義となるためです。」

ここで焦点を合わせるべき重要なことは、節の前半と後半の並行性です。チャールズ・ホッジはこの並行性を指し示してこう語ります。「キリストが罪とされたということは、キリストご自身は罪から自由であるということと調和しています。また、私たちが義とされたということは、私たち自身は不敬虔であるということと調和しています。[*22]」　ここで大いに理解の助けになるのは特に、キリストが「罪とされた」ことと私たちが「義となる」ことの並行関係です。ジョージ・ラッドはこの並行関係を、それが転嫁について持つ重要な意味とともに明らかにしています。

　キリストは私たちのために罪とされました。私たちの罪がキリストのものとみなされたと言えるでしょう。キリストは罪のない方ですが、自らを私たちの罪と同一視し、罪に対する罰と破滅――死――を受けてくださったのです。それで、たとえ人格と行為において依然として罪人であっても、私たちは、キリストの義が自分たちのものであるとみなしたのです。キリストの義が転嫁されるので信じる者が義とされることは、論理的に避けられない結論です。[*23]

「キリストにあって私たちは神の契約に対する真実となるのか？」

ライトのこの節の解釈は、δικαιοσύνη θεοῦ（「神の義」）という言葉を「明らかに『契約に対する（イスラエルの）神の真実』を意味するパウロの専門用語である[*24]」と読むことを土台としています。この言葉は通常は「神の義」と訳されます（「……それは、私たちがこの方にあって神の義となるためです」）。ライトの説明に沿うと、このように訳されることになります。

「私たちのために、神はキリスト、罪を知らない方を、私たちのための罪のきよめのささげ物とされました。それで私たちはキリストにあって神の契約に対する真実となるのです。」この節における『神の義』は、神の義と『なった』人がそれによって神のみ前に『義なる者』として立つ、人の立場ではありません。……それは唯一のまことの神の契約に対する真実であり、それが今や、逆説的なキリストを提示するパウロの宣教によって動き出し、パウロの大胆な説教を聞くすべての者に対して和解を提供するものとして届くのです。

それで、この節全体が扱っているのは、契約の大使というアイデアです。この大使は十分に、かつ徹底した形で、自分が語るその方の代理を務めているので、実際にその主権を体現化して生きる存在になるのです。[*25]」

もし、この（私の知る限り前代未聞の）解釈が正しければ、コリント人への手紙第二、五章二一節は明らかに、キリストにある私たちに神の義が転嫁されることを支持することを、何も語っていないことになるでしょう。しかし、ライトの解釈が正しいとはまったく思えません。

ライトの三つの論点

ライトの主な論点は、第一に、δικαιοσύνη θεοῦ という言葉は専門的な用語であって、「契約に対する真実」を意味するということです。第二に、コリント人への手紙第二、三～五章の文脈は、パウロの使徒職を新しい契約に仕える者（三・六）として描いているので、ライトの以下の解釈は、この箇所にふさわしい、力強いクライマックスを与えるとライトは論じます。「パウロは、自らの働きにおいて神の義となった、つまり、神の契約に対する真実、神が新しい契約をご自身の主権をもってこの世界に広げていくことを体現化して生きる存在となったのです。」第三にライトは、伝統的な解釈は「余談であり、人が実際このようにして和解するにはどうしたらよいかを説明しているかのように、おまけとしてここに投げ込まれた救済論的な説明」であろう、と言います。[26]

この箇所についての驚くべき主張

コリント人への手紙第二、五章二一節のより歴史的な理解について、ライトはこのように言います。(1) この節は「前後から孤立した言葉」です。「この節は伝統的に、贖罪の神学を教える言葉として前後から孤立して読まれてきました。[27]」ライトはまた、(2) 伝統的な解釈はこの節を「おまけとしてここに投げ込まれた救済論的な説明」として扱っていると言います。[28] 加えてライトは、(3) 伝統的な見解はこの節を「前の段落の主題とは別の何かについて余分に追加されたコメント[29]」として扱っていると言います。この三つの論点の第一のものは理解の助けにならないし、第二と第三のものは正しくありません。コリント人への手紙第二、五章二一節に至る文脈を考察しましょう。

コリント人への手紙第二、五章一四節でパウロは、自分の使徒としての働きの土台として、コントロールする推進力として、しっかりと下支えしているのはキリストの死であるとしています。「というのは、キリストの愛が私たちを捕らえているからです。私たちはこう考えました。一人の人がすべての人のために死んだ以上、すべての人が死んだのである、と。」自分の働きについての個人的な証しと、キリストに関する非常に深遠な言葉の間を行きつ戻りつするのは、パウロの特徴です。ここでは、パウロはキリストの死を単に自分の人生をコントロールするビジョン（「キリストの愛が私たちを捕らえている」）として紹介しているだけでなく、キリストの死の深い役割について衝撃的な意見を述べています。「一人の人がすべての人のために死んだ以上、すべての人が死んだのである」。この言葉は二一節前半の「神は、罪を知らない方を私たちのために罪とされました」と深く結びついています。この二つの節は互いに補い合っています。一四節では言及されていない罪が二一節では言及されていて、二一節では言及されていないキリストの死が一四節では言及されているからです。そして両方の箇所でパウロは、キリストの死において私たちが深いところでキリストと一体化する、という観点から考えています。キリストが死なれた時、私たちもキリストにあって死んだのです。その理由は、私の罪が十字架上でキリストの罪とされたことです。これが、二一節が置かれている広い文脈であり、私たちが二一節に達する前に転嫁の概念は存在しているのです。

二一節と文脈の救済論的側面とのつながり

この段落を見ていけば、二一節の救済論的側面との文脈上のつながりを豊かに見いだせます。パウロは、私たちのためのキリストの死とキリストと共に私たちが死ぬこと（一四節）から推論して、私たちはキリストのために生きるべきであり、肉にしたがって人を知ろうとしてはいけない、またキリストにあって私たちは新しく造られた者である（一五～一七節）、という結論を出します。二一節とこの複合した思想の間の二つの重要なつながりは、この節の論理と「キリストにあって」私たちが神の義となるという言明です。論理とは、キリストが私たちのために罪とされたのは、私たちがキリストにあって神の義となる「ためである」（ἵνα）ということです。これは一四節と一七節との間で働いている論理と同じです。キリストがすべての人のために死に、すべての人がキリストにあって死んだのは、この方にあって、私たちがキリストにある新しい被造物となるためなのです。

この方にあって義となることと、キリストにあって新しい被造物となること

また、論理的なつながりが二一節と文脈の間にあるだけでなく、類比も「キリストにあって」新しい被造物となることと「この方にあって」神の義となることの間にあります。[30] ライトは二一節の「この方にあって」という語句について何もコメントしません。この語句は、ライトの解釈を自然に構成することができないのです。けれども、伝統的な解釈にとってはきわめて重要です。「私たちがこの方にあって神の義となる……。」一七節（「だれでもキリストのうちにあるなら、その人は新しく造られた者です」）との密接な並行関係に注意してください。この並行性があるので、二一節を「前後から孤立して」救済論的に読まれてきたというライトの説明の評価は下がります。それだけでなく、「神の義となる」という語句に「新しい被造物となる」という語句と類似した意味を与えることにもなります。「新しい被造物となる」という表現は、神の契約に対する真実を体現する使徒だけでなく、キリストにある者だれにでも当てはまるのです。

明快なものをライトが分かりづらくしている

文脈にそって読み続けると、ライトはそれを曖昧にしていますが、一八節と一九節のつながりがまさしく明らかにしていることに気がつきます。ライトは、伝統的な解釈によれば、二一節は「人が実際このようにして和解するにはどうしたらよいかを説明しているかのように、投げ込まれ」、この節が「前の段落の主題とは別の何かに」になると言います。[*31] しかし、パウロはしていないとライトが言っていることを、パウロは明らかに行っています。パウロは「人が実際このようにして和解するにはどうしたらよいかを説明している」のです。一八～一九節のポイントがそれです。

これらのことはすべて、神から出ています。神は、キリストによって私たちをご自分と和解させ、また、和解の務めを私たちに与えてくださいました。すなわち〔ὡς ὅτι〕、神はキリストにあって、この世をご自分と和解させ、背きの責任を人々に負わせず、和解のことばを私たちに委ねられました。

もちろんこの段落は、パウロに与えられた和解の務めについて語っています。しかしまた、和解がどのようにして可能になるかについても語っています。それは明白であり、間違えようがありません。パウロは一四、一七、一九、二一節で和解の方法に用心深く注意を向けさせています。そのうえ一九節で、神は「背きの責任を人々に負わせず」とパウロが語るとき、それが必要としている説明を二一節の「神は、罪を知らない方を私たちのために罪とされました」という言葉がしています。このようにして、私たちの罪が私たち自身を断罪するものとみなされず、しかも正当なのです。二一節を「人が実際このようにして和解するにはどうしたらよいかを説明しているかのように」読むなら、この節は「抽象的で」「前後から孤立」していると、ライトが誤ったコメントをすることで、こうしたつながりのすべてが覆い隠されてしまいます。

「この方は」と「この方を」はだれを指すのか?

二一節前半（「(この方は) 罪を知らない方を (＝この方を) 私たちのために罪とされました」にある「この方は」と「この方を」がだれなのか、パウロが人々に和解させていただくよう勧めている二〇節の直近の言葉から理解しければならないと考えるとき、文脈はさらにいっそう力を増すことになります。「こういうわけで、神が私たちを通して勧めておられるのですから、私たちはキリストに代わる使節なのです。私たちはキリストに代わって願います。神と和解させていただきなさい。(この方は) 罪を知らない方を (＝この方を) 私たちのために罪とされました。」二〇節と二一節のこうした緊密な関係が意味するところは、二一節を「神と和解させていただきなさい」という言葉と最も緊密な関係を持つものとして読まなければならない、ということです。

そのことは二つのことを意味しています。一つは、二一節は確かに和解の方法について語っているということです。そしてもう一つは、この節のポイントは、パウロが語りかけている人々のためであって、パウロ自身の働きを述べるためではないということです。パウロが「私たちのために」神がキリストを罪とされたと言うとき、最も自然な意味は、「私と仲間の使徒たちのために」ではなく、むしろ「キリストに信頼を置く私たちすべてのために」です。二一節の「私たちのために」(ὑπὲρ ἡμῶν) は、一四節や一五節の「すべての人のために」(ὑπὲρ πάντων) と実に密接に繋がっていて、二〇節の「私たちは (すべての人に) 願います*[32]」という、グローバルな呼びかけに十分な根拠を与えているのです。

δικαιοσύνη θεοῦ は契約に対する真実さを意味してはいない

最後に、δικαιοσύνη θεοῦ という語句は伝統的な意味での「神の義」ではなく、「神の契約における真実」を意味しているとするライトの仮説は、根拠を欠いたものです。なぜそうなのか示すことを私はすでに試みました（三章を参照）。δικαιοσύνη θεοῦ の最も基本的な意味は、正しいことを行う神の揺るぎない決意とその完遂に関わる「神の義」で、それは、神の栄光の価値を常に保つためです。義は罪の反対であり、罪は神の栄光を受けることができないことです（ローマ三・二三）。また、私たちすべての者が義を持たなければならないと神は求めておられますが（同一・二二）、確かに私たちはだれひとり持っていません。「義人はいない。一人もいない」のです（同三・一〇）。

意外なことではありませんが、ライトは二一節前半の「罪」と後半の「義」との関連性に注意を払いません。

> 神は、罪を知らない方を私たちのために罪とされました。
> それは、私たちがこの方にあって神の義となるためです。

この節の「義」についての最も自然な考え方は、「罪」の対局にあるものということです。このことが最も自然に指し示す義の理解は、罪の反対を愛し行う性質、つまり正しいことを愛し行う性質です。

したがって、この点から、また上述した文脈の考察の全体から、ライトの斬新な解釈は正しくはなく、これらの箇所の歴史的な理解こそ根拠があり、重要であり、大切なものであると、私は結論します。

この箇所を通してなおも輝き続ける栄光を要約する

コリント人への手紙第二、五章二一節の意味を要約したものとして、チャールズ・ホッジの言葉以上にすぐれたものを、私は知りません。

コリント人への手紙第二、五章二一節ほど簡潔明快に、義認の教理が語られている箇所は、おそらく無いでしょう。私たちの罪がキリストに転嫁され、キリストの義が私たちに転嫁されるのです。キリストが私たちの罪を負われました。私たちはキリストの義をまとわせていただきました。……私たちの罪を負われたことで、キリストが道徳的に罪人になったわけではありません。キリストの義が主観的に私たち個人のものとなったわけではなく、義は私たちのたましいの道徳的性質となったわけではありません。……私たちの罪が、キリストが苦難にあう法的な根拠でした。それで、苦難が正義を満足させたのです。またキリストの義が、私たちが神に受け入れられる法的な根拠です。それで、私たちの赦しが義の行為となるのです。[*33]

言い換えれば、この箇所は、ローマ人への手紙四章六節と四章一一節で信じる者たちに転嫁されると教えられている神の義[*34]とはキリストの義である、と信じる聖書的な根拠を提供しています。「この方にあって」神の義となることの意味するところは、私たちがキリストと一体となることで、キリストご自身の義が私たちの義となると神が見てくださるということです。*35

注

1 Wright, *What Saint Paul Really Said*, p. 33.（邦訳『使徒パウロは何を語ったのか』）

2 Ibid., p. 98.

3 第3章参照。

4 第3章、九二～一〇三頁参照。

5 完全であることを神が求めておられることについては、第8章の注15を参照。

6 「聖霊は、パウロが現在の信仰による義認から未来のその人が生きた人生全体による義認へと進む際にたどる道です。」Wright, *Paul in Fresh Perspective*, p. 148。傍点は付加。「パウロは……ローマ二章において、神の民の最終的な義認について、彼らの人生全体が土台となると語っています」Ibid., p.121.

7 Ibid., p. 148. 傍点は付加。

8 John Piper, *Counted Righteous in Christ: Should We Abandon the Imputation of Christ's Righteousness?* (Wheaton, IL: Crossway Books, 2002). 説教については、以下のホームページを参照のこと。http://www.desiringGod.org/ResourceLibrary/Sermons/ByScripture/10/

9 Gathercole, *Where is Boasting?*, p. 247. 傍点は本人による。ギャザーコールの論点はこうです。パウロ研究の新しい視点を擁護する者たちの多くは、「律法の行い」はまさに割礼、安息日順守、食物規定による食事であって、それらを守っていれば、行いがあると強調しています。しかし、ダビデはそれらを守っていたけれども、道徳的失敗を犯したので「行いと関わりなく」（六節、χωρὶς ἔργων）と言われているのです。私自身がローマ四・

一〜八を前後の文脈においてどう理解しているかは、John Piper, *Counted Righteous in Christ*, pp. 54–68 を参照。

10 Gathercole, *Where is Boasting?* pp. 247–248.

11 Piper, *Counted Righteous in Christ*, pp. 107–108.

12 Ibid., p. 109.

13 Ibid., p. 110. キリストの従順は十字架において頂点に達しますが（ピリピ二・八）、十字架に限定されません。十字架上の死という従順は、キリストの全生涯の従順の生涯と切り離すことはできません。それは次の二つの理由があるからです。一つは、あらゆる点における完全な犠牲なしに身代わりの死はあり得ないからです。もう一つは、また聖金曜日の午後三時の前に線を引いて、その前のことは私たちがイエスからいただく必要があるイエスの従順に含まれないとする余地はあり得ないからです。

14 私たちが義と認められるのは私たちがキリストに結びつくことによるのであってそれ以外ではないと強調するのは、もちろん、何も新しいことではありません。たとえば、この点をアンドリュー・フラー（世界宣教の先駆者と言われるウィリアム・ケアリの偉大な「支援者」）は、師であるジョン・オーウェンやジョナサン・エドワーズにならって、当時の論争の中でこう論じています。

「すべては信仰によるのです。それは、事が恵みによるようになるためです」（ローマ四・一六）と言われています。したがって、信仰の性質の中に福音の無代価の恵みに対応する特別な何かがあるに違いありません。自分から出てはいない何か、天からの無償の贈り物をそのままの形で受け取る何か、受けるに値しない者に与えられる純粋な好意があるのです。私たちはそれを聖なるもののまったくない単なる知的能力の行使に減じる必要はありません〔これは当時の知性偏重のサンデマン主義者に反対するものです〕。しかし、いかなる聖さであれあるとすれば、そこにはなく、私たちを義と認める義を構成するキリストの従順にあります。磁石にその他どのような特性があるにしても、変わる事なく北を指し示し、船乗りを導きます。信仰にその他どのような特性があるにしても、キリストを受け入れるように私たちを導き、キリストと結合させ、義とするのです（傍点は付加）。……こうして、聖書において、義認はキリストとの結合と結びついています。「しかし、あなたがたは神によってキリスト・イエスのうちにあります。キリストは、私たちにとって神からの知恵、すなわち、義と聖と贖いになられました」〔Ⅰコリント一・三〇〕。「こういうわけで、今や、キリスト・イエスにある者が罪に定められることは決してありません」〔ローマ八・一〕。「キリストにある者と認められるようになるためです。私は律法による自分の義ではなく、キリストを信じることによる義、すなわち、信仰に基づいて神から与えられる義を持つのです」〔ピリピ三・九〕。これらの箇所や他の箇所から、信仰が、いかなるものであれ、それが功績だからということではなく、信仰の内にある何かのゆえでもなく、ただキリストに私たちを結びつけることによって、義認をもたらすことを私たちは理解するのです。

(Andrew Fuller, *The Complete Works of Reverend Andrew Fuller*, ed. Joseph Belcher〔Harrisonburg, VA: Sprinkle Publications, 1988〕, 1 : 281.)

15 この点に関しては、*Counted Righteous in Christ*, pp. 83-84 で詳細に論じています。

16 この項は *Counted Righteous in Christ*, pp. 84-87 の資料を土台としています。

17 Wright, *What Saint Paul Really Said*, p. 123.（邦訳『使徒パウロは何を語ったのか』）

18 C. K. Barrett, *A Commentary on the First Epistle to the Corinthians* (New York: Harper and Row, 1968), p. 60.

19 もしⅠコリント一・三〇を転嫁される義の聖書的根拠と主張するなら、「転嫁されるキリストの知恵や、転嫁されるキリストの聖めについて、転嫁されるキリストの贖いについても語る用意ができていなければなりません」と語るライトが（Wright, *What Saint Paul Really Said*, p. 123.〔邦訳『使徒パウロは何を語ったのか』〕）なぜ不正確なのか、これがその理由です。

20　この箇所について私は、John Flavel, *The Method of Grace* (Grand Rapids, MI: Baker, 1977), p.14にあるIコリント一・三〇に関する説教に、心が傾いています。

21　ローマ一〇・四に関する補遺1と *Counted Righteous in Christ*, pp. 87–90参照。

22　Charles Hodge, *An Exposition of the Second Letter to the Corinthians* (Grand Rapids, MI: Eerdmans, n.d.), p. 149. ホッジは「パウロはキリストの義が信仰者のものとみなされると、わざわざ言ってはいない」(p. 148) ことを認めています。しかしホッジの結論は、パウロが教理的に明確にし、体系化していないことが、三位一体の教理にとって問題にならないのと同様に、キリストの義の転嫁の教理にとってもたぶん問題にならないことを明らかにしています。

23　George Ladd, *A Theology of the New Testament*, revised edition, Donald Hagner, ed. (Grand Rapids, MI: Eerdmans, 1993), p. 491.

24　Wright, "On Becoming the Righteousness of God," p. 203.

25　Ibid., pp. 205–206.

26　Ibid., p. 205.

27　Ibid., p. 203.

28　Ibid., p. 205. 傍点は付加。ライトは、この節が「抽象的で孤立した言明ではない」と言って、レッテルをさらに貼っています。Ibid., p. 208. 傍点は付加。

29　Ibid., p. 207.

30　私は、この言葉が、「神の義となる」が「新しい被造物になる」ことのあらゆる形而上学的な意味を有していると強弁したいわけではありません。そういうことではないと私は思います。もっと密接な並行箇所は二一節の「(罪を知らない方を) 罪とされました」で、それは形而上学的な変化ではなく、転嫁を意味しているからです。

私はただ、類比の方法で、文脈との構造的な結びつきを指摘しているだけです。

31 Wright, "On Becoming the Righteousness of God," pp. 205, 207. 傍点は付加。

32 アンドレアス・ケステンベルガーは、否定し難い議論を展開しています。原文のギリシャ語で「私は願います」という動詞に直接的な目的語「あなたがたに」が欠けているのは、パウロがコリント教会内のまだ和解していない人々にだけ勧めているのではなく、どんな時であれすべての人々に向けて宣教する時の「和解という一般的な使徒的メッセージ」をここで伝えようとしている彼の意図があるからだ、ということです。「私たち使徒は、それぞれの聴衆に懇願する、『神と和解しなさい』」、「私たちはキリストに代わって懇願する、『神と和解しなさい』」 *The Bible Translator*, vol. 48, No. 3, pp. 328–331.

33 Hodge, *An Exposition of the Second Letter to the Corinthians*, pp. 150–151.

34 「同じようにダビデも、行いと関わりなく、神が義とお認めになる〔転嫁する〕人の幸いを、このように言っています」（ローマ四・六）、「彼〔アブラハム〕は、割礼を受けていないときに信仰によって義と認められたことの証印として、割礼というしるしを受けたのです。それは、彼が、割礼を受けないままで信じるすべての人の父となり、彼らも義と認められる〔転嫁される〕ためであり」（ローマ四・一一）。

35 ドン・カーソンも、同様の立場を擁護して、一九節に注意を向けさせます。「一九節の冒頭の文章を見落としてはなりません。神はキリストにあって世をご自身と和解させておられた。……この義がなぜキリストの義ではなく『神の義』と理解されるべきなのか、想像することは困難です。」 D. A. Carson, "The Vindication of Imputation: On Fields of Discourse and Semantic Fields," *Justification: What's at Stake in the Current Debates*, ed. Mark Husbands and Daniel Treier (Downers Grove, IL: InterVarsity Press, 2004), pp. 69–70.

結　論

宗教改革は終わったのか

宗教改革は終わったのかという緊急な問いに対して[*1]N・T・ライトは、義認については楽観的に答え、他の問題については悲観的に答えます。「エキュメニカルな関係で、大きくて重要な問題がないわけではありません。たとえば、近年の英国国教会／ローマ・カトリック教会の声明のあるものに、私は驚いています。そして教皇制や煉獄、聖人崇拝（特にマリア崇拝）といったことについて、私は正当な（と私は思います）パウロ的な理由で、人並みにプロテスタントです。[*2]」けれども義認の問題に関しては、プロテスタントとローマ・カトリックの論争の全体が間違って理解されてきた、とライトは言います。

義認を、人はどうやってクリスチャンになるのかという議論から、だれかがクリスチャンであるとどうやって知ることができるのかという議論としてとらえ直すと、私たちは教派の壁を越えて、ともに働く強力な動機を得ます。過去四百年間の悲しいアイロニーの一つは、少なくとも一五四一年以降、人はどうやってクリスチャンになるのかという論争が――それを義認という言葉で表すことができると私たちは考えましたが――私たちを分断するのを許してきたことです。義認の教理自体は、文化的な分断を超えて私たちが一致するよう促すものなのに、それを正しく聞こうとしなかったのです。[*3]

そこで、プロテスタントとカトリックの論争にとって義認をどう考えるか。ライトの結論は、両方の教会が論点を理解していなかったということです。ライトによれば、義認は人がどのようにしてクリスチャンになるかに関することではありません。ですから、問題はあなたが考えていたほど過熱して論じることではないのです。「もし私の隣人のカトリック教徒が、イエスは主であり、神はイエスを死者の中からよみがえらせたと信じているなら、その人がその他の点では混乱している、危険なほどに混乱していると私が思ったとしても、彼あるいは彼女は自分の兄弟あるいは姉妹であると、信仰義認は私に伝えるのです。[*4]」

私には、幾世紀にもわたって組み立てられてきた問いの形が、ライトがしているように簡単に捨てられることになるとは思えません。本書が言いたいことの一つは、この問いの組み立ては放棄すべきではなく、その実行を決意すべきだ、ということです。実際、義認はクリスチャンになる出来事を構成するものです。私たちは義認によって神の御前での正しい立場を得ます。そうなるまでは、私たちは救われていないし、クリスチャンではありません。また、この正しい立場がずっと続く現実なので、私たちはクリスチャンであり、あり続けるのです。「私パウロがあなたがたに言います。もしあなたがたが割礼を受けるなら、キリストはあなたがたに、何の益ももたらさないことになります」（ガラテヤ五・二）。義認をもたらす信仰は、神を完全に私たちを支持してくださる父として得ることを根拠とし、キリストだけにしっかりとしがみつき続けるのです。この神の御前における正しい立場が初めから終わりまで義の転嫁に基づくものなのか、それとも部分的には義の分与に基づくものなのか、それは問われなければならない重要な問いです。

宗教改革者たちは「終わった」とは言わないでしょう

今日、プロテスタントの間で義認の教理についてぐらついている見解が何であろうと、少なくとも宗教改革者たちの見解が、カトリックの公教要理で[*5]今日表明されているローマ・カトリック教会の公の立場と根本的に異なっていることは、明らかであると私は思います。もし、私が信じているように宗教改革者たちが根本的に正しくとらえているのであれば、宗教改革は終わってはいません。

カトリックの公教要理に見られる義認についての立場で、宗教改革者たちが激しく異を唱えたのは、次の部分です。

義化〔訳注＝カトリックは「義認」を「義化」と訳します〕は信仰の秘跡である洗礼において与えられます。それにより私たちは神の義に一致させられます。神はご自身のあわれみの力により、私たちを内面において正しい者としてくださるのです。[*6]

義化は、キリストの受難によって私たちのために獲得されたものです。それは洗礼を通して与えられます。それにより私たちは、私たちを義としてくださる神の義に一致させられます。義化が目指すものは、神の栄光とキリストの栄光、永遠のいのちの賜物です。義化は、神のあわれみの最もすぐれたみわざです。[*7]

言い換えれば、今日のローマ・カトリック教会の公の立場では、義認のみわざは、改革者が信じたように[*8]キリストの従順が転嫁されることではなく、義が注入されることです。「義化……により私たちは……神の義に一致させられます。」その結果、「神の最終的な義認判決は、バプテスマを通しての、また神の恵みに対する応答として、また恵みと協働して、自由になされた善行という功績を通して、恵みによって獲得された、クリスチャンの内にある義に基づいて下されます。クリスチャンは、当人が真に義であるので、義の判決を受ける（永遠のいのちにあずかる）のです」[*9]。

将来のさばきにおいて私たちのわざが占める決定的な位置

未来の義認についてライトが述べていることは[*10]、（その意味することは違っていたとしても）このカトリックの立場に非常に似ているので、ライトの思想の枠組みはローマ・カトリックを概念上新しい土俵の上にあげたものではないかという疑念が生じます。というより、ライトの見解はカトリックの立場を確証するものとして用いられることになるだろう、と言ったほうがよいでしょう。

本書の研究において明らかになった決定的なことの一つは、N・T・ライトにとって、カトリックとプロテスタントの歴史上の論争にとって――実際、聖書を真剣に受け取り、注意深く読む者ならだれにとっても――義認と最後のさばきとの関わりで、私たち自身の従順が果たす役割が途方もなく重要だということです。本書の書名に二重の意味があるのは、偶然ではありません。「義認の未来」は、この教理そのものがどこに行くのかということだけでなく、私たちの義認が確定される未来における神のさばきのみわざの決定的な重要性にも注意を向けさせます。その日、私たちの義認の従順はどのような役割を果たすのでしょうか。

これまでの分析や議論を踏まえて[*11]、見解を明らかにし公にする時となりました。最終的な宣言として以下に記すことが、非常に古く素晴らしい真理の新鮮な声明となることを私は願います。それを主が用いて、単に一つの立場を推奨するというだけでなく、宣教を前進させてもくださいますように。結局のところ、争点となっているのは、単に教理ではなく、愛の泉から湧き出る力ときよさです。

我ここに立つ

クリスチャン生活の徹底した要求に応えて生きる私たちの唯一の望みは、神が現在、そして永遠に至るまで完全に私たちに味方してくださることです。それゆえ神は、クリスチャン生活を生きることを、私たちに味方してくださる望みの土台としてお定めになりませんでした。私たちの望みの土台はキリストの死と義であり、それが信仰を通してのみ私たちのものとみなされるのです。十字架上でキリストは、私たちの罪のために私たちに要求されるすべての罰を、私たちのために耐えてくださいました。また、神が私たちの父となり、完全に私たちの味方となり、私たちに敵することが永遠にないように、キリストは神に対するご自身の完全な従順をもって、神が私たちに求めておられるすべてのこと、神が永遠に、そして完全に私たちの味方であるために根拠となるすべてのことを実行してくださいました。

この罰とこの従順は完全に実行され、すでに過去のものとなっています。変わることはあり得ません。私たちがキリストに結びついてこれらの恩恵を楽しむことは、永遠に保証されています。ただ信仰によって、神は私たちとキリストの結びつきを確かなものとしてくださいます。この結びつきが機能しなくなることは決してありません。なぜなら、キリストにおいて私たちに味方してくださる神は、全能の父として私たちの信仰を支え、すべてのことを働かせて、私たちの永遠の益としてくださるからです。神が私たちとキリストとの結合を保ってくださる唯一の手段は、キリストを信じる信仰——純粋に受け取るだけのたましいの行為——です。

神の目的において私たちの善い行いが占める位置

私たちに味方する神の存在、私たちに臨在をもって忠実に永遠の喜びをもたらしてくださる父の存在を作り出したり増やしたりするのは、私たち自身の愛の働きではありません。このような形で私たちに味方してくださる父としての忠実さは、私たちが信じて神の御子と結びつくことによって、一度で決定的に実現しました。私たちに求められる完全性と罰は、御子において実現して過去のものとなり、変更されることはありません。キリストがご自身の従順と死によって完全性と罰を実現されました。それらは、十分さや価値の点で変更が加えられたり増し加えられたりすることはあり得ません。

私たちの神との関係は、私たちのために全能の父となられた方との関係で、この方は、私たちがご自身を永遠に喜ぶことができるように、忠実にすべてのことを働かせてくださいます。神とのこのような関係が、私たちが義と認められたときに、すなわち、神がご自身の法的な怒りを除き去り、御子の従順を私たちに転嫁し、私たちをキリストにあって義なる者とみなし、私たちのすべての罪をキリストの死によって罰したゆえに赦してくださったときに、確立されたのです。

したがって、信仰から流れ出る私たち自身の従順（すなわち、聖霊の実として生み出された、私たち自身の良きわざ）の役割は、私たちの代わりに罰を受け、私たちの代わりに義となられたキリストの価値とキリストのみわざの価値を目に見える形にすることです。この宇宙における神の目的は、無限に価値あるものであるだけではなく、無限に価値あるものとして現されることでもあります。信仰から流れ出る私たちの愛のわざによって、キリストを受け入れた信仰は、それが受け入れたものの価値を示すことになります。他の人の益のために愛の犠牲を払うことで、神が永遠に私たちの味方である事実をご自身の血と義によって確立された方、キリストのすべてを満足させる価値が示されるのです。

キリストが与えてくださるすべての恩恵——私たちの味方であって敵ではない神から流れ出るすべての祝福——は、私たちの身代わりとなられたキリストの贖いのみわざによるものです。もし神が私たちの味方であるなら、だれが私たちに敵対できるでしょうか。この確信——神は私たちの全能の父であり、私たちがこのお方において永遠の喜びを持つように、忠実にすべてのことを働かせてくださるという確信——によって、私たちは人を愛するようになります。キリストを無限に価値ある方として受け入れる、目に見えない信仰が、キリストの価値を見えるようにする愛のわざを生み出すように、神は定め、物事を整えてくださったのです。ですから、私たちの愛の犠牲が、今も永遠までも神が完全に私たちの味方であるという事実を確立する手助けをするわけではありません。その逆です。神が味方であるという事実が、私たちの愛の犠牲を確立するのです。もしも神が完全に私たちの味方でなかったなら、私たちは信じ続けることができないでしょうし、したがって愛の犠牲を払うこともできないでしょう。

もし、私たちの愛のわざ（神の御霊の実）が、今も最後のさばきの時も、完全に自分の味方をしてくださる神の忠実さを確保したり増やしたりすると考える間違いを犯すなら、私たちはこうした愛のわざが存在する理由そのものを、つまり、私たちのまったく十分な従順とまったく十分な犠牲となられたキリストとそのみわざの無限の価値を示すために存在するという理由を、台無しにすることになるのです。

自分自身の良きわざに向かう私たちはいつでも、そうした行いは完全に私に味方してくださる神に依存しているのだという考え方をしなければなりません。それが、キリストの血と義が確保し永遠に保証していることです。したがって、自分の行いが、神が永遠に私に味方してくださる事実を確保し保証すると考えるいかなる傾向にも抗しなければなりません。事実はいつでも正反対です。神が私たちの味方であるので、私たちの信仰を支えてくださるのです。そして、その信仰を支える働きを通して、聖霊が愛の実を結ばせてくださるのです。

二重の悲劇

私たちの愛のわざが、神が完全に私たちの味方である事実を確保すると考えると、二重の悲劇が生じることになるでしょう。こうした愛のわざが存在する理由そのもの、つまり、神が私たちの味方であることを自らの血と義によって唯一、まったく十分な形で保証してくださったキリストの美と価値を示すためである、という事実を曖昧にしてしまうだけではありません。その愛のわざを可能にすることそのもの、つまり、愛の犠牲を払う自由と勇気が流れ出てくる、神が完全に私たちの味方であるという保証を傷つけることにもなるのです。

誤解のないようにしましょう。私たちの愛のわざは必要です。聖さがなければ、だれも主を見ることはできません（ヘブル一二・一四）。御霊の実である私たちの愛の行いは、御子の価値をこの世に見えるようにしようとする神の意図と同じように必要です。したがって、神が設定された必要性は御子の価値を決して損なうことのないようなたぐいのものです。神がキリストにあって私たちの味方となるために要求されたすべての従順とすべての苦難を提供する御子のみわざの完全な十全性を、決して損なうことはありません。私たちの従順の必要性は、この真理をいつも際立たせて確証するという性質のものなのです。すなわち、神が全能の父として完全に私たちに味方してくださることが、ただキリストのまったく十分な従順と苦難によって確保され保証される、という事実を際立たせ、確証するのです。

私たちが聖霊の実なしには神の国を相続できない、と聖書が語るとき（ガラテヤ五・二一）、それは、神が完全に私たちの味方である事実を確保するために、キリストがしてくださったことに私たちが何かを加える、という意味ではありません。意味しているのは、神が御子の完全な従順と苦難を、私たちに必要な従順の完全で十分な源泉としてくださった、ということです。この従順は確かに不完全であっても、神が自らの味方であることの保証として、キリストの従順と犠牲に信頼を置く者たちの人生において、実現していくことになります。

神が私たちの味方であるという現実を確保するのに、キリストの従順は完全で美しく、十全であるので、私たちの従順がそれに何かを加えるわけではありません。私たちの従順が、キリストの従順の完全性、美しさ、十全性を明らかにするのです。私たちの愛のわざは、神の栄光を現すうえで神の意図と同じように必要です。つまり、神が義なる方なので、私たちの愛のわざが必要なのです。神は義なる方なので、究極的に正しいことを行う永遠に揺るぎない取り組みをなさいます。御子の無限の価値をこの世で見えるものとされるのです。

なぜ本書を執筆したのか？

本書を執筆した究極的な理由は、ただ信仰によって私たちに転嫁されるキリストの従順が、否定されたり曖昧にされたりするところで生じる二重の悲劇を防ぐことです。それが否定されると、聖霊の実である私たち自身の行いが、良きわざが存在する理由そのものと矛盾する役割を果たすようになるのは避けられません。良きわざが存在するのは、神が完全に私たちの味方である事実を唯一、まったく十分な形で保証する犠牲と従順（ただ信仰によって私たちのものとみなされる犠牲と従順）を実行されたキリストの美と価値を表すためです。そこに第一の悲劇が生じます。私たちが美しい愛のわざの重要性を高めたいと願うとき、その愛のわざが本来現すべきキリストとキリストのみわざの美を無効にし始めているのです。

私たちが防ぎたいと願うもう一つの悲劇は、愛のわざを可能にしているものそのものを徐々に損なうことです。徹底した、危険もいとわない、犠牲的な、キリストをたたえる愛のわざを可能にするのは、(私たちの義とみなされた)キリストの完全な従順と、(私たちの刑罰とみなされた)キリストの完全な犠牲が、神が私たちの味方であり、全能の父として私たちがご自身にあって永遠に喜ぶことができるようにすべてのことを働かせてくださる輝かしい現実を、完全に確保している事実です。もし私たちが、ただ信仰によって私たちに転嫁されるキリストの従順の重要性を否定したり軽視したりするなら、私たち自身の行いが、キリストの行いが果たすべき役割を引き受けるようになります。そうなれば、やがては(何世代か後でしょうが)愛のわざ自体も、キリストが与えてくださる、神が完全に私たちの味方であるという確信という根から切り離されることになるでしょう。このようにして、愛の重要性を高めようとした結果、愛のわざを可能にしている、まさにそのものを徐々に損なうことになるのです。

けれども、愛する自由と勇気は、この世界がキリスト教会のうちに、またキリスト教会から、ぜひとも見る必要のあるものです。福音に立つクリスチャンたちが、声高に勝利気分で自分たちの権利を主張するのを、世界が見る必要はありません。世界が見る必要があるのは、私たちが他の人の益のために、この地上での報いを求めることなく、喜んで自分の人生をささげるよう促す、徹底した、危険もいとわない、キリストをたたえる、謙虚な愛の犠牲です。キリストの栄光をこのように現すために、キリストの従順がただ信仰によって私たちのものとみなされる、力強い、聖書的で歴史的なキリストのビジョンに私たちが忠実であることを、私は切に願います。

注

1 Mark Noll and Carolyn Nystrom, *Is the Reformation Over? An Evangelical Assessment of Contemporary Roman Catholicism* (Grand Rapids, MI: Baker Academic, 2005). 公平で、しかも批判的で重要な書評は Scott Manetsch, "Discerning the Divide: A Review Article," in *Trinity Journal*, 28NS (2007) : 62–63を参照。

2 Wright, "New Perspectives on Paul," p. 261.

3 Ibid., p. 261.

4 Ibid., pp. 261–262.

5 *Catechism of the Catholic Church* (Vatican City: Libreria Editrice Vaticana, 1994).

6 Ibid., p.482. 1992段落。

7 Ibid., p.489. 2020段落。

8 義認に関するルターの見解については、Bruce McCormack, "What's at Stake in Current Debates over Justification? The Crisis of Protestantism in the West," in *Justification: What's at Stake in the Current Debates?* pp. 81-117の引用を参照。たとえばルターはこう語りました。「これがキリスト者の義についての素晴らしい定義です。キリストを信じる信仰のために、あるいはキリストのために、義と、あるいは義となるとみなす、神による転嫁です。」McCormack, p. 93; *Luther's Works*, Vol. 26, ed. Jaroslav Pelikan (St. Louis: Concordia, 1963), p. 231. また、Timothy George, "Modernizing Luther, Domesticating Paul: Another Perspective," in D. A. Carson, Peter T. O'Brien, and Mark A. Seifrid, *Justification and Variegated Nomism* (Grand Rapids, MI: Baker Academic, 2004), pp. 437–464も参照。カルヴァンはこう言いました。「私たちは義認を単純に、私たちが神の好意にあずかって義なる者として神に受け入れられることとして説明します。また私たちは、義認が罪の赦しとキリストの義の転嫁にあると言います。……お分かりのように、私たちの義は私たちの内にあるのではなく、キリス

トの内にあり、ただキリストにあずかる者であるゆえに義を所有します。実に、私たちはキリストとともに、義の豊かさすべてを所有するのです。……キリストによってのみ私たちは義とみなされると宣言するのに、キリストの従順があたかも私たちのものであるかのようにみなされるのですから、キリストの従順に私たちの義を保つ以外に、他に何があるでしょう。」 John Calvin, *Institutes of the Christian Religion*, Vol. 1 (Philadelphia: Westminster, 1960), pp. 727, 753.（邦訳『キリスト教綱要』） カルヴァンの義認論については、さらに Anthony N. S. Lane, *Justification by Faith in Catholic–Protestant Dialogue: An Evangelical Assessment* (London: T&T Clark, 2002, pp. 17–44 も参照。

9 Manetsch, "Discerning the Divide: A Review Article," p. 57.

10 本書の序論（二六〜二七頁参照）。「ライトは、私たちの未来における義認は行いを土台としているといった趣旨の、驚くべき言明をしています。『聖霊は、パウロが、現在の信仰による義認から、完全な生活を生きることによる未来の義認へと進む際にたどる道なのです。』『パウロは……ローマ人への手紙二章において、神の民の最終的な義認について、その人たちの人生全体が土台となると語っています。』『（〔ローマ〕二・一四〜一六と八・九〜一一によれば）人生全体に基づく未来の義認が公に確約することを、信仰に基づく現在の義認が宣言するのです。』」

11 本書における議論のほかに、私は *Counted Righteous in Christ* や *Future Grace* において、また www.DesiringGod.org で聖書箇所と主題ごとに並べた多くの説教において論じてきました。

補遺を記す目的について

以下の補遺は、N・T・ライトの著作に対する応答として書いたものではありません。大半は、ライトの著作を読む前に書きました。彼の著作と対話しているわけではありません。それらをここに載せるのは、義認とそれに関連した釈義上の問題について、私が広い視野をもって理解していることを知っていただく手段を提供するためです。

ライトとのメールのやりとりで、彼はより広い構図について、また特に幾つかの箇所について、私自身の考えを尋ねてきました。そうしたやりとりにおける私の応答の大半が本書に組み込まれたので、本書のサイズはやりとりをする前の二倍になりました。義認に関する建設的な釈義のためにもう一書を著すことはできないとしても、そのような書を著すとすればこうなると思われるものを、釈義の面で垣間見ていただくことができるだろうと思ったのです。

以下の補遺は、相互に関連があるわけではありません。それぞれ独立したものです。読者の皆さんは自分の興味にしたがって選択しても、すべて無視してもかまいません。これらは、ライトに対する私の批判の実質的部分を構成するものではありません。私が願うのは、この補遺が、ただ信仰によってキリストの従順が罪人に転嫁されることによる義認という、パウロのビジョンの筋の通った理解に読者の皆さんが進む助けとなることです。

補遺 1

イスラエルが、「信仰によってではなく、行いによるかのように」追い求めたために、「律法に到達し」なかったとは、どのような意味か？

ローマ人への手紙九章三〇節～一〇章四節に関する考察

30 それでは、どのように言うべきでしょうか。義を追い求めなかった異邦人が義を、すなわち、信仰
による義を得ました。31 しかし、イスラエルは、義の律法を追い求めていたのに、その律法に到達しま
せんでした。32 なぜでしょうか。信仰によってではなく、行いによるかのように追い求めたからです。
彼らは、つまずきの石につまずいたのです。
33「見よ、わたしはシオンに、
　つまずきの石、妨げの岩を置く。
　この方に信頼する者は
　失望させられることがない」
と書いてあるとおりです。
10・1 兄弟たちよ。私の心の願い、彼らのために神にささげる祈りは、彼らの救いです。2 私は、彼ら

が神に対して熱心であることを証ししますが、その熱心は知識に基づくものではありません。3 彼らは神の義を知らずに、自らの義を立てようとして、神の義に従わなかったのです。4 律法が目指すものはキリストです。それで、義は信じる者すべてに与えられるのです。

論題――ローマ人への手紙九章三二節前半（「信仰によってではなく、行いによるかのように追い求めたからです」）は、モーセ律法の長期的な目的や目標（τέλος）が「信じるすべての者の義となるキリスト」（私訳）であったこと、そして今もそうであることを教えています。律法の目的や目標は、私たちが自分自身の義を立てるのを助けることではありませんでした（一〇・三）。別の言い方をすると、神の義に服すること（同節）は、「行い」によって達成されるのではなく（九・三二）、キリストを信じる信仰によるのです。それが律法全体の長期的な目的です。したがって、ローマ人への手紙九章三二節前半は、ガラテヤ人への手紙三章一二節（「律法は、『信仰による』のではありません。『律法の掟を行う人は、その掟によって生きる』のです」）にあるように、律法には、「信仰によるのではなく」と適切に表現できるような、二次的で短期的な目的があるという意味を排除していません。

1　ローマ人への手紙九章三〇～三二節で想定されている状況は、九章二四節（「……神は私たちを、ユダヤ人の中からだけでなく、異邦人の中からも召してくださったのです」）に描かれている、パウロの時代の状況です。ユダヤ人も異邦人も神によってあわれみの器として召されています。しかし九章一～五節にあるような問題がずっと存在していました。異邦人が救われている一方で、あるユダヤ人たちは、つまずきの石であるキリストにつまずき（九・三三）、救われておらず（一〇・一）、のろわれた者となり、キリストから切り離されています（一〇・三）。パウロはローマ人への手紙九章六～一三節で、イスラエルに対する神の約束を考えると、どうして同胞のユダヤ人がのろわれた者となってしまったのかという問題に取り組んでいました。続いてパウロは九章三〇節～一〇章四節で、イスラエルがつまずき、失われている問題に取り組んでいます。九章六～二九節では、イスラエルが滅びるという問題に選びの教理をもって答えています。イスラエルから出た者がみなイスラエルではない、と述べています（六節）。ここ九章三〇節～一〇章四節で、パウロはこの問題について、律法の真の長期的な目的、すなわち自分たちの義であるメシア（キリスト）をイスラエルが信じず、拒んだからだと答えるのです。

2　たとい異邦人が義を追い求めることをしなかったとしても、多くの異邦人はその義を、すなわち「信仰による義」（δικαιοσύνην δὲ τὴν ἐκ πίστεως）を得ました。異邦人は律法を知ることさえないかもしれないけれども、律法の目的であるキリスト（一〇・四）について聞いて信じ、その結果、キリストが彼らの義となるのです（律法の目的は「キリストです。それで義は」律法を知らない者たちでも「信じる者すべてに与えられるのです」〔一〇・四〕）。

一方、パウロの時代のイスラエルは確かに律法を知り、「義の律法を追い求めて」います（διώκων νόμον δικαιοσύνης〔九・三一〕）。しかし、その律法に到達することはありません（εἰς νόμον οὐκ ἔφθασεν〔同節〕）。「律法を追い求めていたが、到達できなかった」とはどういう意味でしょうか。一般的な言い方をすれば、律法の規定を守ろうとしたが、守れなかったということか、あるいは、律法全体の長期的な目的に達しようとしたが、失敗したということかもしれません。

たとえば、もし私が、「ダイエットをしようとがんばったが、失敗した」と言ったとすれば、その意味は「ふさわしいものを食べることができなかった」ということかもしれません。あるいは「体重を減らすことに失敗した」ということかもしれません。三一節の文脈は第二の意味を支持しています。すなわち、パウロの時代のイスラエルは集団として、律法全体としての長期的な目的、つまり「信じる者すべての義となるキリスト」（Χριστὸς εἰς δικαιοσύνην παντὶ τῷ πιστεύοντι（一〇・四））に到達することに失敗したのです。[*1] 言い換えれば、パウロはここで律法のあらゆる側面の計画的な分析をしているわけではありません。むしろ、律法全体の長期的な目的、信じるすべての者の義となるキリストを特別に論じているのです。

3　このこと（イスラエルが「律法に到達」することに失敗したということ）は、律法全体の長期的な目的である「義を与えるキリスト」に到達することに失敗したことを、「彼らは、つまずきの石につまずいた」（九・三二後半）と説明していることです。九章三三節で明らかにされているように、キリストを信頼することが、石につまずくことの反対ですから、つまずきの石とはキリストのことです（『見よ、わたしはシオンに、つまずきの石、妨げの岩を置く。この方に信頼する者は失望させられることがない』と書いてあるとおりです）。そこで、自分たちを義とするキリストを信じることができず、キリストにつまずき、自分の義を立てようとしたために（一〇・三）、イスラエルは「律法に到達」することに失敗したのです（九・三一節後半）。こういうわけで、「律法を追い求めていたのに、その律法に到達しませんでした」というのは、律法全体の長期的な目的、すなわち義を追い求めていたということであり、その義は、パウロが一〇章四節で論じているように、信じるすべての者の義となるキリストなのです。

4　「律法を追い求めていた」（九・三一）のに失敗したのは、義を与えるキリストを信じることに失敗したことであるという、もう一つの理由は、九章三一節の思想と一〇章三節の思想の間に見られる密接な並行関係です。九章三一節で、パウロはイスラエルについて「義の律法を追い求めていたのに、その律法に到達しませんでした」と語っています。一〇章三節ではイスラエルについて「自らの義を立てようとして、神の義に従わなかったのです」と語っています。これら二つの節の「追い求める」と「～しようとする」の意味は非常によく似ており、おそらく同じ内容の努力に言及するものでしょう。続く一〇章四節でパウロは、「神の義」に従わなかったということの意味を説明し、補強しています（γὰρ があります）。それは、信じるすべての者の義となるキリストを受け入れるのにイスラエルが失敗したことを指しています。この義を与えるキリストが律法全体の長期的な目的（τέλος〔一〇・四前半〕）でした。神の義に従うこと、すなわち義を与えてくださるキリストを信じることが目的でしたが、ここに到達することにイスラエルは失敗しました。自分たちに義を与えてくださるキリストを信じなかったからです。

5　イスラエルが「律法に到達」（九・三一）することに失敗したことに関するこうした理解は、もう一つの並行関係、今度は九章三二節と一〇章三節の間に見られる並行関係によっても確かめられます。九章三二節は、イスラエルが「律法に到達」することに失敗した理由は「信仰によってではなく、行いによるかのように」（οὐκ ἐκ πίστεως ἀλλ᾽ ὡς ἐξ ἔργων）追い求めたからだと述べています。一〇章三節の並行箇所は、イスラエルが神の義に従うことに失敗した理由は「自分の義を立てようと」したからだ（τὴν ἰδίαν δικαιοσύνην ζητοῦντες στῆσαι）と述べています。こうして、一方では神の義に従うよりは自分自身の義を立てようとしたこと（一〇・三）、他方では律法を「信仰によって」というより「行いによるかのように」追い求めたこと（九・三二）、これらの間に並行関係があります。けれども一〇章四節は、神の義に従うことに失敗したことが、律法全体の長期的な目的（τέλος）である「義を与えてくださるキリスト」を受け入れるのに失敗したことと同等であることを明らかにしています。

この並行関係が意味していることは、「律法を……行いによるかのように」（九・三一～三二）追い求めることは、律法全体の長期的な目的、すなわち「信じる者すべての義となるキリスト」を「行いによるかのように」追い求めることだということです。要するに、イスラエルは、律法全体の長期的な目的である義を「行いによるかのように」求めたので、つまずきの石であるキリストにつまずいたのです。実のところ、律法の目的（τέλος）は「行いによる」のではなく「信仰によって」、つまり「信じる者すべての義となるキリスト」を信じる信仰によって到達するのに、「行いによるかのように」求めたからです。

6　ローマ人への手紙九章三二節が律法について教えていることをこのように解釈した結果は、律法の長期的な目的は、「信じる者すべての義となるキリスト」であったし、今も変わらないということ、そして律法のこの長期的な目的は「信仰によって」到達するもので、「行いによるかのように」して到達するものではなかったこと、それは今も変わらないということです。

7　この結論からさらに言えることは、ローマ人への手紙九章三二節の見方によれば、律法は「義を与えるキリスト」を指し示し、目的としていますが、それが律法の意図と信仰との関係のすべてではないということです。したがって、たとえば、ガラテヤ人への手紙三章一二節（「律法は、『信仰による』のではありません。『律法の掟を行う人は、その掟によって生きる』のです」）で「信仰によるのではない」と適切に表現されている律法の短期的な目的があることを、ローマ人への手紙九章三二節を用いて否定するのは誤りでしょう。私自身もかつて注意深く区別せずに、ローマ人への手紙九章三二節に「行いによるかのように」追い求めて「信仰によって」追い求めるのに失敗したので「律法に到達しませんでした」とあることから、「律法は信仰を教えている」と論じたことがありました。けれども私たちは、ローマ人への手紙九章三二節で考察されているような律法全体の長期的な目的のことを語っているのか、それとも、律法が意図していることのすべてについて大ざっぱな判断を下そうとしているのか、区別しなければなりません。もし私たちが大ざっぱな判断を下し、その結果、「律法は信仰を教えている」という表現では簡単に要約できず、「律法は信仰によるのではない」（ガラテヤ三・一二）との言葉で適切に表現されている律法の短期的な意図を否定するなら、ローマ人への手紙九章三二節が教えている範囲を越えてしまうでしょう。

たとえば、律法の短期的な目的の一つに、「約束が、イエス・キリストに対する信仰によって、信じる人たちに与えられるため」「すべてのものを罪の下に閉じ込め」ることがありました（ガラテヤ三・二二）。すなわち、律法は時が満ちるのを、信仰の時が来るのを待ちつつ、二次的で短期的な形で、人々を閉じ込める役割を果たすのです。ガラテヤ人への手紙三章二三節に「信仰が現れる前、私たちは律法の下で監視され、来たるべき信仰が啓示されるまで閉じ込められていました」とあるとおりです。もしも、ある意味で「信仰」がまだ来ておらず、これから「啓示される」のであれば、もしも、信仰がガラテヤ人への手紙三章二三節の信仰、つまり時が満ちて来られた神の御子（ガラテヤ四・四）を信じる信仰のことであれば、「律法は信仰によるのではない」と言うのは奇妙なことではないでしょう。これがおそらく、パウロがガラテヤ人への手紙三章一二節で「律法は『信仰による』のではありません」と語るときの意味でしょう。来たるべき信仰、律法がイスラエルを閉じ込めつつ、そこに導こうとしていた信仰は、「律法が目指すもの」、「義を信じる者すべてに与える」キリストをはっきりと意識して信じる信仰のことなのです。

注

1　この補遺において私が言いたいことがすべてそれに依存しているわけではありませんが、私は、ローマ一〇・四の文章の主語は τέλος であると理解しています。ギリシャ語を英語に置き換えるとき、原文の順序とほとんど同じにすることを妨げるものは何もないように私には思えます。

τέλος γὰρ νόμου Χριστὸς εἰς δικαιοσύνην παντὶ τῷ πιστεύοντι.

律法の目標はキリストです。それで、義はすべての信じる人に。私は、述語名詞に関してダニエル・B・ワラスの *Greek Grammar Beyond the Basics* (Grand Rapids, MI: Zondervan, 1996) の該当箇所、また特に「述語名詞と主語をどうやって見分けるか」というテーマの項目 (pp. 42-46) を確認し、さらにコルウェルの構文に関する箇所や補遺の「動詞を欠く場合」(pp. 269-270) を考察しましたが、τέλος か Χριστός のどちらがこの文章の主語であり、どちらが述語名詞なのか、という疑問に答える一般原則はないように思われます。しかし、ワラスが行っている一つの考察により、私は τέλος を主語と考える方向に傾いています。(ローマ一〇・四のように)動詞が存在しない場合の冠詞なしの述語名詞に関するコルウェルの法則 (p. 257) について、ワラスはこう言っています。「主語の前に主格の述語を置くことで、著者は主格の述語を強調しています。強調しているとすれば、その性質を強調しているか、限定しているかです〔訳注＝そうであれば、主語ととることもあり得ることになります〕」(p. 270)。ローマ一〇・四で τέλος はキリストの前に置かれています。しかし、この節におけるパウロの意図は τέλος を強調することではなく、キリストを強調することであると思われます。言い換えれば、強調していることは、キリストは律法のゴール、ではなく、律法のゴールはキリスト、であるはずです。パウロの思想の流れの中で驚かされる強調点は、律法の τέλος の紹介ではなく、律法の τέλος としてキリストを紹介することなのです。それゆえ、ワラスの注釈にしたがえば、τέλος は強調するため冒頭に置かれている主格名詞の述語だと当然考えられるのではなく、文章の主語であると考えられるでしょう。しかしまた、この補遺1の議論は τέλος か Χριστός のどちらが主語かということに依存してはいないでしょう。より重要なのは、文章の自然な流れにおいて、「キリスト」が「義は信じる者すべてに与えられる」という言葉と密接に結びついているという事実です。

補遺 2

ガラテヤ人への手紙三章における律法と信仰についての考察

1　狭い短期的な意図における律法は、人がいのちを得るためにモーセ五書にある六百十三の命令[*1]を完全に行うことを要求しています（ガラテヤ三・一〇、一二、五・三、六・一三、ローマ四・二、一〇・五）。これは、実行する力を得ようと神に頼ることを排除する法的取り決めではありません。この取り決めには、神が先に人に与えなかったものを、人が神に与えるよう要求されているという考えはありません（ローマ一一・三五～三六）。この律法の狭い短期的な意図は、子どものようにへりくだって神に信頼し、神をたたえることにおける完全という絶対的な基準を示し、それなしには五書の贖罪規定もキリストのみわざも意味がなくなるような道徳的背景を提供することにあります。[*2]

2　この律法の受け取り手（イスラエル人、そして間接的にはすべての異邦人）は一様に罪深く、神に敵対しています。彼らは神に従わないし、従うことができません（ローマ八・七）。

3　それゆえ、罪深いイスラエルが何百もの命令に直面するとき、この律法が彼らに対して及ぼす影響は、(a) 潜在的な罪の自覚（ローマ七・七）、(b) 罪がひどく罪深いものとなることによる罪の増大（ローマ五・二〇、七・一三）、そして、(c) 違反の増加（ローマ五・二〇、四・一五）です。こうした影響は、神が律法に意図したことの一部です。「（律法は）違反を示すために付け加えられたもの」であり（ガラテヤ三・一九）、「律法が入って来たのは、違反が増し加わるためで」した(ローマ五・二〇)。モーセ律法自体が、その短期的な目的は告訴のためであることを示しています。「このみおしえの書を取り、あなたがたの神、主の契約の箱のそばに置きなさい。その場所で、あなたに対する証しとしなさい。私は、あなたがどれほど逆らう者であるか、うなじを固くする者であるかをよく知っている」(申命三一・二六〜二七)。

4　律法のこの狭い短期的な意図について、ガラテヤ人への手紙三章二二節は、「聖書は、すべてのものを罪の下に閉じ込めました」と述べています。律法のこの意図がもたらすものは、生かすことよりむしろ殺すことです。パウロは、自分が「新しい契約に仕える者……文字に仕える者ではなく、御霊に仕える者」であると語っています。「文字は殺し、御霊は生かすから」です(Ⅱコリント三・六)。古い契約、つまり文字は、モーセの契約であり律法であって(ガラテヤ三・一七〜一九、ローマ七・六)、「新しい契約」とは別のものです。特に、古い契約は御霊が与えるように「いのちを与える」ことができないからです。このことをパウロはガラテヤ人への手紙三章二一節で語っています。「もし、いのちを与えることができる律法が与えられたのであれば、義は確かに律法によるものだったでしょう」(傍点筆者)。律法はいのちを与えることができませんでした。人々を罪に閉じ込め、違反を増し加えたゆえ、律法がしたことは殺すことだけでした。つまり、ローマ人への手紙三章二〇節でパウロが言っているように、律法のこの狭い短期的な意図は、だれかを義とすることではなく、罪の認識を目覚めさせることです。「人はだれも、律法を行うことによっては神の前に義と認められないからです。律法を通して生じるのは罪の意識です。」

5　こうした律法の死に至らせる意図だけで、ガラテヤ人への手紙三章一二節で「律法は、『信仰による』のではありません」と言われていることの理由が分かります。この言葉のポイントは、完全な服従を求める律法の要求は、それを可能にする神への信頼を排除していたということではありません(上記の1)。「律法は、

『信仰による』のではありません」という言葉のポイントは、キリストの到来とともに訪れる新しい契約の信仰にいのちを与えることを律法は意図していないということにあると、ガラテヤ人への手紙三章の文脈は明らかにしています。「律法は信仰によらない」とは、律法の狭い短期的な意図が、人を罪に閉じ込め、違反を増し加え、そして死をもたらすことにあり、これらのことがすべて起きるのは、律法が本来「戒め」であり（ローマ七・八～一三、一三・八～九、エペソ二・一五。以下の12を参照）、「いのちを与える」御霊を与えることなしに完全な服従を要求するものだからです（ガラテヤ三・二一、Ⅱコリント三・六）。

6　ガラテヤ人への手紙三章のこのきわめて重要な文脈は、信仰について印象的な形で語っています。信仰とは、アブラハムが約束を信じて受け入れたとき、それによって義と認められたものです（六～八節）。さらに、（律法の後に）「啓示されるべき」ものです。キリストが来られるまでは「来ない」ものです。律法は、アブラハムから四百三十年後に「つけ加えられたもの」で、それは、「約束を受けたこの子孫が来られるときまで」のこと（一九節）であるとパウロは語ります。それで、この子孫であるキリストが来るときには、律法の、死に至らせる古い契約における働きは過ぎ去り、キリストを信じる信仰による御霊といのちと義認の時が訪れることになるのです。パウロの考えでは、念頭にある信仰は「すでに現れ」、私たちをキリストに導く養育係としての律法の役割は終了しています。

> **信仰が現れる前、私たちは律法の下で監視され、来たるべき信仰が啓示されるまで閉じ込められていました。こうして、律法は私たちをキリストに導く養育係となりました。それは、私たちが信仰によって義と認められるためです。しかし、信仰が現れたので、私たちはもはや養育係の下にはいません**（二三～二五節）。

7　前項6の結論は、罪や違反や不信仰や死に至る、律法の狭い短期的な意図のほかに、もう一つの意図があるということです。律法にはすべてをひっくるめた長期的な意図があります。つまり、「私たちが信仰によって義と認められるため」（ガラテヤ三・二四）にイスラエルをキリストに導くという意図です。神の意図は、御霊の注ぎ（同四・六）、いのちの賦与、信仰による義認が、明らかにキリストのみわざと結びつくことにあります。そのために、キリストが来られるまで、神は御霊といのちの賦与と信仰の働きを抑制しておられたのです。

8　律法のこの二つの意図（短期的には「殺す」こと、そして長期的にはいのちを与えるキリストに導くこと）を視野に入れれば、なぜ律法は約束に対立するものではなく（ガラテヤ三・二一）、したがって信仰に対立するものでもない（ローマ三・三一）のか、パウロが論じていることが理解できます。ガラテヤ人への手紙三章二一節でパウロは、「それでは、律法は神の約束に反するのでしょうか」と問うています。その問いに答えて彼は「決してそんなことはありません」と強く否定します。注目すべきはその理由です。それを理解するには、二一節後半と二二節を合わせて取り上げる必要があります。パウロはこう言っています。

21「それでは、律法は神の約束に反するのでしょうか。決してそんなことはありません。」もし、いのちを与えることができる律法が与えられたのであれば、義は確かに律法によるものだったでしょう。

22しかし聖書は、すべてのものを罪の下に閉じ込めました。それは約束が、イエス・キリストに対する信仰によって、信じる人たちに与えられるためでした。

言い換えれば、律法が約束に対立していない理由はまさに、律法の意図が、いのちを与えることではなく、人々を罪に閉じ込め、いのちを与えるキリストに導くことにあるからです。もし律法がいのちを与えていたなら、そのときには、律法は約束に対立するものとなっていただろう、とパウロは言います。律法は、キリストをいのちと義の土台としようとする約束の目的を妨害することになっていたでしょう。（いのちを与える律法によって力が与えられ）自分自身の行いを神の御前で義であるための土台としたい人々の思うとおりになっていたことでしょう。しかし、律法はそのような働きをしません。律法は罪に閉じ込め、キリストに導くのです。こういうわけで律法の目的（τέλος）は、「信じる者すべてに義を与えてくださるキリスト」（ローマ一〇・四）なのです。律法の（いのちと信仰と義に向かうのを妨げる）短期的な意図は、（キリストをいのちと信仰と義の土台とする）長期的な意図に仕えるのです。このようにして、律法が「信仰によるのではない」という事実は、キリストを信じる信仰に仕えているのです。そして（いのちを与えない）律法は、いのちと義を「律法による」ものとさせないのです（ガラテヤ三・一二）。

9　ここで私たちは、ガラテヤ人への手紙三章一八節の説明を必要としています。「相続がもし律法によるなら、もはやそれは約束によるのではありません。」この言葉ゆえに、「それでは、律法は神の約束に反するのでしょうか」という二一節の問いが実に急を要するものとなっています。確かに一八節は、律法と約束の両方が相続の土台となるのを否定しているゆえ、律法と約束が相反するものであると語っているように見えます。相続に関して、律法と約束は正反対の基盤なのです。約束と律法の両方が相続の基盤となれず、しかも約束と律法とが対立するものでないのはなぜか、その理由を理解する助けとなるのが、二一〜二二節におけるパウロの議論（8を参照）です。

パウロは、もし律法が「いのちを与える」のであれば、律法は約束と対立するであろう、と言います（「もし、いのちを与えることができる律法が与えられたのであれば、義は確かに律法によるものだったでしょう」）。しかし律法はいのちを与えないので、その代わりに、アブラハムの祝福（相続）を信仰によって異邦人にもたらす（一四節）キリストにイスラエルを導くことになります。それでは、一八節で約束と律法が一見対立していることは、どう理解すべきでしょうか。この対立を私たちは、潜在的なものとして理解します。もし神が律法を、いのちを与えるものとして定め、したがって人々がキリスト抜きで義を得ることを可能とされるならば、律法は相続を別の基礎の上に置くことになったでしょう。この場合、一八節の「相続がもし律法によるなら」という句は、律法を――律法主義的にではなく、いのちを与える神の力によって――守り、キリストのみわざを必要とせずに、神に受け入れられる義を得ようとすることです。そうなると、「アブラハムへの祝福がキリスト・イエス（アブラハムの「子孫」、一六節）によって異邦人に及」ぶことになる約束（一四節）と対立することになるでしょう。しかし律法は約束と対立するものではありません。律法は、キリストなしに神の義を得る別の方法として加えられたのではなく、「約束を受けたこの子孫が来られるときまで、違反を示すため（イスラエルを罪の下に閉じ込めるため）につけ加えられた」（一九節）ものだからです。

10　そこで、「律法は『信仰による』のではありません」という言葉は、狭い短期的な意味における律法が、たとえ五書全体の大きな文脈で理解するなら信仰を要求しているとしても、信仰を生み出すことを意図していない、という意味です。律法の狭い短期的な意図は、「御霊」ではなく「文字」となることであり、したがっていのちを与えることよりも殺すこと（Ⅱコリント三・六）、つまり「すべてのものを罪の下に閉じ込め」ることです（ガラテヤ三・二二、一九、ローマ五・二〇、七・八、一三）。律法がそうする方法は、(a)私たちの身代わりとなって私たちを救うよう神が立てられた方よりも、私たちに力を与える恵みよりも、戒めを主要な位置に置いて「罪の意識」を生じさせることによって（ローマ三・二〇、七・七）、(b)完全な服従を命じることによって（ガラテヤ三・一〇、五・三、六・一三）、さらに、(c)愛に満ちた人生において律法を実現することを可能にする新しい契約の新しい心を提供しないことによってです（申命五・二九、二九・四、ガラテヤ三・二一、二三、ローマ八・三〜四）。

注

1　六百十三という数字の起源についての説明は、John Sailhamer, *The Pentateuch as Narrative* (Grand Rapids, MI: Zondervan, 1992), p. 481 を参照。

2　聖書の根底にある完全の要求については、前述の第8章、注15を参照。

補遺 3

ガラテヤ人への手紙五章六節、および信仰と愛の関係についての考察

キリスト・イエスにあって大事なのは、割礼を受ける受けないではなく、愛によって働く信仰なのです。

ἐν γὰρ Χριστῷ Ἰησοῦ οὔτε περιτομή τι ἰσχύει οὔτε ἀκροβυστία ἀλλὰ πίστις δι᾽ ἀγάπης ἐνεργουμένη.

これから見ていくように、宗教改革におけるローマ・カトリックとプロテスタントの対立の多くは、この節をどう理解するかをめぐるものでした。たとえば、このような考察を聞いたことがあります。「ガラテヤ人への手紙五章六節においてパウロは、『愛によって働くたぐいの信仰は（義認も含む）すべてに有効である』と言っているわけではありません。彼が言っているのは、『愛のうちに現れる信仰が（義認も含む）すべてに有効である』ということです。」この考察が意味するところは、人を義とする信仰は単に新しい愛のわざを生み出すたぐいの信仰であるだけでなく、むしろ新しい愛のわざが信仰の一つの形である、ということです。

ἐνεργουμένη（「働く」）のニュアンスは信仰の自己拡張で、「愛によって働く信仰」とは信仰が自らを拡張させて、愛という形をとるという意味であるとすることは可能です。しかしこの理解は、文法からしても、新約聖書で最も近い並行箇所からしても、明確ではありません。

ἐνεργουμένη は中動態なので、「自己表現」の意味をひねり出す者がいるかもしれませんが、新約聖書におけ

るこの語の用例のどれにもそうした意味を読む必然性はないし、幾つかの箇所ではその意味を読み取ることは不可能です。パウロがἐνεργεῖνを能動態で使う場合、この動詞は普通、だれか個人を主語とし、直接目的語を伴い、「何かを行う、成し遂げる」といった意味です（たとえばⅠコリント一二・六、一一、ガラテヤ三・五、エペソ一・一一、二〇、ピリピ二・一三）。しかしパウロがἐνεργεῖνを中動態で使う場合はいつでも、主語は人ではなく、直接的な目的語を伴いません。意味は単に「働く」です（ローマ七・五、Ⅱコリント一・六、四・一二、エペソ三・二〇、コロサイ一・二九、Ⅰテサロニケ二・一三、Ⅱテサロニケ二・七）。これが能動態と中動態の基本的な違いです。能動態ではだれかが何かに影響を与えるで、中動態では何かが「働く」です。中動態で、主語が自らを拡張させて新しい形となる、という意味を読み取る必要はありません。

それどころか、幾つかの並行箇所は、そのような意味にならないことを示しています。たとえば、テサロニケ人への手紙第一、二章一三節でパウロはこう言っています。「あなたがたが、私たちから聞いた神のことばを受けたとき、それを人間のことばとしてではなく、事実そのとおり神のことばとして受け入れてくれたからです。この神のことばは、信じているあなたがたのうちに働いています」（ὃς καὶ ἐνεργεῖται ἐν ὑμῖν τοῖς πιστεύουσιν）。ここでは「神のことば」が中動態ἐνεργεῖται（「働いています」）の主語です。言おうとしていることは、神のことばが「働いて」（二・一四が明らかにしているように）苦難にあっても勇敢で忍耐強いクリスチャンを生み出す、ということです。ですから、神のことばが働く結果は、神のことば自体の拡張ではなく、苦難における忍耐です。神のことばが忍耐のうちに「自らを拡張する」のではありません。神のことばと辛抱強い忍耐は別々の現実なのです。神のことばが働いて、忍耐をもたらすが、神のことば自体が忍耐という形になるわけではありません。

もう一つの例、ヤコブの手紙五章一六節は、今取り上げているパウロのἐνεργουμένηの用法に新約聖書中で最も近い並行箇所です。ガラテヤ人への手紙五章六節の表現（ἐν γὰρ Χριστῷ Ἰησοῦ οὔτε περιτομή τι ἰσχύει οὔτε ἀκροβυστία ἀλλὰ πίστις δι᾽ ἀγάπης ἐνεργουμένη）を思い起こしていただきたいと思います。ヤコブは「正しい人の祈りは、働くと大きな力があります」（πολὺ ἰσχύει δέησις δικαίου ἐνεργουμένη）と述べています。ヤコブのこの並行箇所をガラテヤ人への手紙五章六節に最も近づけているものは、(1) 動詞 ἰσχύει が用いられていること（訳はガラテヤ五・六では「大事なのは」、ヤコブ五・一六では「力がある」）、(2) 主語が無冠詞の名詞であること（δέησις と πίστις）、(3) 無冠詞の同じ形の ἐνεργουμένη で文章が終わっていること、(4) ガラテヤ人への手紙五章六節では δι᾽ ἀγάπης、ヤコブの手紙五章一六節では δικαίου という修飾句が、主語（δέησις）と最後の分詞（ἐνεργουμένη）の間にあることです。

ヤコブの手紙五章一六節の直訳は、「正しい人の祈りは、有効なものとなって、大いに役立つ」となるでしょう。これはガラテヤ人への手紙五章六節の「信仰は有効なものとなり、愛を通して（義と認められることに）役立つ」に対応します。私が指摘したい唯一の点は、祈りは雨ではないということです。つまり、エリヤが祈ると、それが「有効なものとなり」日照りや雨をもたらした、とヤコブが言うとき、祈り自体が日照りや雨として「自らを表現した」と言っているのではありません。祈りが日照りや雨をもたらすのに有効であった、と言っているのです。信仰と愛の関係にも、同じようなことが言えます。

したがって、結論としては、ἐνεργουμένη という中動態の用法には、それ自体が拡張するというニュアンスは包まれていません。愛は信仰が自らを拡張したものであって信仰の一部である、といった意味はありません。言葉の使い方から、そうした意味を示すことはできません。

さらに、ガラテヤ人への手紙五章六節の文法も、人が義とされる信仰が愛を生み出すたぐいの信仰であるとパウロが語っていることを示唆しています。無冠詞の名詞（πίστις）に続く無冠詞の分詞（ἐνεργουμένη）は名詞を修飾していると理解するのが自然です。つまり、自然な読み方は「愛を通して有効なものとなる信仰」です。「何かを修飾する属性的用法の分詞は、冠詞がつく場合もあれば、つかない場合もありますが、どちらにしても関係節と同等です。[*1]」

したがって、ἐνεργουμένη が副詞的であること（「信仰が、愛を通して有効となることによって、義認をもたらす」）が可能であるとしても、それははっきりしません。実際、この必然的ではない翻訳は、愛を義認の「手段の手段」（義認は、愛による信仰による）とすることになります。そこでこの翻訳は、義認は愛のわざから離れて信仰のみによってもたらされるというより、義認は愛のわざという手段を用いて信仰によってもたらされると論じるために利用されます。それは、ローマ人への手紙三章二八節、四章四～六節、五章一節、一〇章三～四節、ピリピ人への手紙三章八～九節、ガラテヤ人への手紙二章一六節、三章八節、二四節でパウロが教えていることとまったく違う、と私は思います。

宗教改革はある意味で、ガラテヤ人への手紙五章六節における愛と信仰の関係にかかっています。ルターはこのガラテヤ人への手紙五章六節に関連して論争をこうまとめました。「学者たちはこの箇所を強引に自分たちの見解に利用し、それによって私たちは愛か行いによって義と認められると教えています。『というのも、信仰は、たとえそれが天からもたらされたものであっても、愛という形をとらないかぎり、人を義とはしない』と言うのです。[*2]」言い換えれば、ルターが自ら進んで戦っていたのは、δι᾽ ἀγάπης ἐνεργουμένη が属性的で、人を義とする信仰の種類を定義しているものなのか（これがルター自身の見解）、それとも二重に副詞的なもので、どのようにして信仰が人を義とするかを説明しているものなのかをめぐるものでした。こうして、(1) 信仰が愛を通して自らを拡張することによって人を義とするのであれば、ἐνεργουμένη は副詞的なものです。また、(2) 人を本質的に義とする手段は、愛によって形づくられた信仰――つまり、愛という形をとった信仰

――であるという意味なら、δι᾽ ἀγάπης は副詞的な意味を持つのです。δι᾽ ἀγάπης ἐνεργουμένη に単に属性的な意味を読むなら、私たちはパウロの考えにより近い立場にとどまる、と私は主張したいのです。「愛を通して有効になる信仰が義認をもたらす。」「愛を通して有効になる」という節は、信仰を形容する修飾語です。どのような種類の信仰が人を義と認めるかを伝えているのです。ですから、信仰の表現である愛が義認の手段であるということではありません。愛が、私たちの完全であるキリストに私たちを結びつけるわけではありません。結びつけるのは信仰だけです。しかし、この信仰は、必然的に愛を生み出すたぐいの信仰なのです。[*3]

注

1 J. H. Moulton, *A Grammar of the Greek New Testament*, 3 vols. (Edinburgh: T&T Clark, 1963), 3 : 152.

2 Martin Luther, *Commentary on St. Paul's Epistle to the Galatians* (Westwood, NJ: Fleming H. Revell, 1953), p. 464.

3 義認をもたらす信仰がなぜ、またどのようにして、こうした効果を生み出すのかについて説明する私の試みは、*Future Grace* を参照。

補遺 4

律法にふさわしく律法を用いる

テモテへの手紙第一、一章五～一一節についての考察

5 この命令が目指す目標は、きよい心と健全な良心と偽りのない信仰から生まれる愛です。6 ある人
たちはこれらのものを見失い、むなしい議論に迷い込み、7 律法の教師でありたいと望みながら、自分
の言っていることも、確信をもって主張している事柄についても理解していません。8 私たちは知って
います。律法は、次のことを知っていて適切に用いるなら、良いものです。9 すなわち、律法は正しい
人のためにあるのではなく、不法な者や不従順な者、不敬虔な者や罪深い者、汚れた者や俗悪な者、父を
殺す者や母を殺す者、人を殺す者、10 淫らな者、男色をする者、人を誘拐する者、嘘をつく者、偽証す
る者のために、また、そのほかの健全な教えに反する行為のためにあるのです。11 祝福に満ちた神の、
栄光の福音によれば、そうなのであって、私はその福音を委ねられたのです。

テモテへの手紙第一、一章五節は「この命令が目指す目標は、きよい心と健全な良心と偽りのない信仰から生まれる愛です」と教えています。このように、パウロの福音宣教はある種の生き方を目指すものです。愛、

それがパウロの教えにかなう生き方なのです。

この愛は「きよい心と健全な良心と偽りのない信仰から」生じます（五節）。そこで、この愛を教え、この愛を呼び起こす手段として、心と良心を変革し、信仰を目覚めさせ強めることに焦点を当てるのです。

しかしながら、六〜七節によれば、「ある人たちはこれらのものを見失い、むなしい議論に迷い込み、律法の教師でありたいと望みながら、自分の言っていることも、確信をもって主張している事柄についても理解していません」（傍点筆者）。そこで、この人たちの過ちは律法の誤用です。律法を教えようとしていますが、心や良心、信仰といった事柄から顔をそむけてしまっているのです。そこで愛に到達しません。こうして律法を愛とは別の何かの道具にしているのです。

しかし、ローマ人への手紙一三章八節とガラテヤ人への手紙五章一四節でパウロは、律法は愛によって全うされると語っています。ですから、この人たちは自分たちが何をしているのか分かっていません。それでは、律法が問題なのでしょうか。

違います。パウロは八節で、「私たちは知っています。律法は、次のことを知っていて適切に用いるなら、良いものです」と語り、律法そのものに問題はないとしています。律法を「律法にふさわしく」〔訳注＝上記新改訳2017では「適切に」〕用いるとは、今や福音を差し示すものとして律法を用いるということです。そして、その福音が（パウロがこの箇所の残りの部分で示しているように）愛を呼び起こすのです。パウロは九〜一〇節で、「すなわち、律法は正しい人のためにあるのではなく、不法な者……のためにあるのです」と言っています。それから、様々な不法な者たち（不従順な者、不敬虔な者や罪深い者、汚れた者や俗悪な者、父を殺す者や母を殺す者、人を殺す者、淫らな者、男色をする者、人を誘拐する者、嘘をつく者、偽証する者）を挙げて、律法はこれらの者たちのためにあるとしています。

さらにパウロは、すべてをひっくるめた決定的な言い方で、律法は、この長いリストの不敬虔な者たちだけでなく、「また、そのほかの健全な教えに反する行為」に立ち向かい、それをあらわにするためにあり、「祝福に満ちた神の、栄光の福音によれば、そうなの……です」と語ります。これは注目すべき言葉です。律法にふさわしく律法を用いることは（八節）、律法が人々をキリストの福音に導くため、また福音と一致しないものを告発するためにあるという事実を理解することなのです。このようにして、律法にふさわしく律法を用いれば、「偽りのない信仰」（五節）を通して心の変革に導かれ、そうして愛に至ります。それがまさしく、パウロの宣教が目指す目標であり（同節）、律法の成就なのです（ローマ一三・八）。パウロの追い求めている人生の変革が実現しているかどうか判断する鍵となる基準は、「祝福に満ちた神の、栄光の福音」（一一節）に一致しているかどうかです。律法にふさわしく律法を用いるとは、福音に一致しない生き方をしていることを人々に悟らせるために律法を用いることです。「律法は……健全な教えに反する行為（の間違いを人々に悟らせるため）」（九～一〇節）、つまり「栄光の福音」（一一節）に一致しないことが罪であることを人々に悟らせるためにあるのです。

また、このようにしてパウロの焦点は、福音が人々の心と良心と信仰に何をもたらすかに当てられています（五節）。福音は愛を生じさせます（同節）。けれども、私たちがそれをひっくり返して、律法を聖化の直接的、決定的な手段として用いることを始めるなら、律法を誤用することになり、失敗することになります。私たちは、七節にある「（むなしい議論に迷い込み）律法の教師でありたいと望みながら、自分の言っていることも、確信をもって主張している事柄についても理解していません」という批判を受けることになります。言い換えれば、善と悪に関する単純な教えを――たとえ聖書からであっても――用いて人々の振る舞いを変えようとするが、自分たちがしていることが分かっていない道徳家が存在しているのです。彼らは自分たちのしていることが深い意味で福音による（κατά）とは言えないものであることに、気がついていません。彼らは福音がどう働くのか理解していないのです。ローマ人への手紙七章四節の言葉を理解していないのです。「ですから、私の兄弟たちよ。あなたがたもキリストのからだを通して、律法に対して死んでいるのです。それは、あなたががたがほかの方、すなわち死者の中からよみがえった方のものとなり、こうして私たちが神のために実を結ぶようになるためです。」

私たちは、信仰を通してイエスに結びつくことによって、神のために（愛の）実を結ぶのであって、律法を通して実を結ぶのではありません。律法が究極的に示そうとしていることは、この事実なのです。

補遺 5

キリストの義の転嫁の教理は、私たちが神の御前に正しいとされるために十字架では不十分ということになるのか

キリストの従順が私たちに転嫁されることによって、私たちは神の御前で正しいとされる（Ⅱコリント五・二一、ローマ四・六、一一、五・一九、一〇・三）と私たちが教えるなら、キリストの十字架のみわざ――キリストの最後の苦難と死――だけでは私たちが義と認められるために不十分だ、ということになるのでしょうか。

この疑問が生じる理由は一つに、義認の根拠を特にキリストの十字架に結びつけている聖書箇所があるからです。たとえば、以下の箇所です。

●ローマ人への手紙三章二四〜二五節「（人は）神の恵みにより、キリスト・イエスによる贖いを通して、価なしに義と認められるからです。神はこの方を、信仰によって受けるべき、血による宥めのささげ物として公に示されました。」

●ローマ人への手紙四章二五節「主イエスは、私たちの背きの罪のゆえに死に渡され、私たちが義と認められるために、よみがえられました。」

●ローマ人への手紙五章九節「ですから、今、キリストの血によって義と認められた私たちが、この方

によって神の怒りから救われるのは、なおいっそう確かなことです。」
●ガラテヤ人への手紙二章二一節「私は神の恵みを無にはしません。もし義が律法によって得られるとしたら、それこそ、キリストの死は無意味になってしまいます。」

この問いに対する答えを得るためには、罪の赦しに関して同じような質問をしたらよいでしょう。言い換えれば、イエスの罪のない生涯を強調することは、十字架上における傷のない神の子羊キリストのみわざが私たちの罪の負債を償うのに不十分である、ということになるのでしょうか。私たちの罪が償われ赦されることは、最も直接的にキリストの死に結びつけられています。たとえば、以下の箇所です。

●コロサイ人への手紙二章一四節「(神は……私たちのすべての背きを赦し)私たちに不利な、様々な規定で私たちを責め立てている債務証書を無効にし、それを十字架に釘付けにして取り除いてくださいました。」
●コリント人への手紙第一、一五章三節「私があなたがたに最も大切なこととして伝えたのは、私も受けたことであって、次のことです。キリストは、聖書に書いてあるとおりに、私たちの罪のために死なれたこと」
●イザヤ書五三章五節「しかし、彼は私たちの背きのために刺され、私たちの咎のために砕かれたのだ。」
●ペテロの手紙第一、二章二四節「キリストは自ら十字架の上で、私たちの罪をその身に負われた。」
●ヨハネの黙示録一章五節「(キリストは)私たちを愛し、その血によって私たちを罪から解き放ち……」

●ヨハネの手紙第一、一章七節**「御子イエスの血がすべての罪から私たちをきよめてくださいます。」**

イエスの死は私たちをすべての罪からきよめるのに十分なのでしょうか。そのとおりです。ただし、それはひとえに、イエスの死が罪のない生涯のクライマックスであるからです。ヘブル人への手紙は、神の御子が私たちの罪を一度で完全に負うことができるためには、完全で罪のない方でなければならないことを最も明確に述べています。

●四章一五節**「私たちの大祭司は、私たちの弱さに同情できない方ではありません。罪は犯しませんでしたが、すべての点において、私たちと同じように試みにあわれたのです。」**

●七章二七～二八節**「イエスは、ほかの大祭司たちのように、まず自分の罪のために、次に民の罪のために、毎日いけにえを献げる必要はありません。イエスは自分自身を献げ、ただ一度でそのことを成し遂げられたからです。律法は、弱さを持つ人間たちを大祭司に立てますが、律法の後から来た誓いのみことばは、永遠に完全な者とされた御子を立てるのです。」**

●二章一〇節**「多くの子たちを栄光に導くために、彼らの救いの創始者を多くの苦しみを通して完全な者とされたのは、万物の存在の目的であり、また原因でもある神に、ふさわしいことであったのです。」**

●五章九節**「完全な者とされ、ご自分に従うすべての人にとって永遠の救いの源となり……」**

このように、神の御子の死が私たちのすべての罪を覆うのに十分なのは、それが罪のない生涯のクライマックスであるからです。そう言ったからといって、十字架が貶められるわけではありません。十字架に何かを付け加えることにはなりません。新約聖書記者たちは、キリストの死をその生涯のクライマックスとして見ています。キリストの生涯の全体が、十字架に向かうことを意図していました（マルコ一〇・四五、ヨハネ一二・二七、ヘブル二・一四）。そのためにイエスは生まれ、そのために生涯を送られたのです。したがって、イエスの死が有する、人を救う力を語ることは、イエスの死を罪のない生涯の総計、そしてクライマックスとして語ることなのです。

同様に、キリストがその死において最終的に神に従われたことは、その死が罪のない生涯のクライマックスであるから、ご自分の民を義とするのに十分なのです。使徒たちが、十字架上でのイエスの従順をその十字架に至るまでの従順と切り離して考えていたとは思えません。イエスの罪のない従順な生涯と、従順の最終行為としての死の間の、どこに線が引けるでしょうか。どのような線引きも不自然なものとなるでしょう。私たちは、イエスが両手を釘で打ち貫かれるままにされた時で線を引くのでしょうか。あるいは園で逮捕されるままにされた時でしょうか。あるいはユダが晩餐の席から出て行くのを許された時でしょうか。あるいはエルサレムへの最後の入城を計画なさった時でしょうか。あるいは「御顔をエルサレムに向け」られた時（ルカ九・五一）でしょうか。あるいは、「正しいことをすべて実現することが、わたしたちにはふさわしいのです」と言って（マタイ三・一五）、バプテスマをお受けになった時でしょうか。

イエスの従順が私たちの義認の根拠であるとパウロが語るとき、単に十字架における最後の従順の行為だけでなく、従順の生涯のクライマックスとしての十字架のことを言おうとしていると思われます。ピリピ人への手紙二章七～八節でパウロが考えていることも、そうでしょう。「（キリストは）ご自分を空しくして、しもべの姿をとり、人間と同じようになられました。人としての姿をもって現れ、自らを低くして、死にまで、それも十字架の死にまで従われました。」　思想の流れに注目してください。キリストは人となられた。つまり、〈人としての姿をもって現れてくださった〉→〈ご自分を低くなさった〉→〈低くなられたのは、従うことによってであった〉→〈この従順を全うされたので喜んで死を受け入れた〉→〈痛みと恥辱に満ちた十字架の死さえも受け入れた〉という流れです。

　この箇所が示しているのは、キリストの生涯の一方の端に「人間と同じようになられました」があり、もう一方の端に「十字架の死にまで従われました」があり、この二つの間に、自らを低くして従う生涯があったことです。おそらくパウロは、この従順の生涯が十字架において最も恐ろしく、最も栄光に満ちた形でクライマックスを迎えたことから、十字架をキリストの生涯における従順の総まとめ、クライマックスとして語ったのでしょう。しかしパウロが最後の数時間の従順を、この最後の時を想定し計画し追求し、受け入れた従順から切り離したとはとうてい考えられません。

　したがって、パウロがローマ人への手紙五章一八節で「一人の義の行為によって（δι᾽ ἑνὸς δικαιώματος）すべての人が義と認められ、いのちを与えられます」と語るとき、またローマ人への手紙五章一九節で「一人の従順によって（διὰ τῆς ὑπακοῆς τοῦ ἑνὸς）多くの人が義人とされるのです」と語るとき、イエスの生涯における最後の従順を生涯全体にわたる従順から切り離そうとしていると考える理由は、ほとんどありません。アダムの場合、一つの罪だけで完全に失敗しました。キリストの場合、完全に成功するためにはその生涯の全体を要したのです。アダムの不従順とキリストの従順は、このような形で互いに対応しているのです。

　したがって、パウロがアダム「一人の違反」をキリスト「一人の義の行為」と比べるとき（ローマ五・一八）、キリストの従順の生涯のうちの一つの行為が、禁じられていた木の実を食べたことに対応しているわけではありません。むしろ、第二の失敗したアダムにならないためには、キリストの生涯全体にわたる従順が必要でした。たった一つの罪でも犯していたならば、キリストは失敗したアダムのカテゴリーに加えられたでしょう。成功した第二のアダムとなるためには、一つの人生全体にわたる従順が必要だったのです。この完全な従順の生涯がキリストの自由意志による死の受容においてクライマックスを迎えたことが、キリストに従う者たちに実に圧倒的な印象を与えたので、彼らは「十字架」あるいは「死」をキリストの従順のクライマックス、総計として見、しかも、十字架に向かう生涯と切り離すことなく見ることになったのです。

そこで最初の問いに戻りましょう。「キリストの義の転嫁の教理は、私たちが神の御前に正しいとされるために十字架では不十分だということになるのか」という問いです。それに対する答えは、否です。キリストの生涯にわたる完全な従順が私たちの罪を覆うためのキリストの死にとって必須なものであるように、キリストの生涯にわたる完全な従順は、私たちがキリストにあって義と定められるための従順の至高の行いであるキリストの死にとって必須なのです。キリストの死は、罪のない生涯のクライマックスとして、私たちの罪を覆うに十分なものです。またキリストの死は、罪のない生涯のクライマックスとして、私たちの義認にとって十分なものなのです。

補遺6

律法を成就するとは何を意味するのか——十二の命題

特にローマ人への手紙八章四節に関連して

**1 こういうわけで、今や、キリスト・イエスにある者が罪に定められることは決してありません。2
なぜなら、キリスト・イエスにあるいのちの御霊の律法が、罪と死の律法からあなたを解放したからです。
3 肉によって弱くなったため、律法にできなくなったことを、神はしてくださいました。神はご自分の
御子を、罪深い肉と同じような形で、罪のきよめのために遣わし、肉において罪を処罰されたのです。4
それは、肉に従わず御霊に従って歩む私たちのうちに、律法の要求が満たされるためなのです。5 肉に
従う者は肉に属することを考えますが、御霊に従う者は御霊に属することを考えます。**（ローマ八・一〜五）

パウロがローマ人への手紙八章四節で、キリストの死の目的は「肉に従わず御霊に従って歩む私たちのうちに、律法の要求が満たされるためなのです」と言うとき、それは何を意味しているのでしょうか。

ある人たちは、キリストが律法を完全に守り、私たちのための完全な犠牲として死なれたとき、律法を私たちに代わって成就されたという意味だと理解します。*1 したがって、私たちはキリストにあって、キリストの完

全さによって完全な者であり、キリストにあって、キリストの血によって赦されています。私はそれが事実そのとおりであると信じています。また、このことはパウロを正しく理解するための土台であり、キリストのみわざに合致した人生を完全に送るための土台である、と信じています。しかし、それが四節のポイントであるとは考えません。

私がこの解釈に同意できない理由は、四節の言葉にあまりうまく一致しないからです。四節は、キリストが死なれた目的は「私たちのうちに、律法の要求が満たされるためなのです」と述べています。私たちに代わって律法が満たされるため、とは言っていません。もう一度言いますが、確かに律法はキリストが私たちに代わって満たされたと私は信じています。それは、ローマ人への手紙五章一九節で示唆されており、関連する聖書箇所すべてに当たるときに明らかとなる全体像からも分かる、と思います。しかしそのことが、ここでのポイントであるとは思えません。パウロは、「それは……御霊に従って歩む私たちのうちに、律法の要求が満たされるためなのです」と述べて、律法の求める義の要求が実現する私たちの歩み——つまり私たちの生き方——に特に焦点を当てています[2]。

そこで私の問いは、律法の要求を満たすとはどういうことなのかということです。特に、御霊に従った私の「歩み」——それは現在の生においては常に不完全です——が、きよく正しく善である神の律法を満たすと、どうして言えるのでしょうか。神の聖なる基準は「それでおおいに結構です」とは言いません。私はこの問題に対して、クリスチャンの律法との関係を十二の命題に要約することによって、答えることにしましょう。

1　ローマ人への手紙八章四節の、律法が要求する義の実現は、人々を真に愛する人生のことです（ローマ一三・八～一〇、ガラテヤ五・一三～一八、マタイ七・一二、二二・三七～四〇）[3]。

だれに対しても、何の借りもあってはいけません。ただし、互いに愛し合うことは別です。他の人を愛する者は、律法の要求を満たしているのです。「姦淫してはならない。殺してはならない。盗んではならない。隣人のものを欲してはならない」という戒め、またほかのどんな戒めであっても、それらは、「あなたの隣人を自分自身のように愛しなさい」ということばに要約されるからです。愛は隣人に対して悪を行いません。それゆえ、愛は律法の要求を満たすものです。（ローマ一三・八〜一〇）

兄弟たち。あなたがたは自由を与えられるために召されたのです。ただ、その自由を肉の働く機会としないで、愛をもって互いに仕え合いなさい。律法全体は、「あなたの隣人を自分自身のように愛しなさい」という一つのことばで全うされるのです。気をつけなさい。互いに、かみつき合ったり、食い合ったりしているなら、互いの間で滅ぼされてしまいます。私は言います。御霊によって歩みなさい。そうすれば、肉の欲望を満たすことは決してありません。肉が望むことは御霊に逆らい、御霊が望むことは肉に逆らうからです。この二つは互いに対立しているので、あなたがたは願っていることができなくなります。御霊によって導かれているなら、あなたがたは律法の下にはいません。（ガラテヤ五・一三〜一八）

ですから、人からしてもらいたいことは何でも、あなたがたも同じように人にしなさい。これが律法と預言者です。（マタイ七・一二）

イエスは彼に言われた。『あなたは心を尽くし、いのちを尽くし、知性を尽くして、あなたの神、主を愛しなさい。』これが、重要な第一の戒めです。『あなたの隣人を自分自身のように愛しなさい』という第二の戒めも、それと同じように重要です。この二つの戒めに律法と預言者の全体がかかっているのです。」（マタイ二二・三七〜四〇）

2　私たちが他の人々を愛することによって神の律法を実現することは、義認の土台となりません。義認の土台はキリストの犠牲と従順のみであり、私たちはその土台を、何か他の行いを実行する前に、ただ信仰によって自分のものとするのです。私たちが律法を実現するのは、信仰によって義とされている結果であり、証拠です（ローマ三・二〇〜二二、二四〜二五、二八、四・四〜六、五・一九、八・三、一〇・三〜四、Ⅱコリント五・二一）。

なぜなら、人はだれも、律法を行うことによっては神の前に義と認められないからです。律法を通して生じるのは罪の意識です。しかし今や、律法とは関わりなく、律法と預言者たちの書によって証しされて、神の義が示されました。すなわち、イエス・キリストを信じることによって、信じるすべての人に与えられる神の義です。そこに差別はありません。（ローマ三・二〇〜二二）

神の恵みにより、キリスト・イエスによる贖いを通して、価なしに義と認められるからです。神はこの方を、信仰によって受けるべき、血による宥めのささげ物として公に示されました。ご自分の義を明らかにされるためです。神は忍耐をもって、これまで犯されてきた罪を見逃してこられたのです。（同二四〜二五節）

人は律法の行いとは関わりなく、信仰によって義と認められると、私たちは考えているからです。（同二八節）

働く者にとっては、報酬は恵みによるものではなく、当然支払われるべきものとみなされます。しかし、働きがない人であっても、不敬虔な者を義と認める方を信じる人には、その信仰が義と認められます。同じようにダビデも、行いと関わりなく、神が義とお認めになる人の幸いを、このように言っています。（同四・四～六）

すなわち、ちょうど一人の人の不従順によって多くの人が罪人とされたのと同様に、一人の従順によって多くの人が義人とされるのです。（同五・一九）

肉によって弱くなったため、律法にできなくなったことを、神はしてくださいました。神はご自分の御子を、罪深い肉と同じような形で、罪のきよめのために遣わし、肉において罪を処罰されたのです。（同八・三）

彼らは神の義を知らずに、自らの義を立てようとして、神の義に従わなかったのです。律法が目指すものはキリストです。それで、義は信じる者すべてに与えられるのです。（同一〇・三～四）

神は、罪を知らない方を私たちのために罪とされました。それは、私たちがこの方にあって神の義とな

るためです。（Ⅱコリント五・一二）

（さらにピリピ三・八〜九、Ⅰコリント一・三〇、テトス三・五、ガラテヤ二・一六、二一、三・一〇、五・二〜三も参照。）

3　この、他の人を愛することによる神の律法の実現は、私たち自身の力ではなく、聖霊の臨在と力によるものです（ローマ八・四、ガラテヤ五・一三〜一六、二二〜二三）。

それは、肉に従わず御霊に従って歩む私たちのうちに、律法の要求が満たされるためなのです。（ローマ八・四）

兄弟たち。あなたがたは自由を与えられるために召されたのです。ただ、その自由を肉の働く機会としないで、愛をもって互いに仕え合いなさい。律法全体は、「あなたの隣人を自分自身のように愛しなさい」という一つのことばで全うされるのです。気をつけなさい。互いに、かみつき合ったり、食い合ったりしているなら、互いの間で滅ぼされてしまいます。私は言います。御霊によって歩みなさい。そうすれば、肉の欲望を満たすことは決してありません。（ガラテヤ五・一三〜一六）

しかし、御霊の実は、愛、喜び、平安、寛容、親切、善意、誠実、柔和、自制です。このようなものに反対する律法はありません。（同二二〜二三節）

4　このように、御霊によって他の人を愛することで神の律法が実現するのは、信仰によります。すなわち、神がキリストにあって、十字架につけられたキリストにあって私たちにしてくださるすべてを納得し、人を義とする同じ信仰を信じ通すことによるのです（ガラテヤ三・五、五・六、Ⅰテモテ一・五、ヘブル一一・六、一二四〜二六、一〇・三四）。

あなたがたに御霊を与え、あなたがたの間で力あるわざを行われる方は、あなたがたが律法を行ったから、そうなさるのでしょうか。それとも信仰をもって聞いたから、そうなさるのでしょうか。（ガラテヤ三・五）

キリスト・イエスにあって大事なのは、割礼を受ける受けないではなく、愛によって働く信仰なのです。（同五・六）

この命令が目指す目標は、きよい心と健全な良心と偽りのない信仰から生まれる愛です。（Ⅰテモテ一・五）

信仰がなければ、神に喜ばれることはできません。神に近づく者は、神がおられることと、神がご自分を求める者には報いてくださる方であることを、信じなければならないのです。（ヘブル一一・六）

信仰によって、モーセは成人したときに、ファラオの娘の息子と呼ばれることを拒み、はかない罪の楽しみにふけるよりも、むしろ神の民とともに苦しむことを選び取りました。彼は、キリストのゆえに受ける辱めを、エジプトの宝にまさる大きな富と考えました。それは、与えられる報いから目を離さなかったからでした。（同二四～二六節）

あなたがたは、牢につながれている人々と苦しみをともにし、また、自分たちにはもっとすぐれた、いつまでも残る財産があることを知っていたので、自分の財産が奪われても、それを喜んで受け入れました。（同一〇・三四）

5　このように、信仰により聖霊に導かれ、他の人々を愛することで神の律法を実現しても、それは現在の生における完全な愛の達成ではありません（ローマ七・一五、一九、二三～二五、ピリピ三・一二）。

私には、自分のしていることが分かりません。自分がしたいと願うことはせずに、むしろ自分が憎んでいることを行っているからです。（ローマ七・一五）

私は、したいと願う善を行わないで、したくない悪を行っています。（同一九節）

私のからだには異なる律法があって、それが私の心の律法に対して戦いを挑み、私を、からだにある罪の律法のうちにとりこにしていることが分かるのです。私は本当にみじめな人間です。だれがこの死のからだから、私を救い出してくれるのでしょうか。私たちの主イエス・キリストを通して、神に感謝します。こうして、この私は、心では神の律法に仕え、肉では罪の律法に仕えているのです。（同二三〜二五節）

私は、すでに得たのでもなく、すでに完全にされているのでもありません。ただ捕らえようとして追求しているのです。そして、それを得るようにと、キリスト・イエスが私を捕らえてくださったのです。（ピリピ三・一二）

6　しかし、このように、信仰により聖霊に導かれ、他の人々を愛することで神の律法を実現することは、私たちが死ぬとき、あるいはキリストが再び来られるときに完全なものとなり、私たちは完全な愛のうちに永遠に生きることになります（ローマ八・三〇、ピリピ一・六、ヘブル一二・二二〜二三）。

神は、あらかじめ定めた人たちをさらに召し、召した人たちをさらに義と認め、義と認めた人たちにはさらに栄光をお与えになりました。（ローマ八・三〇）

あなたがたの間で良い働きを始められた方は、キリスト・イエスの日が来るまでにそれを完成させてくださると、私は確信しています。（ピリピ一・六）

しかし、あなたがたが近づいているのは、シオンの山、生ける神の都である天上のエルサレム、無数の御使いたちの喜びの集い、天に登録されている長子たちの教会、すべての人のさばき主である神、完全な

者とされた義人たちの霊、（ヘブル一二・二二～二三）

7　いつの日か、私たちが愛において完全な者とされるにしても、母の胎内に宿ったときから永遠に至るまでの私たちの存在の総計は、堕落した人生の第一章をいつでも含むので、決して完全なものとはなりません。私たちはいつでも赦された者として存在することになります。つまり、私たちはいつでも、罪を犯したことのある者であり続けます。私たちが神の前に正しい者として立つためには、自分には無縁であった義の転嫁と、私たちに代わって罪を負ってくださる方を必要とし続けます。このようにして、私たちの救いにおいてキリストは永遠にあがめられるのです。私たちはキリストの義とその犠牲に永遠に拠り頼むことになるのです（ヘブル七・二五、黙示録五・九～一〇、一五・三）。

したがってイエスは、いつも生きていて、彼らのためにとりなしをしておられるので、ご自分によって神に近づく人々を完全に救うことがおできになります。（ヘブル七・二五）

彼らは新しい歌を歌った。「あなたは、巻物を受け取り、封印を解くのにふさわしい方です。あなたは屠られて、すべての部族、言語、民族、国民の中から、あなたの血によって人々を神のために贖い、私たちの神のために、彼らを王国とし、祭司とされました。彼らは地を治めるのです。」（黙示録五・九～一〇）

彼らは神のしもべモーセの歌と子羊の歌を歌った。「主よ、全能者なる神よ。あなたのみわざは偉大で、驚くべきものです。諸国の民の王よ。あなたの道は正しく真実です。」（同一五・三）

8　たとえ不完全であっても、聖霊に助けられ、キリストを崇める愛（それは、Ⅱコリント八・一～二、八にあるように、根本的に、この世において、また永遠において、他の人々の幸せのために喜んで自分を犠牲にすること）は、神の律法が求める人生を送るための真実で現実的な指針です。この人生において、自らが十分に完全でなくても、新しい指針を私たちは得ています。この指針が、完全に向かう途上で律法の要求していることなのです（第1項で挙げている聖書箇所を参照）。

9　このように、信仰により聖霊に導かれ、他の人々を愛することで神の律法を実現することは、時折、「自由の律法」（ヤコブ一・二五、二・一二）、また「キリストの律法」（Ⅰコリント九・二一、ガラテヤ六・二）と呼ばれています。

⑴　律法を実現することが「自由の律法」と呼ばれるとき、その意味は、愛を追い求めることにおいてクリスチャンは、義認の根拠として、また聖化の力として律法を守ることから自由だということです。その代わりに私たちは、「キリスト・イエスにあるいのちの御霊の律法」（ローマ八・二）によって愛を追い求めます。私たちは自らの変革のためにキリストの御霊に期待します。愛は内側からの力によって溢れてくるのであって、外側から強要されるものではありません。私たちは律法順守に死に、それゆえに、御霊によって新しくされて神のために実を結ぶ自由を得るのです（ローマ七・四、六）。自由の律法とは、御霊に導かれることであり、「主の御霊がおられるところには自由が」あるのです（Ⅱコリント三・一七）（ヤコブ一・二五、二・一〇～一二、ガラテヤ五・一、ローマ七・四、六、Ⅱコリント三・一七～一八）。

しかし、自由をもたらす完全な律法を一心に見つめて、それから離れない人は、すぐに忘れる聞き手に

はならず、実際に行う人になります。こういう人は、その行いによって祝福されます。（ヤコブ一・二五）

律法全体を守っても、一つの点で過ちを犯すなら、その人はすべてについて責任を問われるからです。「姦淫してはならない」と言われた方は、「殺してはならない」とも言われました。ですから、姦淫しなくても人殺しをすれば、あなたは律法の違反者になっているのです。自由をもたらす律法によってさばかれることになる者として、ふさわしく語り、ふさわしく行いなさい。（同二・一〇～一二）

キリストは、自由を得させるために私たちを解放してくださいました。ですから、あなたがたは堅く立って、再び奴隷のくびきを負わされないようにしなさい。（ガラテヤ五・一）

ですから、私の兄弟たちよ。あなたがたもキリストのからだを通して、律法に対して死んでいるのです。それは、あなたがたがほかの方、すなわち死者の中からよみがえった方のものとなり、こうして私たちが神のために実を結ぶようになるためです。……しかし今は、私たちは自分を縛っていた律法に死んだので、律法から解かれました。その結果、古い文字にはよらず、新しい御霊によって仕えているのです。（ローマ七・四、六）

主は御霊です。そして、主の御霊がおられるところには自由があります。私たちはみな、覆いを取り除かれた顔に、鏡のように主の栄光を映しつつ、栄光から栄光へと、主と同じかたちに姿を変えられていきます。これはまさに、御霊なる主の働きによるのです。（Ⅱコリント三・一七～一八）

(2) 律法を実現することが「キリストの律法」と呼ばれるとき、私たちの愛の追求がイエス・キリストのいのちとことばと御霊によって導かれ可能になる、という意味です。キリストの律法とは、外側のふるまいの新しいリストではなく、私たちの内側におられる新しい宝、友、主人です。キリストは実に、私たちに「新しい戒め」を与えてくださいました（「わたしはあなたがたに新しい戒めを与えます。互いに愛し合いなさい。わたしがあなたがたを愛したように、あなたがたも互いに愛し合いなさい」〔ヨハネ一三・三四〕）。しかし、この愛の基準はご自身の御霊によって私たちのうちに住んでいてくださる方のいのちと力なのです（ローマ七・四、八・一一）。私たちは、私たちの罪を覆ういけにえ、私たちにとってまったく十分な義、私たちのすべてを満たす宝、私たちのすべてを備える保護者であり、助け主、あらゆる知恵に満ちた相談相手であり、導き手であるキリストに眼を向けることによって、「キリストの律法」としての愛を追い求めるのです（ローマ七・四、八・九、一一～一四、Ⅰコリント九・二一、ガラテヤ二・二〇、六・二）。

ですから、私の兄弟たちよ。あなたがたもキリストのからだを通して、律法に対して死んでいるのです。それは、あなたがたがほかの方、すなわち死者の中からよみがえった方のものとなり、こうして私たちが神のために実を結ぶようになるためです。（ローマ七・四）

もし、キリストの御霊を持っていない人がいれば、その人はキリストのものではありません。……ですから、兄弟たちよ、私たちには義務があります。肉に従って生きなければならないという、肉に対する義務ではありません。もし肉に従って生きるなら、あなたがたは死ぬことになります。しかし、もし御霊に

よってからだの行いを殺すなら、あなたがたは生きます。神の御霊に導かれる人はみな、神の子どもです。（同八・九、一二〜一四）

律法を持たない人たちには――私自身は神の律法を持たない者ではなく、キリストの律法を守る者ですが――律法を持たない者のようになりました。律法を持たない人たちを獲得するためです。（Ⅰコリント九・二一）

もはや私が生きているのではなく、キリストが私のうちに生きておられるのです。今私が肉において生きているいのちは、私を愛し、私のためにご自分を与えてくださった、神の御子に対する信仰によるのです。（ガラテヤ二・二〇）

互いの重荷を負い合いなさい。そうすれば、キリストの律法を成就することになります。（同六・二）

10　旧約聖書の律法は、狭く取れば、ワンセットの戒めとして理解することができます。より広く取れば、モーセ五書全体の教えとして、あるいは、旧約聖書で神が与えておられるすべての指示として理解することもできます。

⑴　狭い意味では、律法は私たちに完全な服従を命じていると考えることができます。もし（アダムがそうすべきであったように）神の助けに頼って実行できたなら、私たちの義となり、義認の土台となっていたでしょう。しかし律法は、私たちの罪ゆえに、こうした仕方でいのちに導くことをせずに（ガラテヤ三・二一）、私

たちを閉じ込めて、律法の遵守からキリストに私たちの目を転じさせ、その結果、私たちはキリストを信じる信仰を通して義と認められるようになったのです（同二一～二五節）。

それでは、律法は神の約束に反するのでしょうか。決してそんなことはありません。もし、いのちを与えることができる律法が与えられたのであれば、義は確かに律法によるものだったでしょう。しかし聖書は、すべてのものを罪の下に閉じ込めました。それは約束が、イエス・キリストに対する信仰によって、信じる人たちに与えられるためでした。信仰が現れる前、私たちは律法の下で監視され、来たるべき信仰が啓示されるまで閉じ込められていました。こうして、律法は私たちをキリストに導く養育係となりました。それは、私たちが信仰によって義と認められるためです。しかし、信仰が現れたので、私たちはもはや養育係の下にはいません。（同二一～二五節）

⑵ モーセ五書全体、あるいは旧約聖書全体を視野に入れた広い意味では、律法は単に人に要求するだけではなく、贖い主を指し示して、信仰による義認を提供していると考えることができます。義認の土台を提供することになる贖い主であり、この方にあって、その血と義のゆえに、ユダヤ人と異邦人は義と認められるのです（創世一五・六、ローマ四・三、ローマ三・一九～二二）。

アブラムは主を信じた。それで、それが彼の義と認められた。（創世一五・六）

聖書は何と言っていますか。「アブラハムは神を信じた。それで、それが彼の義と認められた」とあり

ます。(ローマ四・三。ガラテヤ三・六)

私たちは知っています。律法が言うことはみな、律法の下にある者たちに対して語られているのです。それは、すべての口がふさがれて、全世界が神のさばきに服するためです。なぜなら、人はだれも、律法を行うことによっては神の前に義と認められないからです。律法を通して生じるのは罪の意識です。しかし今や、律法とは関わりなく、律法と預言者たちの書によって証しされて、神の義が示されました。すなわち、イエス・キリストを信じることによって、信じるすべての人に与えられる神の義です。そこに差別はありません。(同三・一九～二二)

11 律法を全体として理解するなら、律法の目的は、信仰を通して私たちに転嫁される義(義認)の唯一の根拠と、信仰を通して私たちがあずかる義(聖化)の唯一の力を与える方であるイエス・キリストが、栄光をお受けになることとです(ローマ五・一九、一〇・四、Ⅱコリント五・二一、ピリピ一・一一、三・八～九)。

すなわち、ちょうど一人の人の不従順によって多くの人が罪人とされたのと同様に、一人の従順によって多くの人が義人とされるのです。(ローマ五・一九)

律法が目指すものはキリストです。それで、義は信じる者すべてに与えられるのです。(同一〇・四)

神は、罪を知らない方を私たちのために罪とされました。それは、私たちがこの方にあって神の義とな

るためです。（Ⅱコリント五・二一。第2項で挙げている聖書箇所を参照のこと）

イエス・キリストによって与えられる義の実に満たされて、神の栄光と誉れが現されますように。（ピリピ一・一一）

それどころか、私の主であるキリスト・イエスを知っていることのすばらしさのゆえに、私はすべてを損と思っています。私はキリストのゆえにすべてを失いましたが、それらはちりあくただと考えています。それは、私がキリストを得て、キリストにある者と認められるようになるためです。私は律法による自分の義ではなく、キリストを信じることによる義、すなわち、信仰に基づいて神から与えられる義を持つのです。（同三・八〜九）

12　それゆえ、「私たちの不完全な服従と愛がどのようにして神の完全な律法を実現するのか」という問いに対する答えは、三点に要約できます。

⑴　第一に、私たちの不完全な愛は、不完全であるにもかかわらず、真実であり、神に拠り頼み、御霊によって可能とせられ、キリストをたたえる愛です。その愛は、私たちが義と認められたことから流れ出てくるのであって、義認の手段ではありません。またそれゆえに、その愛は、律法が目指していた新しい指針であり、新しい契約が約束していたものです。要するに、信仰の結実である、キリストをたたえる愛が、律法が目指していたものなのです。

⑵　第二に、私たちの不完全な愛は、キリストが再臨するときに私たちのうちに最終的に完成してくださる

完全な愛の最初の果実です。ローマ人への手紙八章四節は、今私たちのうちで律法のすべてが実現すると言ってはいません。しかし、私たちの御霊による歩みは今始まります。そうして私たちは、律法の要求する義を実現し始めるのです。

(3) 最後に、私たちの不完全な愛は、イエスに対する私たちの信仰が結ぶ実です。このイエスご自身が、私たちを神の御前で義とすることのできる唯一の完全な方です。言い換えれば、私たちが義認の根拠として頼ることのできる律法順守は、イエスの律法順守だけです。イエスの律法順守は完全でした。私たちの律法順守は不完全です。ですから、私たちは決して(永遠においてさえ)、神に献げるにふさわしい完全な人生全体を有することはありません。永遠に至るまで私たちの人生が受け入れられるのは、常に、私たちに代わりに献げられたイエスの完全さによってなのです。私たちの今の不完全な愛も、後の日の完全な愛も、常に、ただ一人私たちの完璧に完全な方イエスに頼る信仰の結ぶ実です。律法はイエスにおいて永遠から永遠まで実現しているので、最後には、私たちのうちにおいて永遠に実現することになります。私たちが不完全で必要をかかえているることは、キリストが完全であらゆる必要を満たす方であることを指し示しています。そしてそのように指し示すこと、そのようにキリストをたたえることが、律法が目指すものなのです。

注

1 Moo, *The Epistle to the Romans*, p. 483.「第一に、『満たされる』という受動態動詞は私たちがすべき何かを意味しているのではなく、私たちの内で私たちのためになされる何かを意味しています。第二に、キリスト者の常に不完全な律法への従順は、この箇所で論理的に要求されていることを満たしません。」私は、神学的にはムーに同意しますが、この節に関しては、釈義上同意できません。

2　N・T・ライトは、ESV（英語標準訳）で「righteous requirement（義の要求）」（δικαίωμα τοῦ νόμου）と訳されているローマ八・四の句を、律法が要求するふるまいに対する言及ではなく、律法が私たちに与えようと意図しながら、肉のために弱くなって与えることのできない（ローマ七・一〇）「復活のいのち」の定めに対する言及であると考えています。Wright, *The Letter to the Romans*, pp. 577–580。私はこの点に関するライトの見解を否定しがたいものとは考えませんが、必要以上にこの問題を論じようとは思いません。結局のところ、ライトは自分の見解が、私が取っている見解、つまりパウロが言うことは、神がイエスの肉において罪を処罰したので（律法が要求する生き方を意味する）「律法の求める義の要求」は私たちのうちで満たされたという見解を「もちろん、排除しない」と語っているからです（Ibid., p. 580）。また、ライトはローマ一三・八〜一〇に進んで、「隣人を愛する者は、こうして、律法が禁じていることを決して行わないという直接的な意味において、また彼らを通して神が与える生活が際立ったものとなるという広い意味において、『律法の要求を満たしている』」と語っています（Ibid., p. 725）。

3　ローマ一三・八〜一〇にある十戒の数項目のリストから推し量るに、愛が成就する律法は主として神の道徳律法と考えられています。その道徳律法の主要な歴史的要約は十戒であり、それはイスラエルの状況に合わせて定められています。私たちが律法を満たすことの焦点は、割礼や犠牲や食物規定や祝祭日といったユダヤ人特有の律法のすべてに、合わせられているわけではありません。しかしながら、イエスがマタイ二二・四〇で、愛の命令に「律法と預言者の全体」がかかっていると語るとき、実にイエスは、ある意味で、よりユダヤ人に特有の律法であっても、その源泉と目標は愛であると見ておられるのでしょう。いずれにしても、大事な点は、律法がキリストと、キリストに頼って生きる愛の生活を指し示しているということです。

本書で引用したN・T・ライトの著作物

書籍

The Climax of Covenant: Christ and the Law in Pauline Theology (Edinburgh: T&T Clark, 1991).

Jesus and the Victory of God (Minneapolis: Fortress, 1996).

The Last Word: Beyond the Bible Wars to a New Understanding of the Authority of Scripture (San Francisco: HarperSanFrancisco, 2005).

The Letter to the Romans, in The New Interpreter's Bible, Vol. X (Nashville: Abingdon Press, 2002), 393–770.

The New Testament and the People of God (Minneapolis: Fortress, 1992).〔邦訳、『新約聖書と神の民』〈上・下〉山口希生訳、新教出版社、二〇一五、二〇一八年〕

Paul for Everyone: Galatians and Thessalonians (Louisville: Westminster John Knox, 2004).

Paul in Fresh Perspective (Minneapolis: Fortress, 2005).

What Saint Paul Really Said: Was Saul of Tarsus the Real Founder of Christianity? (Grand Rapid: MI: Eerdmans, 1997).〔邦訳、『使徒パウロは何を語ったのか』岩上敬人訳、いのちのことば社、二〇一七年〕

論文、インタヴュー、講義

"4QMMT and Paul: Justification, 'Works,' and Eschatology," in *History and Exegesis: New Testament Essays in Honor of Dr. E. Earle Ellis for His 80th Birthday*, ed. Aang-Won (Aaron) Son (New York and London: T&T Clark, 2006), 104–132.

"The Cross and the Caricatures: A Response to Robert Jenson, Jeffrey John, and a New Volume Entitled *Pierced for Our Transgressions*," http://www.fulcrum-anglican.org.uk/news/2007/20070423wright.cfm?doc=205.

"The Letter to the Galatians: Exegesis and Theology," in *Between Two Horizons: Spanning New Testament Studies and Systematic Theology*, ed. J. B. Green and M. Turner (Grand Rapids, MI: Eerdmans, 2000), 205–236.

"New Perspectives on Paul," in *Justification in Perspective: Historical Developments and Contemporary Challenges*, ed. Bruce L. McCormack (Grand Rapids, MI: Baker Academic, 2006), 243–264.

"On Becoming the Righteousness of God," in *Pauline Theology*, Volume II: 1 & 2 Corinthians, ed. David M. Hay (Minneapolis: Fortress, 1993), 200–208.

"Paul in Different Perspectives: Lecture 1: Starting Points and Opening Reflections," at the Pastors Conference of Auburn Avenue Presbyterian Church, Monroe, Louisiana (January 3, 2005); http://www.ntwrightpage.com/Wright_Auburn_Paul.htm.

"Righteousness," in *New Dictionary of Theology*, ed. David F. Wright et. al. (Downers Grove, II.: InterVarsity Press, 1988), 590–592.

"The Shape of Justification" (2001), http://www.thepaulpage.com/Shape.html.

Travis Tamerius, "An Interview with N. T. Wright," *Reformation & Revival Journal* 11, Nos. 1 and 2 (Winter and Spring 2003). Available online at http://www.hornes.org/theologia/content/travis_tamerius/interview_with_n_t_wright.htm.

タ　行

ナ　行

ハ　行

人 名 索 引

ア 行

カ 行

サ 行

エペソ人への手紙

ピリピ人への手紙

コリント人への手紙第二

ガラテヤ人への手紙

コリント人への手紙第一

聖 句 索 引

訳者あとがき

本書はJohn Piper, *The Future of Justification: A Response to N. T. Wright*（Crossway Books, 2007）の全訳です。

というのが、「訳者あとがき」の定番の出だしですが、今回はさらにいくつかのことを付け加えなければならない必要を感じています。

本の出版は、言うまでもなく、著者ないし訳者ひとりの手でできるわけではなく、多くの人々との共同作業です。企画を立て、依頼し、ひとまずできあがった原稿の校閲や編集作業にあたる出版社の方々、そして装丁や印刷、流通、販売に関わる多くの方々の努力なしに、本が読者に届けられることはありません。それはどの本も同じですが、本書に関しては特にそのことを痛感しています。本書の出版に関して私がしたことは、全体にわたって大急ぎで横のものを縦にしただけだからです（実際には、横書き入力でしたので、縦にもしていなかったのですが）。

何よりも、著者のジョン・パイパー先生が精密な分析や整理、統合により原書を書き上げてくださったことに感謝します。二〇一〇年十月に南アフリカ・ケープタウンで行われた「第三回ローザンヌ世界宣教会議」で、全体の核となるエペソ人への手紙からの講解で主要部分の説教を担当なさったパイパー先生の穏やかで、けれども筋が通り、力のこもった話しぶりを懐かしく思い出します。

また本書には『使徒パウロは何を語ったのか』から多くの引用がなされていますが、同書を翻訳してくださった岩上敬人先生の労が先になければ、本書の邦訳も意味をなさなかったことでしょう。パイパー先生の論旨を明確にするために同書からの引用を新たに訳し直した箇所もありますが、同書の翻訳を最初に担当なさった岩上先生のご労に感謝します

ギリシャ語の引用も含め、精緻な議論が展開されているために、本文編集や書物としてのレイアウト、索引作成には他の書以上に特別な努力が必要とされたかと思いますが、本として仕上げてくださった出版部の長沢俊夫氏に感謝します。

そして何よりも、本書を監修し、全体にわたり訳文をわかりやすく、正確に仕上げ（自分で一からやったほうが早かった、ときっと思っておられることでしょう）、解説も付してくださった内田和彦先生に感謝します。本書の翻訳を出版社から依頼されたときに、私が編集者に真っ先にお願いしたのは、新約学の専門家であられる内田先生に訳文に手を入れて仕上げていただき、解説も書いていただくことでしたから、その願いがかなったことを感謝しています。

私は、クリスチャンホーム育ちではありませんでしたが、小学校六年生の時からキリスト教会に通い始め、高校一年のイースターに洗礼を受けました。そして教会から勧められて週日に行われていたhi-b.a.（高校生聖書伝道協会）の千葉集会に参加するようになり、信仰を養われました。いま振り返れば、多少アメリカナイズされたキリスト教ではありましたが、古くからの素朴な福音を信じて人生を送ってきました。

内田先生は、私に先立つ数年前に埼玉の地でhi-b.a.の集会に参加して、主イエスを救い主として受け入れ、信仰生活を開始なさった、いわば「先輩」にあたります。牧会者として、聖書学者として、そして神学教師として第一線を歩まれながらも、hi-b.a.のことを常に心にかけて、折々に高校生伝道を支えてくださいました。

今回、そのような信仰のルーツを同じくする先生に全面的に助けていただくことができたのを感謝しています。私がしたのは、素材を無骨な形で荒削りのままゴロンと道路に置いた程度のことですが、様々な方々の助けを得て、より良い形で整えられて出版されることをうれしく思います。

義認という福音の根幹に関わるテーマの聖書的理解のために、そしてそれに必要な健全な議論のために、本書が日本の教会に貢献することができれば幸いです。

二〇二〇年初夏

中台孝雄

監訳者によるあとがき

本書の著者、ジョン・S・パイパーは、米国のホィートン大学とフラー神学校を卒業した後、ドイツに留学し、ミュンヘン大学で新約聖書学を専攻、神学博士号を取得しました。ミネソタ州のベテル大学／神学校で教鞭を執った後に、ミネアポリスのベツレヘム・バプテスト教会の牧師となり、説教と著述を通して、欧米のキリスト教会に豊かな霊的養いとチャレンジを与えてきました。その著作は百数十冊に上り、聖書、神学、クリスチャン生活など、多岐にわたる優れた著作があります。そのうちわずかですが、『イエス・キリストの受難』（二〇〇四年）、『聖書が語る真実のイエス』（二〇〇六年）、『無駄でなかったと言える生き方』（二〇一一年）、『病床で学んだこと』（二〇一七年）が邦訳され、いのちのことば社から出版されています。また、今日米国において最も大きなインパクトを与えている説教者の一人に数えられており、その説教を私たちはユーチューブで聞くことができます。

さて、そのパイパーが本書を執筆するよう導かれたのは、「謝辞」で述べているように、「キリストが私たちの罪を負って刑罰を受けてくださったことと、私たちに義を提供してくださるキリストの従順という土台のみによって」、私たち罪人にキリストの義が転嫁されるという福音のメッセージを放棄する動きが、教会の中に生じてきているからです。信仰義認の福音が無視ないし軽視される動きに危惧の念を抱いたからです。

そうした動きの中心に居るのが、英国の神学者、新約聖書学者であるニコラス・トマス・ライトです。英国国教会の聖職者であり、現在はスコットランドのセント・アンドリューズ大学の教授として教鞭を執るライトは、その著作を通して教会に大きな影響を与えてきました。とりわけ、E・P・サンダースに始まる新しいパウロ理解の流れを引き継いで、伝統的な見解と異なるパウロ解釈を提唱しています。サンダースは、パウロの時代のユダヤ教は従来考えられてきたような律法主義的な宗教ではなく、律法を守ることは神が恵みとして与えられた契約にとどまるための感謝の応答であって、「契約遵法主義（covenantal nomism）」と呼ばれるべきものであるとしました（*Paul and Palestinian Judaism*〔London: SCM, 1977〕. サンダースの著作の邦訳としては『パウロ』〔教文館、二〇〇五年〕があります）。このような見方を「パウロ研究をめぐる新しい視点」（New Perspectives on Paul、略してNPP）と命名したJ・D・G・ダンによれば、「義認」は、人が神との契約関係にあることを神が認めることであり、人を救う神のわざではありません（*Jesus, Paul and the Law*〔London: SPCK, 1990〕）。

こうした立場を継承しつつ、ライトも伝統的見解と異なる意味内容で「義認」を語り、彼の多くの著作は広く影響を与えています。ライトのパウロに関する著作としては、

・*Paul for Everyone: Galatians and Thessalonians* (Louisville: Westminster John Knox, 2004).

・*Paul in Fresh Perspective* (Minneapolis: Fortress, 2005).

・*What Saint Paul Really Said: Was Saul of Tarsus the Real Founder of Christianity?* (Grand Rapids, MI: Eerdmans, 1997).

といったものがありますが、邦訳されているものは、最後のもの（『使徒パウロは何を語ったのか』いのちのことば社、二〇一七年）で、パイパーは原著から多くを引用し論じています。

パイパーはライトの立場を全否定してはいません。実際、ライトの聖書に基づいて論じようとする姿勢や、

イエス・キリストの神性、処女懐胎や復活に対する確信、主なる神による、アブラハムとの契約を通して全人類に及ぶことになる壮大な救いの計画の提示など、高く評価しています。それでいてなお、ライトの斬新な主張の行き過ぎを明らかにしています。これまで十分に注目されて来なかった重要な事柄に光を当てようとするあまり、伝統的な義認の教理を曖昧にし、したがって福音のメッセージを曖昧にしてしまっていることを明らかにしているのです。振り子が逆の極端に振れてしまっているので、バランスを取ろうと努めているように思われます。

しかもその作業を進めるうえで、パイパーは慎重です。一方的に批判を展開するのではなく、本書の初稿を、ライト自身をはじめとする多くの学者たちに送り、それに対する一万一千語にも及ぶレスポンスを受けたうえで、最終稿は二倍になったという事情を紹介しています。このようなところにも、パイパーの真摯な姿勢がうかがわれます。

さて、訳業に当たりながら、特に重要と思われたパイパーの指摘を紹介し、若干のコメントをしておきたいと思います。

パイパーが明らかにする聖書的な「義」の理解で、私たちが心に深く留めるべき点の一つは、神の義の本質が、ライトが主張する「神の契約に対する真実」以上のものであり、神ご自身の栄光を現すことへの揺るぎない忠実さである、としていることでしょう。確かに、神の義はイスラエルの民との契約以前に存在していたものであり、神が神として崇められ、神の栄光が現されることに深く関わっているものです。義認を契約共同体の一員であることを宣言することとして理解するライトの見方は、あまりに限定的です。創造と贖いの目的が、神の栄光が現されることにあること。この点を見失うべきではありません。

パイパーはライトの理解の盲点を明らかにしていますが、その中でも大事な点は、罪の問題を世界の罪、社会の罪に集中して、個人の罪をあまりにも小さく扱っていることではないでしょうか。これは、振り子が逆の極端に振れ過ぎてしまったケースでしょう。第5章で指摘しているように、パウロ自身、イエスが主であることに目が開かれたとき、自らの罪の深さに恐れおののいたはずです。それだからこそ、自らを「罪人のかしら」と表現し、その罪人の罪が赦され義と認められることの幸いを福音として語ることができたのではないでしょうか。ライトが義認の教理を過小評価する背後にあるものは、罪の意識の希薄さではないかと思わされました。

ライトの主張は時折、伝統的な見解と同じことを言っているようでありながら、実のところ、大きく違っています。パイパーはライトの議論を注意深く分析し、その違いを明らかにしています。一例を挙げれば、8章の「ライトが表現する転嫁された義」という項目において、同じ「キリストの義の転嫁」を語りながら、その実、義の中身が異なっていることを見事に示しています。すなわち、伝統的な主張においては、転嫁される義は「キリストの従順――キリストの道徳的な義、あるいは律法を成就したこと」であるのに対し、ライトの見解においては、「神がイエスをその復活においてメシアであると証明してくださった結果として生じる」イエスの義です。「したがって転嫁されるのは、キリストとの結合によって私たちのものとみなされる、道徳律法成就の「立場」ではなく、正しさが証明された立場、つまり契約共同体の一員とされたことなのです」とパイパーは明快に述べています。

ライトのもう一つの問題点は、物事を「あれか、これか」、二者択一的にとらえる傾向です。たとえば、10章で取り上げていることですが、ライトは律法主義的な誇りと自民族中心的な誇りを区別して、後者であるから、前者でないと論じますが、それでパリサイ派の内に律法主義的な誇りはなかったと証明したことにはなりません。AとBを二者択一的に提示して、AであるからBではないと結論することは短絡的です。AとBがまったく相容れないもの、明確に境界線を引いて区別できるものであると証明できなければ、議論に大きな穴があくことになります。律法主義と自民族中心主義について言えば、相容れないものであるどころか、共通の根から出ているものであることをパイパーは「パリサイ人と取税人の祈りのたとえ」から立証しています。

さらにライトの論述において見逃すことのできない問題は、物事のとらえ方が一面的で、人間の現実を単純化していることです。たとえば、クムランの文書に神の恵みに拠り頼む言葉が見いだされれば、それゆえそこには律法主義への傾斜がなかったと判断してしまうような点です。たとえ理想的な、神の恵みを感謝している言葉にも、律法主義的な自己満足が存在し得ることを、パイパーは適切にも論じています。具体例として、ルカの福音書一八章一一～一二節にあるパリサイ人の祈りを挙げていますが、実に、パリサイ人の祈りは一見、神に感謝を献げる敬虔なもののように聞こえるにもかかわらず、自分は律法を守っているという自負心と自己満足に溢れていることに、私たちは直ちに気がつきます。敬虔に聞こえる言葉の中に潜む律法主義的な高慢、恵みに拠り頼んでいるはずの信仰者の生き方に忍び込む律法主義的な自己満足という現実を、ライトは理解していないのでしょうか。読者には、第10章の注6で引用しているトム・シュライナーのコメントもぜひ参照していただきたいと思います。「律法主義は、恵みの神学を支持する人々さえも脅かしています。それは、プライドと自慢が人間の性質に深く根をはっているからです」と記しているシュライナーの人間洞察の方が、はるかに深く人間の現実をとらえています。

注は本来、本文の補足としてあるもので、読み飛ばしてもよいものかもしれませんが、本書の注には、見逃せない重要な言明が少なからずあります。たとえば、第2章の注7にある、アンドリュー・コーワンの指摘は貴重です。

「モーセ契約の見地からすれば、ユダヤ人はみな契約共同体の一員だと思いますが、彼らはその行いを土台として、契約に約束された祝福か、契約によって警告されたのろいか、どちらかを受けました。契約共同体の一員であることは、契約の祝福にあずかることを決して保障するものではなかったのです。『契約の中にあること』を救済のカテゴリーとしてとらえることは適切ではありません。もちろん、新しい契約の中にあることは救済を意味します。しかし……ライトはいろいろな契約を区別することをほとんどしません。」

第10章の注4も見落とすわけにはいきません。「律法の行い」を、割礼や食物上の規定といった民族的な記章とするライトの主張に、ローマ人への手紙四章六節にある「同じようにダビデも、行いと関わりなく(χωρὶς ἔργων)、神が義とお認めになる人の幸いを、このように言っています」という記述が明らかに反対している事実を、パイパーは指摘しています。ダビデが犯した罪は、確かに姦淫と殺人であって道徳的な罪でした。そのように行いにおいては失敗していたにもかかわらず、神から義と認められたのであって、そこに民族的な記章を読み取ろうとすることには無理があります。

第10章の注14で紹介されているマット・パーマンの分析にも注目していただきたいと思います。ライトの議論の前提にあるE・P・サンダースの主張は、律法主義を厳格な律法主義と定義していることで成り立つもので、律法主義には穏健な律法主義もあるという現実を見落としているという指摘です。律法主義とペラギウス主義を同一視するところから「新しい視点」が成り立つが、両者は別物であるとするパーマンの説明は一読に値します。また、注24のステファン・ウェスターホルムが丁寧に説明する「厳格な律法主義と穏健な律法主義の違い」を読めば、「新しい視点」の主張する「契約遵法主義」が一面的な見方であることが分かるのではないかと思います。

これまでライトの著作に触れながら感じて来たことですが、このたびパイパーによる応答の書を読んで、一層強く抱くようになったのは、ライトの主張をそのまま受け入れるなら、福音を語ることができなくなるのではないかという危惧です。もちろん、ライトは「信仰義認」をまったく認めないわけではありませんが、ライトの主張の全体を基本的に受け入れてしまうなら、少なくとも「信仰義認」を鮮明に語ることはできなくなるでしょう。もともとキリスト教的な背景のある西欧社会では、それでも、ライトの議論は、キリスト教信仰の視野を拡大し、これまで反ユダヤ主義に傾斜しやすかったものをバランスの取れたものに矯正してくれたと、語り得るかもしれませんが、日本のようにその歴史的背景を欠いた社会においては、それこそ意味をなさない、意味不明のメッセージになってしまうでしょう。聖なる神、義なる神として罪をさばかれる神の御前に、無力な罪人として立つ私たちが、キリストの十字架の犠牲によって罪赦され、義と認められるという宣言を聞くからこそ、福音が福音となるのではないでしょうか。「あなたは契約共同体の一員となっている」といった宣言を聞いても、まったく意味不明でしょう。

本書がライトのパウロ理解の偏りに対する健全な批評であることを証するものとして、ケンブリッジの聖書学研究所、ティンデル・ハウスの館長、ピーター・J・ウィリアムズの推薦の辞を紹介しましょう。「義認に関するN・T・ライトの壮大な企てを批評するのに、パイパーは牧師としての関心、説教者としての熱意、学者としての厳密さ、紳士としての礼節をもって筆を進めています。パイパーは、ライトのシステムにある釈義上の弱点に光を当てるとともに、パウロを読むのに伝統的なカテゴリーを用いて正解であることを証明しています。ライトを読む人はすべて、パイパーを読むべきです。」

最後に、「義認の未来」という本書のタイトルについてもひと言触れておきたいと思います。結論の章でパイパー自身が明らかにしているように、それには二重の意味があります。一つは、キリストを信じることによって神が義と認めてくださる現在の義認と区別された、最後の審判における義認（未来の義認）が、現在の義認と別の原理、つまり救われた後の義の行為の積み重ねを根拠として行われるという理解に、ライトの議論が傾斜していくことへの疑問が、この書で明らかにされていることです。そして、もう一つは、ライトの膨大な論述と、融通無碍と思われる議論の運び方によって、宗教改革によって確立された信仰義認の教えが危うくされる、あるいは曖昧にされるのではないかという「義認の未来」を危惧するパイパーの思いです。この書の読者が、未来の義認についての聖書的な理解も含めて、義認の教えの未来について、明るい展望を持つことができるようになることを願ってやみません。

監訳者は初め、「宗教改革五百年」を記念する日本福音主義神学会・全国研究会議で基調講演を行うためにリサーチをしていて本書に出合い、ぜひとも邦訳したいと思いましたが、『聖書 新改訳２０１７』の翻訳に関わっていたため、あきらめていました。ところが、同じころに、日本長老教会の中台孝雄牧師が翻訳なさり、監修を依頼してこられました。聖書翻訳を終えたタイミングで草稿をいただいたので、それに全面的に手を加えさせていただきました。したがって、最終的な訳文についてはすべて、監訳者である私に責任があります。ライトもそうですが、ライトの議論を分析し評価するパイパーも、時折文学性に富んだ表現を用いることがあります。その点で十分に意を汲むことができなかった箇所もあるかもしれません。識者、読者の叱正を賜ることができれば幸いです。

二〇二〇年の受難節に

内田和彦

＊聖書 新改訳 2017© 2017 新日本聖書刊行会

義認の未来
――N・T・ライトに対する応答

2020年9月15日 発行

著　者　ジョン・パイパー
訳　者　中台 孝雄
監訳者　内田 和彦
印刷製本　日本ハイコム株式会社
発　行　いのちのことば社
〒164-0001 東京都中野区中野2-1-5
電話 03-5341-6922（編集）
03-5341-6920（営業）
FAX03-5341-6921
e-mail:support@wlpm.or.jp
http://www.wlpm.or.jp/

ISBN 978-4-264-04185-6